동아시아 심성체제

동아시아 심성체제

이정덕

신아출판사

차례

1장_ 서론: 심성연구의 의미
1. 동아시아의 변화 • 7
2. 동아시아 심성연구의 필요성 • 10
3. 심성의 의미 • 17
4. 이 책의 구성 • 27

2장_ 장기지속, 중기지속, 단기지속의 심성체제
1. 페르낭 브로델 • 36
2. 장기지속 심성체제 • 39
3. 중기지속 심성체제 • 41
4. 단기지속 심성체제 • 43
5. 총체적 접근 • 46

3장_ 장기심성체제 1 - 동서양의 심성 차이
1. 동서양 심성 차이 • 50
2. 집단주의 vs 개인주의 • 59
3. 덕성/수치심 vs 이성/죄의식 • 66
4. 지리 환경적 배경 • 73

4장_ 중기심성체제 1 - 농촌의 유교심성체제의 부상과 쇠퇴
1. 서론 • 81
2. 마을 배경 • 84
3. 원평촌에서의 불교의 쇠퇴 • 87

4. 유교심성체제의 부상 • 93
   5. 유교심성체제의 쇠퇴 • 102
   6. 나가는 말 • 107

5장_ 중기심성체제 2 – 1950년대 농촌의 유교적 친족관계와 심성

   1. 들어가는 말 • 112
   2. 가족관계와 심성 • 119
   3. 큰집, 조상숭배, 고향 • 127
   4. 부계친족과 모계친족의 심성 • 137
   5. 나가는 말 • 143

6장_ 단기심성체제 1 – 기시 노부스케, 박정희, 등소평의 압축 성장의 심성

   1. 들어가는 말 • 150
   2. 자기나라의 상황에 대한 이해 • 152
   3. 반공주의와 미국관 • 157
   4. 국가관과 개인관 • 162
   5. 수출주도형 발전관 • 165
   6. 나가는 말 • 171

7장_ 단기심성체제 2 – 한·중·일의 상호혐오

   1. 들어가는 말 • 177
   2. 냉전체제에서의 배제와 심성 • 179

3. 2010 중국 G2 등장 이후 • 184
4. 한국 • 188
5. 일본 • 194
6. 중국 • 202
7. 나가는 말 • 208

8장_ 단기심성체제 3 - 한 농촌의 유교심성의 쇠퇴와 기독교 심성의 부상

1. 들어가는 말 • 215
2. 조사지역의 배경 • 219
3. 유교심성의 쇠퇴 • 222
4. 기독교의 정착과 확산 • 231
5. 생활습속으로서의 기독교 민속 • 243
6. 나가는 말 • 249

9장_ 단기심성체제 4 - 한국인의 질병관과 죽음관

1. 들어가는 말 • 252
2. 한국인의 질병의 심성 • 256
3. 한국인의 죽음의 심성 • 261
4. 『삼계일기』에서의 질병과 아픔의 심성 • 270
5. 『삼계일기』에서의 죽음의 심성 • 276
6. 나가는 말 • 280

1장
서론: 심성연구의 의미

1. 동아시아의 변화

　이곳에서 동아시아를 한국, 중국, 일본, 대만을 의미하는 것으로 다루겠다. 동아시아를 좀 더 한정시켜 이들 지역에 대한 연구가 축적되면, 이를 기반으로 대상 지역을 더 넓혀 동양과 서양을 비교하는 연구로 진전할 수 있을 것이다. 심성체제연구는 아직 출발점에 불과하여 다루는 대상을 좀 더 한정시켜야 이론적인 토대를 만드는 데 더 도움이 될 것이다.

　동아시아는 19세기 중반부터 서구의 제국주의적 침략이 지속되면서 중화체제가 무너지기 시작했고, 일본이 동아시아 제국진출의 첨병이 되면서 전통사회에서 볼 수 없었던 새로운 제국들의 투쟁공간이 되었다. 1945년 일본 패전 이후 냉전체제와 압축성장 그리고 냉전해체와 미중갈등이 이어지면서 혼란스러운 상황이 지속되고 있다.

19세기 이후 서구의 제국주의적 침략이 가속화되면서 이미 산업혁명을 성공한 서구의 다양한 개념, 사유, 제도가 동아시아에도 물밀듯이 쏟아져 들어왔고, 농업문명에 기반한 동아시아는 산업혁명을 토대로 발전한 서구제국의 침략을 막아낼 수 없어서 서구의 산업혁명과 관련 제도나 사상들을 모방하기 위하여 적극적으로 노력하였으나, 일본만 이에 성공하였고, 나머지 지역은 식민지(한국, 대만, 오키나와 등)로 전락하였고, 또한 식민세력과 힘들게 투쟁(중국)을 하여야 했다.

이러한 과정을 거치면서 제2차세계대전 이후 한중일대만은 경제발전에 집중하면서 동아시아는 세계사적인 압축성장을 시현하였다. 그 결과 유엔무역개발회의(UNCTAD)는 2021년 만장일치로 한국을 선진국으로 규정하였으며, 2021년 중국의 명목 GDP는 미국 명목 GDP의 70%를 넘어섰고, 2032년 무렵 미국 명목 GDP를 넘어설 것으로 추측되고 있다. 구매력을 고려한 실질 GDP에서는 2014년부터 중국이 이미 미국을 넘어섰다. 미국이 1872년 영국을 추월해 세계 최대 경제대국을 유지해왔는데, 이제 중국이 그 자리를 차지하게 되었다(대한전문건설신문, 2014.05.07.). 물론 미국이 상당 기간 세계의 패권을 유지하겠지만, 미국이 세계패권도전에 직면하여 중국에 대응하면서 앞으로 많은 세계적인 갈등과 변화가 나타날 것이다.

이러한 정치경제적 변화는 당대의 사람들의 단기적인 심성에도 커다란 영향을 미친다. 1970년대까지의 냉전체제에서 한국과 일본은 중국을 두려워하고 싫어했지만, 1980년대 미국의 외교관계 개설과 중국의 개혁개방을 거치며 한중일은 점차 서로 좋아하는 나라가 되었다가, 미국이 2010년대 이후 중국을 견제하기 시작하면서 한중일 3국 사이에도 긴장이 높아지고 서로 싫어하는 정도가 매우 심해지고 있다. 물론 한중일 사이에 식민지 과거사 문제와 국내정치에 따른 외부로의 불만투사가 같이 일어나고 있지만, 미국의 중국 견제는 한일이 중국에 접근하는 것을 어렵게 만든다. 즉, 미국이 주도하는 세계체제가, 특히 미국이 동아시아를 어떠한 방식으로 판을 짜는가는(예를 들어 냉전체제, 개혁개방체제, 중국포위전략) 동아시아 각국의 외교관계 그리고 국민들의 관련 국가에 대한 심성에 많은 영향을 미친다.

지난 약 2세기에 걸친 동아시아의 변화는 동아시아인들의 심성에도 많은 영향을 미쳐왔다. 특히 1800년대 말에는 서구의 압도적인 힘에 놀라 서구의 기술, 제도, 사상을 배우는 데 집중하게 되었다. 초기에는 동도서기론이나 중체서용론처럼, 정신은 동양의 것을 지키고 기술은 서양의 것을 흡수하여 서양을 따라잡겠다고 생각하였지만, 점차 기술뿐 아니라 사상과 정신도 서양의 것을 흡수하기 위하여 많은 노력을 하였다. 그러한 과정에서 서양의 사상과 정신이 동아시아의 심성과 다른 경우가 많음에도 불구하고 이에 대한 비판적인 점검 없이 수용이 이루어졌다. 그 결과 서양의 과학, 기술, 사상, 정신이 모두 동아시아의 것에 비하여 우월하다는 사고가 20세기 내내 동아시아에 퍼졌다. 서양의 과학, 기술, 사상,

정신을 빠르게 흡수하여 서양을 쫓아가는 것을 목표로 하게 되었다.

2. 동아시아 심성연구의 필요성

과학과 기술은 물질을 대상으로 하는 것이기 때문에 객관성을 어느 정도 가지고 있지만, 사상과 정신은 이를 만들어낸 집단의 무의식, 편향성, 심성이 배어있어 객관적이라고 보기 어려운 측면이 있다. 동아시아 학자들이 서구의 사상과 정신을 수입하고 배워 동아시아에 퍼트리면서 이러한 사상과 정신에 또는 이를 구성하는 서구의 개념에 서구적 편향성, 서구적 심성 또는 서구우월주의가 배어있다는 측면을 별로 주목하지 않았다. 인문사회과학으로서 선진개념을 도입하여 학문의 발전을 도모하는 것이라고 생각하였다. 서구개념들이 언제 수입되었는지에 따라 다르겠지만, 대체로 지난 150년간 서구개념을 기본으로 하는 인문사회과학 학문체계가 동아시아에서 성립되어 학문의 주류를 차지하고 있다. 서구의 개념들이 동아시아에서도 인문사회과학의 연구, 학습, 논쟁의 토대를 이루고 있다. 서구가 지난 200여 년에 걸쳐 근현대의 학문적 개념을 만들어 세계에 퍼트려왔고, 우리들도 이들 개념을 통하여 역사, 사회, 현실, 경험을 설명하고 분석하고 있다. 개념을 토대로 담론이나 서사를 구성하여 현실에서 무엇을 보고, 어떻게 분류하고, 어떻게 연관시킬 것인가를 구성한다. 따라서 중요 개념들은 어떤 것을 중요시해야 하는가를 유도하며 이들을 어떠한 문제의식으로 어떻게 접근하고 인식할 것인지를 구조화하는 프레임을 제공한다.

서구개념을 번역하여 사용하기 때문에 번역개념에 담긴 의미, 정서, 무의식이 서양과 같다고 할 수는 없지만, 표준은 서구개념이 되고 서구의 원래 개념을 벗어나면 문제가 있다고 생각하는 서구 추종적인 사유방식을 만들어낸다. 이를 통하여 "서구개념의 역사적 무의식적 전제들, 전사前史들, 프레임들, 욕구들, 인지구조가 끊임없이 작동하여 우리도 그러한 서구개념의 틀을 따라서 사고하게 된다(이정덕 2019: 5)." 개념 하나에도 성운처럼 다양한 층위에서 의식적인 무의식적인 의미와 감성을 내포하고 있는데, 서구개념들은 서구의 역사와 경험과 감성을 배경으로 만들어졌으며, 개념을 배경으로 서구편향적인 이러한 역사, 경험, 정서가 스며들어 작동한다.

예를 들어 시민권의 개념은 서구가 도시국가나 도시를 중심으로 자유 등의 권리 등을 발전시켜 시민권으로 규정한 서구의 역사와 경험과 정서를 담고 있는데, 동아시아에서는 도시국가나 독립 자유도시를 경험한 적이 없으며 지난 2000년 이상 영토국가를 중심으로 역사가 진행되어와 자유시의 시민으로서 갖는 시민권이라는 개념이 동아시아 역사와 경험에서는 낯설다. 서구에서는 영토국가를 경험한 역사가 짧고 영토국가는 군주가 자의적이라는 정서가 강해 영토국가에 기반한 국민권이라는 개념이 낯설다. 국가 구성원의 일원으로서의 의미를 논하려면 국민권이라는 개념을 사용해야 하며 그것이 동아시아의 역사와 경험에 더 적합한 것으로 보이지만, 국가의 일원으로서의 자유와 권리를 논의할 때도 도시의 일원이라는 서구의 시민권 개념을 차용하여 사용하고 있다. 동아시아의 역사나 경험과 다르기 때문에 동아시아에서 시민권이라는 개념으로 국가 구성원의 자유와 권리를 논의할 때 개념상 여러 가지 혼란을 경험한다. 또한 동아시아에서 국민을 논하면서 서구의 시민권에 맞춰서 논의를 전개하려는 경향이 나타난다.

19세기말 문명이라는 개념이 도입되며 서구는 문명이고 동아시아는 半開(半文明)이고 아프리카 등은 미개라는 사고방식도 널리 퍼져 동아시아가 빨리 서구 문명을 배워 개화開化하여야 한다는 생각이 널리 퍼졌다. 개화하지 못하면 문명의 식민지가 되는 것이 당연한 자연법칙인 것처럼 상상하는 사람이 많았다. 근대近代라는 개념도 서구가 이미 달성한 근대를 전근대 상태인 동아시아가 빠르게 서구를 모방하여 달성하여야 한다는 생각을 널리 퍼트렸다. 서구는 민주주의를 발전시켰으며, 독립적인 개인, 낭만적인 사랑, 자유가 존재하여 창조적이고 인간적인 사회를 이룩하였지만, 동양에서는 개인이 집단에 매몰되어 독립적 개인도 낭만적인 사랑도 존재하지 않는 것처럼 주장되었다. 서구의 민주, 개인, 사랑, 자유 개념에는 이러한 서구우월주의 정서가 내재되어 있다(Goody, 2012).

바흐찐에 따르면 언어와 그 속에 담긴 의미, 세계관, 정서는 다성적이고 파당적이다(이강은, 2017). 따라서 개념에서도 다차원적 층위의 의미, 뉘앙스, 정서가 어떻게 작동하는지를 파악하여야 그 역할을 이해할 수 있다. 많은 서구개념에는 서구의 역사와 경험이 다른 지역의 그것보다 우월하고 선진적이라는 의미와 정서가 들어가 있다. 서구의 '선진적' 현실과 이론을 한국에 적용하다 보니 한국은

'후진적'으로 규정되어 부정과 비판의 대상이 되고, 한국의 '현실'이나 '사실'은 서구이론을 검증하는 주변적 지위에 머무르게 된다. 정치권력을 논의할 때도, 동아시아의 권력權力 개념은 서양의 권력(Political Power) 개념과 차이가 큰데도 불구하고 이러한 차이는 무시된다. 이를 통해 서구중심주의적 세계관이 무의식적으로 우리에게 내면화되고 서구중심주의를 불가피한 것으로 받아들이게 된다(강정인, 2006: 404-417).

이처럼 서구의 많은 학문개념들이 서구의 역사, 경험, 정서를 반영하고 동아시아의 역사, 경험, 정서는 전혀 반영하지 않으며, 서구우월주의적 정서와 시선을 담고 있다. 하지만, 동아시아에서도 인문사회과학이 서구의 개념을 중심으로 이루어지고 있고, 서구개념들을 당연한 인문사회과학의 표준개념으로 생각하고 사용하기 때문에, 이러한 개념들 속에 담긴 서양적 뉘앙스들이 동아시아의 역사, 경험, 정서와 어떻게 다른지, 서구의 개념을 표준으로 생각하여 적용하면 동아시아의 역사, 경험, 정서를 왜곡하게 되는 것은 아닌지, 왜곡한다면 어떻게 왜곡하는지, 또는 서구를 표준으로 생각하고 이에 벗어난 동아시아의 역사, 경험, 정서는 표준에서 벗어난 열등한 것으로 간주하는 것은 아닌지에 대한 논의가 거의 이루어지지 않은 채로 이들 학문개념을 사용하고 있다.

예를 들어, 개인(individual)은 서구에서 더 이상 나누어질 수 없는(in-divide) 근본단위라는 뜻을 가지고 있다. 따라서 개인은 개별적이고 독립적이며 독자적인 존재로 간주한다. 이러한 개인이 모여 집단이나 사회를 구성하는 것으로 본다. 따라서 개인주의 성향이 강하다. 개인의 능력과 자신감 그리고 독립심을 강조한다. 이에 비해 동아시아에서 개인은 가족, 혈연, 집단, 국가의 일원이다. 개인은 전체를 고려하고 이에 맞게 행동해야 한다. 따라서 겸손하게 행동하고 전체와 조화를 이루어야 한다고 교육시킨다. 따라서 개인의 능력뿐만 아니라 타인들과의 관계와 조화를 강조한다(김명진, 2008: 183-191). 동아시아에서 개인 그리고 이와 관련된 인권, 자유 등을 논의할 때, 서구개념을 그대로 추종하게 되면, 동아시아의 개인은 서구의 개인과 비교하여 무언가 후진적인 것처럼 논의된다. 서구의 개인을 표준으로 하기 때문에 이와 다른 것은 뒤떨어진 것처럼 인식된다. 그 결과 서구의 개인을 배워야 하는 것으로 결론이 나타난다. 실제로는 원래부터 동아시아와 서구의 개인이 존재하는 조건, 관련 경험과 정서가 크게 다른 데도 이 부분은 무시된다. 개인을 둘러싼 경험과 정서의 차이가 충분히 비교되어 밝혀지지 않으면 차이가 아니라 우열로 인식될 가능성이 높다. 이러한 경향은 학자들에서뿐만 아니라 일반인에게서도 나타난다. 그래서 동아시아의 많은 현상들이 역사, 경험, 정서의 차이에 의한 다름인데도, 열등한 것으로 생각하여, 서구는 우월하고 동아시아는 열등하다는 감각을 가지게 된다. 우리가 '선진적'인 서구의 개념을 우월하다고 받아들여 사고할 때, 우리와 서구의 역사, 경험, 정서를 잘 모르기 때문에 이러한 개념이나 사상의 배후에 있는 함의들을 비판적으로 검토할 수가 없게 된다. 서구의 개념과 사상을 제대로 이해하고 동아시아에서 사용하려면, 그 배후에 있는 서구와 동아시아의 역사, 경험, 정서를 파악하여 비교할 수 있어야 한다.

본 연구팀은 서구와 동아시아의 역사, 경험, 정서의 차이에 의한 다름을 먼저 이해하여야 개념의 서구중심적 편향성을 극복할 수 있다고 생각한다. 우리가 쓰는 중요 개념들이 서구의 번역어이고, 이들 개념들에 내재된 의미들이 우리의 세계관 구성에 커다란 영향을 미친다. 개념에 스며들어가 있는 정서와 심성을 이해하고 이를 기초로 동서양의 차이점을 알아야 동아시아와 비교한 서구편향성도 알아낼 수 있고, 동아시아의 경험과 정서를, 이에 기반한 사상과 개념을, 서구의 틀로 재단하는 것을 극복할 수 있다. 또한 외형적으로 파악할 수 있는 정치, 경제의 모습을 넘어서 사람의 마음에 내재하고 있는 세상에 대한 상상, 사유, 개념 등의 미묘한 차이를 이해하고, 그것의 형성과정을 비교하고 분석하는 지점까지 추적해야, 서구개념의 편향성을 드러내고 서구학문을 극복하는 길을 찾을 수 있다.

그러나 사상과 개념 속에 내재된 경험과 정서를 찾아내기는 매우 어려운 작업이다. 그 개념이 발전해온 역사와 사용되는 맥락을 충분히 이해하여야 이러한 비교가 가능한데, 그러한 동서양 차이들을 역사, 경험, 정서 차원에서 추적하기에는 관련 전문가가 아니면 매우 어렵다. 최근 한국에서도 개념사 연구 분야에서 개별 개념을 중심으로 동서양 그리고 동아시아의 국가별 개념 속에 담긴 역사, 경험, 정서적 차이를 드러내는 연구가 많아지고 있어 동서양의 그리고 동아시아 개별국가에서 각 개념별로 어떠한 역사, 경험, 정서가 들어가서 사용되고 있는지를 이해하는 데 많은 도움을 주고 있다. 한림대의 한국개념사총서는 문화, 역사, 문명, 보수, 민족, 국민, 국가, 주권 등에 대한 개념성립과정을 분석하고 있고(예, 노대환, 2010, 『문명』), 독일에서 발간된 코젤렉의 개념사를 개념별로 번역하였다(예, 피쉬, 브루너, 콘체, 코젤렉, 2010, 『코젤렉의 개념사 사전 1 (문명과 문화)』). 한국개념사총서와 코젤렉의 개념사가 같은 개념들을 다루고 있어 이를 비교해보면 서구와 한국의 개념에 담긴 역사, 경험, 정서의 차이를 추적할 수 있다. 한일공동연구포럼에서 발간한 한일공동연구총서는 한일의 제도비교뿐만 아니라 한일에서 개념들이 어떻게 사용되었는지를 논의하고 있다(예, 와타나베, 박충석 편, 2008, 『문명, 개화, 평화: 한국과 일본』). 개별적으로도 개념사연구들이 계속 축적되고 있다(예, 하영선, 손열, 2018, 『한국 사회과학 개념사(조공에서 정보화까지)』). 개념사가 어떠한 시대적 의미를 지니고 있는지, 그리고 서양의 지식이 어떻게 번역을 통하여 동아시아 지식이 되었는지에 대한 연구도 늘고 있다(예, 강정인, 2006, 『서구중심주의를 넘어서』; 박근갑, 2009, 『개념사의 지평과 전망』; 박노자 외, 2012, 『개념의 번역과 창조-개념사로 본 동아시아 근대』, 이정덕, 2019, 『서구근대개념과 서구우월주의』).

개별 개념들을 역사적으로 추적하여 비교하는 것은 개념사 연구 영역에서 이루어지고 있고, 본 연구팀은 동서양의 역사, 경험, 정서가 녹아있는 심성의 동서양의 전반적인 차이에 더 주목하고 있다. 이러한 차이가 개념뿐만 아니라 사상, 인식, 세계관, 태도에 전반적인 영향을 미치기 때문이다. 서구와 대비되는 동아시아의 심성을 이해하려고 접근해보니 동아시아에서 한중일이 많은 공통점을 가지고 있지만 또한 상당한 차이를 가지고 있어 먼저 한국과 일본의 심성차이를 먼저 접근해보고자 하였다. 한중일대만의 심성에 대한 이해가 충분히 축적되면 동아시아 심성을 파악할 수 있을 것이다. 동아시아와 개별국가들의 심성이 어떻게 구성되고 어떠한 부분에서 어떻게 다른지를 이해하고 동아시아의 공통정을 이해함으로서 동서양의 차이, 그리고 동아시아 개별국가들의 차이를 이해할 수 있을 것으로 생각한다. 국가나 동서양 사이의 심성 차이를 알게 되면, 서로의 개념과 사상의 차이를 서로 잘 이해할 수 있고, 우월관계보다 차이로 이해할 가능성이 더 높아진다.

3. 심성의 의미

기존의 사회/문화/역사연구는 대체로 이성과 의미에 의존해왔다. 우리가 이를 인간과 동물을 구분해주는 가장 중요한 영역이고 따라서 인간을 이해하려면 가장 높은 의미가 부여된 이성과 의미에 집중하는 것이 좋다고 생각해왔다. 그러나 이를 비판하면서 마음/무의식/정서의 중요성을 강조하는 의견들이 계속 있었다. 예를 들어 파스칼은 마음은 이성이 모르는 영역을 갖고 있으며 마음이 이성의 토대가 된다고 하였고(김홍중, 2014:181), 프로이드는 무의식이 인간행동의 진정한 장소로 보았다. 마음은 빙산과 같아서 보이지 않는 부분(무의식)이 보이는 부분(의식)을 지배하고 움직이게 한다. 그러나 의식은 이를 알지 못하여 의식이 결정하고 행동한다고 생각한다(프로이드, 1997). 칼 융에 따르면 인간정신은 의식, 개인무의식, 집단무의식으로 구성되어 있다. 집단무의식은 민족, 문화권 또는 인류가 공유하는 원형적 무의식으로 조상대대로 마음 깊숙이

새겨진 것이다. 개인무의식은 후천적으로 쌓인 것이고 집단무의식은 태어나기 전부터 있던 것으로 정신적으로 유전된 것이다. 어쨌든 이들 무의식이 행동의 에너지를 제공한다. 무의식에 그림자가 있지만 또한 생명의 원천이며 창조성을 제공한다(융, 2014).

행동을 추동하는 무의식이나 감정의 중요성에 비하여 문화연구에서는 이에 관심을 기울여오지 않았다. 이를 비판적으로 성찰하며, 의지, 열망, 욕망이 행위능력을 구성하고 '사회적인 것'을 생산한다고 들뢰즈는 주장하였다. "사회적 생산은 특정 조건 속에서의 욕망 생산일 뿐이다. 우리는 사회적 장이 욕망에 의해서 직접적으로 가로 질러진다고, 사회적 장은 욕망의, 역사적으로 결정된 산물이라고 말하는 바이다(Deleuze and Guattari, 1972/3: 36, 김홍중, 2014: 192에서 재인용)." 들뢰즈는 욕망이 생산적이고 창조적 행동을 추동하며 전복을 추동한다. 사회형식들은 욕망에 의해 조직화된다.

윌리암스도 논의의 차원은 다르지만 이와 비슷하게 문화를 이해하는 데 정서의 이해가 필요하다고 주장하였다. 윌리암스는 문화의 연구가 의미와 세계관에는 잘 접근하고 있지만 정서에 대한 연구가 결합되어야만 더 전체적인 이해가 가능하다고 주장하면서 앞으로 정서의 구조를 연구할 필요가 있다고 했다. 즉, 사회적 경험이 용해되어 정서적(feeling) 구조로 나타난다며 이러한 의식과 사회관계의 정서적 측면을 이해해야 역사적 변화를 제대로 이해할 수 있다고 주장했다(윌리암스 1982: 168-169). 정신분석학에서 무의식과 욕망에 대한 연구가 계속 되었지만 윌리암스가 말한 전체적인 문화연구로까지 나아가지는 않았다. 갈수록 의미나 인지나 행동이

정서와 연결되어 있다는 연구가 많이 나타나고 이에 따라 문화적 측면에서 감성(emotion) 또는 정서(affect)를 연구하는 경우가 크게 늘어났다. 심리학적으로나 생물학적으로 훨씬 복잡하고 세분된 감성과 정서에의 대한 논의가 축적되면서, 이후 정서(affect, 정동이라고도 불린다)연구도 크게 확장되었다(Sharma and Tygstrup, 2015). 기억하고 행동하는 데 정서가 작용하기 때문에, 의미나 이데올로기 연구는 정서와 함께 연구되어야 실생활에서 작동하는 생생한 경험을 드러낼 수 있게 된다. 정서구조는 생활세계를 이미 무드, 태도, 예절, 감성 등으로 흠뻑 적시고 있다(Highmore, 2016: 149). 1990년대 중반부터 정서와 감성 연구가 증가하면서 탈구조주의와 해체주의가 촉진한 문화, 주체, 정체성, 육체의 상호작용에 대한 연구가 촉진되었고 이를 통하여 행동을 추동하는 힘(무의식적 육체, 욕망, 정서)을 이해하고 이를 고려한 연구가 크게 증가한 것을 인문사회과학의 정서적 전환(Affective Turn)이라고 불렀다(Clough & Halley, 2007). 이들의 연구는 심성사 연구에 비해 훨씬 더 육체적이고 무의식적인 정서에 더 집중하는 경향을 보이고 있고, 따라서 시대적 심성의 흐름보다 구체적인 정서를 더 집중적으로 연구하고 있다. 이러한 정서 연구가 사회사와 결합되어 시대의 문화적 흐름을 이해하는 데 앞으로 많은 도움을 줄 것이다. 하지만 현 단계에서는 아직 이러한 연구로 발전하지 못하고 있다.

우리팀의 연구는 문화, 감성, 정서보다도 심성이라는 말을 사용하고 있다. 기존의 문화연구가 의미(세계관)에 주로 주목하고 있는데, 여기에서 더 나아가 의미가 정서(감성, 정서, 열정, 욕망 등)와 결합하여야 판단과 행동으로 나갈 수 있다는 정신분석학이나 정서연구 입장에 동의하기 때문이다. 여기에서 문화가 아니라 심성이라는 단어를 사용한 이유는 심성이 집단적 태도와 정서, 집단적 감성, 이데올로기를 포괄하는 것(박수현, 2011: 274)이어, 주로 의미를 중심으로 접근하는 구조주의적 접근이나 이데올로기적 접근보다 감정, 정서, 욕망을 고려하여 문화에 대하여 훨씬 현실적인 이해를 가능하게 해주기 때문이다. 인지나 의미는 독자적으로 작동하는 것이 아니라 이미 정서와 엉켜서 작동한다. 또한 이를 열망과 의지를 가지고 행동으로 표출하기 위해서는 정서적 작용을 필요로 한다. 또한 인간의 언어, 기억, 의미 등의 작용은 정서나 감성을 구성하는 측면도 있다. 생물, 욕망, 무의식, 문화가 엉켜서 작동한다. 감정이나 정서는 즉각적으로 표출되는 경향이 있고, 즉각적으로 상황을 인식하고 판단하며, 빠르게 결정하여 표현/행동을 하도록 한다. 이러한 과정은 생존에 도움을 주기 때문에 진화적으로 나타난 것이다(Matsumoto and Hwang 2013: 91-92).

심성은 의미와 정서의 결합이지만, 심성이라는 단어는 상당히 근본적이고 지속적인 부분을 주로 다루겠다는 뜻을 포함하고 있다. 표면적이고 일상적인 의미와 정서는 너무 다양하고 순간순간 변하기도 하며 어느 것이 중요하고 어떠한 체계를 가지고 있는지를 바로 보여주지는 않는다. 우리연구팀은 좀 더 장기적이고 근본적인 시대적 흐름에 관심을 가지고 있어, 일상경험과 표현을 분석하여 시대정신 또는 시대적 심성을 드러내고자, 심성이라는 단어를 차용하였다. 의미(이데올로기, 세계관)와 정서(욕망, 태도, 감성)를 다

고려하여 시대정신의 흐름을 드러내기 위한 용어로는 심성이란 용어가 다른 용어들보다 적합한 것으로 보인다. 심성이라는 말을 사용하지는 않았지만, 푸코는 시대적 인식지평과 문화구조가 있다며 이를 에피스테메로 불렀는데 이는 브로델의 집단심성과 유사하다(김응종, 2006: 235). 코젤렉도 개념사연구에서 개념이 경험공간과 기대지평의 역사적 변화를 반영한다고 주장하였는데, 이는 집단의 경험과 지평으로 시대적 집단심성과 유사한 것이다(코젤렉, 1996).

심성(mentality)이라는 말을 직접 사용하여 문화를 처음 연구한 학자는 인류학자 레비브릴이다. 그는 미개인들이 초자연 현상과 현실을 분리하지 않으며 주술적 영향력을 믿는다며 이러한 심성을 미개심성이라 부르면 현대심성과 다르다고 했다(Levy-Bruhl, 1923). 본격적으로 심성의 역사를 연구하기 시작한 아날학파는 기존 역사학이 주요 사건들에만 주목하여 사람들의 실제 생활과 생각을 보여주지 못한다면서 일반인들의 일상생활을 심성적 토대와 함께 연구하여 해당 시기의 삶을 생생하게 보여주고자 하였다(파우저, 2008). 뤼시앵 페브르(2012, 머리말)는 "각각의 시대는 심성적으로 자신의 우주를 만든다"고 했을 때, 심성은 한 시대의 대중 속에 공유되고 내면화된 일종의 가치체계이자 시대정신을 의미한다. 따라서 그는 무신론자로 비난받던 16세기 라블레의 심성을 추적하며, 당대의 시대정신에는 무신론적인 "심성적 도구"가 없었기 때문에 라블레가 무신앙문제를 가끔 표출하더라도 무신론까지 나갈 수는 없었다며, 그게 그 시대의 "심성적 한계"였다고 설명하고 있다. 개인이 자유롭게 심성을 가지는 것이 아니라 시대적 "심성적 도구"를 가지고 시대의 "심성적 한계" 내에서 생각한다는 것이다.

진즈부르그(2001)는 『치즈와 구더기-16세기 한 방앗간 주인의 우주관』라는 책에서 16세기 이탈리아 동북부 촌락의 메노키오라는 방앗간 주인의 세계관과 심성을 다루고 있다. 메노키오는 이단으로 종교재판소에 끌려갔는데 하나님의 천지창조와 예수의 신성성을 부인하고 성직자를 타락했다고 비판했다. 결국 처형을 당하였다. 진즈부르그는 메노키오에 대한 세밀한 연구를 통하여 16세기 유럽의 세계관, 심성, 저항, 지배의 과정을 생생하게 보여주며, 당대의 종교개혁, 인쇄술, 지배계급과 피지배계급의 경계, 그리고 종교지배계급, 주체들의 세계관과 정서가 어떻게 엉켜서 시대의 구체적인 삶으로 작동하는지를 잘 보여주고 있다. 시대적 심성들이 충돌하고 변하는 종교개혁 시대를 보다 생생하게 이해할 수 있도록 해준다. 1970년대 아날학파는 이러한 접근을 통하여 중세의 가족, 축제, 결혼, 광기, 죽음, 지옥 등을 당대의 민중이 어떻게 상상하고 경험하면서 살았는지를 생생하게 보여주고 있다. 여기에서 심성은 당대의 사람들이 집단적으로 가지고 있었던 시대정신(세계관, 정서, 태도, 행동)을 의미하고 있다.

심성연구는 아래로부터의 역사, 역사 속에 자신의 목소리를 담지 못하는 하위주체(subaltern)들의 삶, 태도, 정서, 열망을 중요시한다. 그게 대다수 사람들의 삶의 흐름을 보여주고 역사의 도도한 흐름을 생생하게 이해할 수 있게 해주기 때문이다. 심성은 지배질서, 사회제도, 지배층의 상상과 행위도 포함하고 연구하지만, 이러한 맥락에서 살아가고 이를 해석하고 수용하고 대응하는 민중의 의식, 정서, 행동을 분석의 중심에 놓는다. 즉 거대한 정치사, 경제사, 제도사는 심성분석을 위한 조건과 배경에 해당하는 것이며, 심성연구는 이러한 거대한 정치, 경제, 제도 속에 숨겨져 있던 일상 속의 구체적 경험과 주관적 내면세계를 다루고자 한다.

이러한 심성적 접근은 우리 심성연구팀의 연구목표와 관련되어 있다. 1. 장기적으로 동서양 심성비교를 통하여 서구개념의 서구 편향성을 극복하고자 한다. 2. 중기적으로 동아시아 심성을 이해하고자 한다. 3. 단기적으로 한일의 심성을 이해하고 이를 통하여 동아시아 심성체제 연구로 확장할 뿐만 아니라 한국과 일본이 서로 불신하고 이해하지 못하는 국면을 극복하는 데 기여하고자 한다. 이는 한국-중국, 일본-중국 사이에 나타는 불신의 극복과도 관련되어 있다. 이를 위해서는 먼저 동아시아 각국의 심성과 이를 통해 동아시아의 심성을 이해할 필요가 있다. 그리고 이러한 측면의 하나로서 현재 동아시아 각 나라 사이에 타나나는 불신의 심성을 이해하는 것도 동아시아의 문제를 극복하는 데 도움을 줄 것이다.

그러나 동아시아가 중국의 중화체제를 벗어나 19세기말 서양이 주도하는 세계체제에 편입되면서, 제국/식민의 구도는 더욱 복잡해졌고, 특히 냉전 해체 이후 한중일 삼국 관계는 출구를 찾기 어려울 정도로 더욱 뒤엉켜있다. 제2차 세계대전 이후 한중일은 각각 해방과 패전의 패러다임으로 또한 반공/반미 패러다임으로, 그리고 냉전 해체 이후에는 경쟁적 각자도생의 패러다임으로 식민과거청산/미중갈등과 얽혀 한중일은 서로 가장 혐오하는 국가가 되었다. 한일관계도 단교가 거론될 만큼 악화일로를 걷고 있다. 하지만, 한반도 비핵화와 동북아 평화체제 구축을 위해서도, 동아시아 협력체제를 구축하기 위해서도 한일관계의 복원은 필수적이다. 양국의 국민들이 서로 이해를 높여야 하고, 이는 상호 심성의 이해가 증가해야 가능하다.

한국과 일본의 양국에 대한 상호연구는 수없이 이루어졌지만, 양국의 관계 속에서 나타나는 한국인과 일본인의 심성에 대한 연구는 체계적으로 다루어지지 못했다. 단순화하자면 일본인의 반한 감정은 '한국을 근대화시켜 줬는데 고마워하지 않아 괘씸하다'에 가깝고, 한국인의 반일감정은 '일본이 식민지 잘못에 대해 반성할 줄 모르고 뻔뻔하다'에 가깝다. 물론 현실은 이보다 훨씬 복잡하다. 그리고 관련 심성은 훨씬 복잡한 맥락 속에서 형성된다. 상대방에 대한 역사적 인식도 다르지만, 자신의 나라에 문제가 생겼을 때 내부 불만을 외부로 투사하기 위해 외부를 악마화하는 경우도 많아, 역사적 사실뿐만 아니라 왜 현재 그런 식으로 생각하고 행동하는지, 그리고 이와 관련한 내부와 외부의 기제도 같이 살펴봐야, 이웃국가에 대한 심성이 왜 어떻게 구성되고 흐르고 있는지를 이해하는 데 도움이 된다. 동아시아의 1945년 이후의 상황에서 작동하는 세계관, 의미, 정서의 작동방식을 이해하여야 한중일의 끝없는 혐오의 정치를 극복하고 새로운 동아시아 공동체로 발전할 수 있다. 식민/제국, 해방/패전, 반공/반미, 탈냉전의 엇갈린 시선과 심성에 대한 이해 없이는 동아시아의 문화 간 이해는 매우 어렵고, 혐오의 악순환에서 빠져나오기도 힘들다.

이러한 이해의 틀로 김홍중(2014: 199)은 마음의 레짐을 제시하고 있다. "마음의 레짐이란, 마음의 작동(생산, 표현, 수행, 소통)과 마음가짐의 형성을 가능하게 하고 조건 짓는 사회적 실정성들의 배치이며 이념, 습관, 장치, 풍경의 이질적 요소들의 네트워크로 구성되어 있다. 이들은 모두, 마음이 사회적인 것에 닻을 내리고 있는 경험적 닻들이며, 마음/가짐의 사회적 형성과 작동을 규정하는 제도적 앙상블로서, 우리가 흔히 '문화'라는 용어로 통칭하는 제반 상징적 도구들이 생성되고 운용되는 공간이다." 이의 핵심요소로 이념(Ideology-소통), 습관(Habitual-사용), 장치(Apparatus-생산), 풍경(Imaginary-표현)으로 제시하고 있다. 이러한 도구를 통하여 김홍중(2018, 1부)은 좀 더 마음을 중심으로 접근하는 '마음의 레짐'을 다루고 있다.

우리 심성연구팀의 접근은 기존의 정서(Affect, 정동)의 접근(그레그, 시그워스, 2016 등)이나 김홍중(2018)의 마음에 대한 접근과 두 가지 측면에서 크게 다르다. 첫째, 이들보다 훨씬 더 사회적 맥락을 강조한다. 우리는 사회적 동학에서 마음(정서, 욕망 또는 이성/의미와 다 합쳐진 형태의 심성)은 독자적으로 작동하는 것이 아니라 사회적 맥락에서 작동한다고 본다. 사회적 맥락을 타고 작동하고 있기 때문에 마음, 정서, 욕망이 능동적이고 행동을 추동하는 힘을 가지고 있다고 할지라고 겉으로 드러난 형태는 항시 사회적 맥락과 결합된 형태로 나타난다. 따라서 사회적 현상의 흐름으로서 심성을 이해하기 위해서는 마음, 정서, 욕망 자체에 집중하기보다 사회적 맥락과 엉켜서 흐르는 측면에 더 주목하여야 한다. 사회적 맥락과 분리된 마음, 정서, 욕망은 본 연구팀의 연구대상이 아니다. 따라서 사회적 맥락에서 심성이 어떻게 주조되고 드러나고 또한 주조하고 추동하는가를 이해하려면 마음이나 정서를 중심으로 진정성, 자존감, 불안감, 열망, 욕망에 접근하는 것이 아니라 사회적 맥락이 여러 정서들과 엉켜 나타나는 전체적인 모습으로 접근하고자 한다. 한 가지 사건에 여러 정서가 동시에 나타난다. 따라서 정서별 접근보다 사건을 둘러싼 여러 정서의 전체적 모습으로 접근하는 것이 해당 사건을 더 잘 이해할 수 있다. 우리는 프랑스 심성사학파처럼 정치경제적 맥락이 어떻게 심성과 상호작용하는지에 주목한다. 따라서 '심성체제'는 '마음의 레짐'이나 '정서적 전환'보다 훨씬 적극적으로 정치경제적 맥락을 고려하며 이와 심성이 상호작용하는 체제에 주목한다. 요약하자면, '마음의 레짐'이나 '정서적 전환'은 마음에 훨씬 능동적인 의미를 부여하는 데 반해, 심성체제론에서는 심성이 능동적인 역할을 하기도 하지만 사회적 맥락에 대응하는 측면이 더 강하다고 보고 있다.

둘째, 우리는 연구대상을 좀 더 명확하게 하고 좁히기 위하여 집단심성으로 연구대상을 한정하고 있다. 개인을 연구하더라도 개인을 통해서 드러나는 집단심성을 이해하기 위한 것이다. 사회집단이 역사적 국면(현재를 포함하여)에서 집단구성원들의 심성(집단의 의미, 정서, 태도 등)과 상호작용하는 체제를 이해하고자 한다. 개인은 사회에서 제공되는 심성적 도구를 통하여 자신의 심성을 구성하기 때문에(일부 이를 벗어나는 경우도 있으며 이러한 심성도구가 사회로 확산될 수도 있다. 하지만 시대사를 좀 더 넓게 보면 개인이 시대적 심성 안에서 살아간다.), 개인심성은 대체로 집단심성의 일부이다. 다시 말하면, 우리는 개인심성의 사회적 성격을 아주 중요하게 생각하고 있다. 개인적 무의식이나 정서라 할지라도 사회적 무의식과 정서가 강하게 침투되어 있다. 여기에서 심성체제라는 말을 사용하는 이유는 사회적 맥락 그리고 개인심성/집단심성이 매우 강하게 연결되어 있다는 점을 강조하기 위함이다. 물론 이러한 체제는 폐쇄된 체제도 아니지만, 완전히 개방된 체제도 아니다. 구별되는 자연환경, 국가, 역사, 전통, 사회적 네트워크, 언어공동체, 생활양식 등을 통하여 동아시아 심성체제는 서구의 심성체제와 다르게 구성되고 작동한다. 또한 같은 동아시아 내에서도 사회, 역사, 경험이 다르기 때문에 한국의 심성체제는 일본의 심성체제와도 상당히 다르다. 이러한 체제들이 얼마나 다르고 얼마나 같은지 그리고 어떻게 체제로 구성되어 있는지는 자료수집과 논의를 통하여 더욱 구체화할 수 있을 것이다.

4. 이 책의 구성

1장 '서론: 심성연구의 의미'는 왜 이 책을 쓰게 되었는지 그리고 이 책이 어떠한 의미를 가지고 있는지를 보여주고자 썼다. 특히 심성이 어떠한 의미를 지니고 있는지를 살펴보고 기존의 관련 이론들을 중심으로 우리팀의 심성연구가 어떠한 맥락에서 이루어지고 있는지를 보여주고자 하였다. 3절의 일부는 심성프로젝트 연구계획서의 일부내용을 포함하고 있다.

2장 '장기지속, 중기지속, 단기지속의 심성체제'에서는 심성체제도 아주 다양하여서 이를 나눠서 볼 수 있는 틀을 제시하고자 하였다. 브로델의 역사모델을 차용하여 심성체제도 지리환경에 기반하여 장기간 지속되는 성향도 있고 일시적으로 나타나는 것도 있다는 것을 보여주고자 하였다. 지속기간을 장기, 중기, 단기로 나누면 장기적으로 지속되는 구조, 시계열적으로 국면을 이루며 리듬을 보여주는 중기, 그리고 빠르게 나타나고 사라지는 사건들의 전체 모습이 보다 일목요연하게 이해될 수 있을 것으로 생각하여, 왜 이러한 3층구조의 시간을 도입하였고 그것이 동아시아 심성체제를 설명하는 데 어떠한 도움을 주는지를 설명하고자 하였다.

3장 '장기심성체제 1 - 동서양의 심성차이'는 동아시아와 서구 문명 사이에 장기적이고 커다란 심성체제의 차이가 존재하는데, 그 중 가장 중요한 것이 집단주의와 개인주의의 차이이다. 지난 2000년 이상 변화가 있었지만 집단주의/개인주의는 동아시아/서구의 세부적인 심성, 사상, 사회의 차이에 다양한 영향을 미쳤다. 동서양의 종교나 사상이나 인지구조의 차이도 만들어낸다. 예를 들어 동아시아의 덕성/수치심과 서구의 이성/죄의식의 차이도 이와 관련되어 있다. 사람이나 사물을 보는 심성도 다르다. 이러한 차이는 동아시아의 쌀문명/유교의 집단주의, 그리스와 서구의 목축/밀문명/기독교의 원자론/개인주의에 토대를 두고 있다고 설명하였다. 서구의 기독교와 동아시아의 유교가 이를 반영하기도 하고 또한 이러한 심성을 구조화하고 지속시키기도 한다. 따라서 지리/환경, 종교, 심성, 인식구조가 상호작용하며 문명적 차이가 계속 재생산되는 경향이 있다. 물론 계속 조금씩 변하며, 문명권 내에도 여러 형태들이 공존하지만, 전반적인 흐름이 그렇다는 뜻이다.

4장 '중기심성체제 1- 한 농촌의 유교심성체제의 부상과 쇠퇴'는 한국의 농촌마을에서 1500년대 중반 유교가 도입이 되어 뿌리를 내리는 과정 그리고 1900년대 말 쇠퇴하는 과정을 보여주고 있다. 400년에 걸쳐서 부상-지배-쇠퇴라는 국면을 보여주고 있다. 유교가 불교를 밀어내고 지배를 하게 되면서 서원, 조상숭배, 문중을 중심으로 지역을 장악하고 동족촌락으로 변하게 된다. 1900년대 말 학교교육내용이 바뀌고, 유교체제가 쇠퇴하고, 산업화로 빠른 도시화가 진전되면서, 서원, 조상숭배, 문중도 크게 약화되고 유교의 영향력도 쇠퇴하는 모습을 보여준다. 이 논문은 『지역사회연구』 30(2)에 "전북 완주군 원평촌에서의 유교문명의 부상과 쇠퇴"로 실린 논문을 조금 수정한 것이다.

5장 '중기심성체제 2- 1950년대 농촌의 유교적 친족관계와 심성'은 1950년대 유교적 심성이 친족관계를 통해서 어떻게 나타나는가를 보여주고 있다. 한국 농촌에서는 1950년대에도 아직 유교적 관계와 심성이 강력하게 작동하고 있던 시기이다. 부계와 모계, 문중/큰집, 조상숭배를 둘러싼 유교심성의 모습을 볼 수 있다. 유교적 맥락에서 큰집과 고향에 대한 심성이 어떻게 작동하는가도 살펴볼 수 있다. 큰집은 물론 한국적 유교심성이며, 세부적인 내용은 나라마다 차이가 있다. 나라나 사례마다의 특수성도 어느 정도 있지만,

그럼에도 불구하고 유교가 어떠한 방식으로 친족을 구성하고 느끼고 심성으로 작동하는지를 알 수 있을 것이다. 이 논문은 『지방사와 지방문화』 25(1)에 "전북 임실군의 1950년대 유교적 친족관계와 심성"으로 실린 논문을 수정한 것이다. 지난 4-500년간의 유교심성의 후기 국면에 있는 모습이다.

6장 '단기심성체제 1 - 기시 노부스케, 박정희, 등소평의 압축성장의 심성'은 일본, 한국, 중국의 압축성장을 이끈 지도자들의 자기국가이해, 반공/미국관, 국가/개인, 발전관을 비교해보았다. 압도적으로 국가중심으로 사고를 하고, 개인은 국가나 공공을 위해 노력해야 한다는 심성은 비슷하게 가지고 있지만, 자신의 나라와 역사에 대한 심성, 미국관, 발전관에서는 많은 내용에서 차이를 보여주고 있다. 이웃하는 국가에서 서로 영향을 받으며 상당히 유사한 국가주도, 수출주도형 발전을 도모하였고, 세계사적인 성공을 거두었다. 이는 경제환경뿐만 아니라 동아시아의 집단주의 심성과 잘 어울리기 때문에 가능했던 것이다. 이 논문은 2021년 11월 19일 전북대 쌀삶문명연구원의 〈생활세계·심성체계연구를 위한 개인기록의 활용〉 학술대회에서 발표했던 "동아시아 정치지도자의 압축성장의 심성: 박정희와 기시 노부스케의 국가와 발전에 대한 심성"이라는 논문에 등소평에 대한 부분을 추가한 것이다.

7장 '단기심성체제 2 - 한중일 상호 혐오의 시선'은 한중일이 서로를 가장 혐오하는 국가가 되었는데, 얼마나 한중일이 서로 혐오하고 왜 서로 혐오하는 상황이 되었는지를 살펴본다. 이러한 이해들이 축적이 되어야 동아시아도 서로에 대한 혐오를 극복할 수 있는 방안을 찾아내고 동아시아 공동체로의 발전을 도모할 수 있을 것이다. 이 논문은 2021년 7월 23일 쌀삶문명연구원의 〈Social Inclusion and Exclusion in East Asia: Its Material Condition and Discursive Structure〉 국제학술대회에서 발표한 "21세기 동아시아 갈등과 배제의 심성"이라는 글을 수정한 것이다.

8장 '단기심성체제 3 - 한 농촌의 유교심성의 쇠퇴와 기독교심성의 부상'이라는 글은 4장에서 다룬 마을의 변화를 추적하고 있다. 4장과 같이 읽으면 수백년에 걸친 마을변화을 이해하는데 도움이 될 것이다. 기독교가 농촌마을에 들어오면서 어떻게 뿌리를 내리는가의 과정을 살펴보았다. 남성 기독교인들이 제사나 시제에서 절을 거부하지만 추도예배를 드려 실질적으로는 조상이나 부모에 효도를 한다는 의식은 거의 같았다. 주로 유교에서 배제된 여성들이 교회를 다니게 되는데 각종 가신家神에게 기복을 하던 모습이 하나님에게 기복을 하는 모습으로 바뀌어 기독교가 한국의 기존 심성과 혼성이 되는 모습을 알 수 있다. 원래 이정덕(2014) 『근대라는 괴물』에서 실었던 글로 4장과 연계하여 해당 마을의 이해를 높이기 위해 최근에 조사한 내용을 일부 추가하여 이곳에 실었다.

9장 '단기심성체제 4 - 한국인의 질병관과 죽음관'은 지난 몇 십년간 한국인의 질병관과 죽음관이 어떻게 변하였는가를 다루고 있다. 진명숙(편)『근현대 한국사회의 역동과 심성』에도 실린 글로 서구의료체계가 도입되며 한국에서 급속하게 변하는 단기심성체제의 모습을 상상하는 데 도움을 되어 이곳에 다시 실었다. 원래 공은숙이 삼계일기에 대하여 쓴 글에 이정덕이 예전에 조사하였던 현대 한국인의 상례에 대한 내용과 기존 문헌들을 점검하여 한국인의 질병관과 죽음관의 변화를 추적하여 작성한 글이다.

참고문헌

- 강정인

  2006, 『서구중심주의를 넘어서』, 아카넷.

  그레그, 멜리사 & 시그워스, 그레고리 저, 최성희, 김지영, 박혜정 역

  2016, 『정동이론』, 갈무리.

- 김명진(EBS 〈공과 서〉 제작팀)

  2008, 『동과 서: 동양인과 서양인은 왜 사고방식이 다를까』, 예담.

- 김홍중

  2014, "마음의 사회학을 이론화하기", 『한국사회학』. 48(4): 179-213.

  2018, 『마음의 사회학』, 문학동네.

- 박근갑

  2009, 『개념사의 지평과 전망』, 소화.

- 박노자, 박명규, 이경구, 허수, 이행훈 외

  2012, 『개념의 번역과 창조 - 개념사로 본 동아시아 근대』, 돌베개.

- 박수현

  2011, "문학 연구 방법으로서 '망탈리테'에 관한 시론적 고찰", 『현대문학이론연구』, 44: 267-295.

- 와타나베, 박충석 편

  2008, 『문명, 개화, 평화: 한국과 일본』, 아연출판부.

- 윌림암스, 레이몬드 저, 이일환 역

  1982, 『이념과 문학』, 문학과지성사.

- 융, 칼 저, 설영환 역

  2014, 『C. G. 융 무의식 분석』, 선영사.

- 이강은

2017, 『미하일 바흐친과 폴리포니야』, 역락.
- 이정덕

  2019, 『서구근대개념과 서구우월주의』, 신아출판사.
- 진명숙 편

  2022, 『근현대 한국사회의 역동과 심성』, 신아출판사.
- 진즈부르그, 저, 김정하 역

  2001, 『치즈와 구더기-16세기 한 방앗간 주인의 우주관』, 문학과지성사.
- 코젤렉, 라인하르트 저, 한철 역

  1996, 『지나간 미래』, 문학동네.
- 파우저, 마르쿠스 저, 김연순 역

  2008, 『문화학의 이해』, 성균관대학교출판부.
- 페브르, 뤼시앵저, 김응종 역

  2012, 『16세기의 무신앙 문제』, 문학과지성사.
- 프로이드, 지그문트 저, 윤희기 역

  1997, 『무의식에 관하여』, 열린책들.
- 피쉬, 브루너, 콘체, 코젤렉 저, 안삼환 역

  2010, 『코젤렉의 개념사 사전 1(문명과 문화)』, 푸른역사.
- 하영선, 손열

  2018, 『한국 사회과학 개념사(조공에서 정보화까지)』, 한울아카데미.
- Clough, Patricia & Halley, Jean ed.

  2007, *The Affective Turn: Theorizing the Social*, Duke Univ. Press.
- Deleuze, Gilles, and Guattari, Felix

  1972/3, *L'anti-oedipe*, Paris: Minuit.(김재인 역, 2014, 『안티 오이디푸스 자본주의와 분열증』, 민음사.)
- Goody, Jack

2012, *The Theft of History*, Cambridge: University of Cambridge.

* Highmore, Ben

  2016, "Formations of Feelings, Constellations of Things", *Cultural Studies Review*,

  22(1): 144-167.

* Levy-Bruhl, Lucien

  2018(1923), *Primitive Mentality*, London: Routledge.

* Matsumoto, David and Hwang, Hyi Sung

  2012 "Culture and Emotion: The Integration of Biological and Cultural Contributions", *Journal of Cross-Cultural Psychology*, 43(1): 91-118.

* Sharma, Devika and Tygstrup, Frederik ed.

  2015, *Structures of Feeling: Affectivity and the Study of Culture*, De Gruyter.

자료

대한전문건설신문, "중국 구매력, 올해 미 추월 세계 1위" 2014.05.07.

2장
장기지속, 중기지속, 단기지속의 심성체제

1. 페르낭 브로델

이 장에서는 브로델의 장기지속, 중기지속, 단기지속의 역사모델을 점검하고 이로부터 유추하여 심성체제를 어떻게 구성할지를 점검하도록 하겠다. 브로델은 기존 역사학을 비판하면서 새로운 역사학의 흐름을 만들었다. 이를 반영한 아날학파는 역사를 새로운 방식으로 접근하였다. 개인은 집단 속에서 사회화되어 시대의 일원으로 살아간다고 생각하여 개인보다 집단을, 사회가 어느 정도 격변기를 통해 차원이 다른 사회로 변한다고 생각하여 역사를 연대기적으로 정리하는 것보다 시대상과 그 변화를 보여줄 수 있는 구조와 구조적 변화를, 그리고 민중의 삶의 변화가 도도한 역사적 흐름을 보여주는 것으로 생각하여 정치적 인물과 사건 대신 민중의 삶과 심성의 변화 즉 사회사적 변화에 더 집중하였다(김웅종, 2006: 18). 브로델은 역사적 변화를 이해하고 그 원인과 흐름을 이해하려면, 중심과 주변에서 어떤 일이 진행되고 있고, 이러한 일들은 어떻게 나타나고 어떻게 사라지고 있는지를 파악해야 한다고 생각했다. 또한 여러 시간 척도에서 지리 척도에서 살펴보아야 전체적인 모습을 더 잘 이해할 수 있다고 생각했다. 이러한 방향으로 역사를 연구하기 위해, 브로델은 보다 장기적이고 구조적인 측면까지 다룰 수 있도록, 역사적 시간을 3가지 척도로 구분하였다: 단기지속의 사건사, 중기지속의 국면사, 장기지속의 구조사(Ames, 1991: 935).

브로델은 이러한 삼층구조의 시간을 통하여 사람들의 삶과 역사를 보다 전체적으로 이해할 수 있다고 생각하여, 이러한 관점에서 『지중해』 전체사 연구 시리즈를 출간하였다. 이 책의 서문에서 자신의 삼층의 시간적 접근에 대하여 다음과 같이 설명하고 있다(브로델, 2017a). 이 시리즈의 제1부(브로델, 2017a)는 거의 움직이지 않는 심층의 역사를 다룬다. 장기간의 인간과 지리환경과의 상호관계를 다룬다. 역사가들은 이를 역사의 시간 밖에 존재하는 것으로 생각하여 잘 다루지 않거나 문제로 삼지 않지만, 거의 움직이지 않는 이러한 토대 위에 움직이는 역사가 존재한다. 제2부(브로델, 2017b; 2017c)는 심층의, 장기지속구조의 흐름 위에서 움직이는 경제들, 국가들, 사회들, 문명들의 변화를 다룬다. 이는 집단들과 집단형성의 역사 또는 사회사이다. 제3부(브로델, 2019)는 이 속에서 움직이는 개인이 드러나는 사건사를 다룬다. 사건사는 표면의 출렁거림으로 짧고 급하며 신경질적인 진동을 가지고 있다. 조금만 움직여도 비상이 걸릴 정도로 극도로 민감한 부분이다. 가장 정열적이고 가장 인간성이 드러나는 역사적 시간이지만 동시에 가장 위험한 시간이다. 이들은 겉모습에 불과하기 때문에 이를 중심으로 역사를 설명하면 안 된다. 역사를 전체적으로 보려면 중장기 시간, 즉 구조적 맥락을 바탕으로 사건사를 이해하여야 한다. 브로델은 이러한 접근을 이론적이거나 철학적인 관점에서가 아니라, 역사에 접근하여 전체를 이해하려다 보니 그렇게 접근하는 것이 실용적이어 삼층의 시간대로 정리하였다고 말하고 있다. 따라서 시간구조를 상황에 따라 조금씩 다르게 사용하고 있다.

이 3가지 시간 축은 시간의 지속성(장기, 중기, 단기)을 중심으로 만든 개념들이지만 이들은 구조적으로나 과정적으로 결합되어 있다. 장기지속은 가장 심층에 거대한 토대로서 묵직하게 존재하며 중기지속과 단기지속은 그 토대 위에서 작동한다. 서로 영향을 미치지만 이는 불균등하다. 사건사가 가장 눈에 뜨이고 이것이 우리의 심장을 흔들지만 표면에서 빠르게 변한다. 사건사나 국면사는 장기지속의 틀 안에서 작동한다. 장기지속은 눈에 잘 뜨이지도 않고 인식되지도 않지만 우리의 삶은 그 안에서 이루어진다. 따라서 이들 3개의 시간 축은 위계적으로 구조화되어 있고 결합되어 변화하는 총체성을 만들어낸다. 서로 영향을 받고 결합되어 작동하지만 변화하는 정도는 각자 다르다.

2. 장기지속 심성체제

브로델은 『지중해 I』에서 장기지속을 통해 장기간의 인간과 지리환경과의 상호관계를 다뤘다. 인간이 지리와 환경과 상호작용하면서 아주 장기간에 걸쳐 지속되는 또는 변화가 매우 느리게 이루어져 그 관계나 변화가 우리들에게 잘 인식되지 못하는 구조를 다룬다. 대체로 지리와 환경은 그대로 지속되는 것을 인식하는 경우가 많다. 지리적 환경적 배경은 인간이 마음대로 바꿀 수 없어 그 속에서 이를 유용하게 활용하면서 살아갈 수밖에 없다. 브로델은 장기지속을 수많은 세대를 이어가도록 별다른 변화없이 지속적으로 영향을 미치는 측면을, 잘 인식되지는 않지만, 봐야 한다는 의미로 사용하고 있다. 다른 곳에서는 로마멸망 이후 14세기까지의 라틴문명을 장기지속으로 지칭하여 장기간 지속된 문명체계 자체도 장기지속으로 지칭하고 있다(Braudel, 1980). 브로델은 지리/환경이 지속적으로 스며들어 사회에 영향을 미치고 있으며, 이게 우리 삶이 가장 근본적인 부분이지만, 이를 너무 당연시하여 이를 질문하고 설명하려고 하지 않는다고 생각한다. 사회/문화만 보면 이를 놓친다는 뜻이다. 3가지 차원의 시간을 연결하여 봐야 역사의 전체성을 이해할 수 있다. 따라서 시간을 3가지 차원으로 분리하여 접근하고 다시 종합하여야 전체사를 이해할 수 있다.

원래 『지중해』의 관점에서 보면 중기지속에 해당하는 것으로 볼 수도 있는 세계체제 또는 앙시앙 레짐 등을 장기지속으로 부르기도 하였다. 아주 안정적인 구조를 형성하여 큰 틀을 장기간 유지하고 있다는 점에 초점을 맞추기 때문이다(Tomich, 2011). 장기간 안정적으로 유지되며 사람들에게 한계로 작동하면 장기지속(구조)가 될 수 있다. 경제적 구조, 정신적 구조도 장기지속이다. 따라서 지리/환경의 수천 년에 걸쳐 움직이지 않고 반복적인 행위로 이어지는, 그래서 눈에 잘 뜨이지도 않는 부분을 장기지속이라고 불렀으나, 사회체제도 수백 년에 걸쳐 지속적으로 반복적인 작동을 보여주는 것도 장기지속이라고 부른 적이 있다. 여러 국면을 거쳐 리듬을 통해 지속되는 사회(경제)체제를 중기지속이라고 부르고 있어, 이 부분은 중기지속과도 겹친다.

하여튼 브로델에서 중요한 것은 장기지속은 구조로서 무수한 세대의 고정적인 요소가 된다는 점이다. 그 한계 내에서 국면과 사건이 존재한다. 따라서 모든 구조는 국면과 사건의 토대이자 장애물이다. 장애물로서의 구조는 인간이 벗어나기 힘든 한계(확률적으로, 벗어나는 경우도 있겠지만 극히 드물다)가 된다. 이는 가능성의 한계가 된다.

동아시아는 태평양 몬순기후로서 4계절이 뚜렷하고 여름에 강수량이 풍부하며 수림이 풍부하다. 중국 양자강 유역에서 시작한 벼농사가 4000여 년 전 한국에, 그리고 2300년 전 일본으로 확산되면서 수도작 농경을 바탕으로 하는 가부장제 사회가 동아시아에서 점차 뿌리를 내렸다. 이러한 전파는 또한 4000년 이전부터 황해의 연안항로를 따르는 교통로가 형성되었음을 보여준다. 언제부터인가는 불확실하지만 2000년 전부터 황해를 횡단하는 항해도 점진적으로 이루어진 것으로 보인다. 이를 통해 동아시아(한·중·일)가 연결되어 서로 교류를 하고 영향을 받으면서 발전해왔다. 내륙은 여름의 높은 강수량을 이용한 도작농역이 발전하고 수량이 부족한 곳은 밭작물을 재배하는 체계가 형성되었다. 도작농경은 수리와 모내기와 풀매기를 위한 공동노동을 필요로 하는데, 이는 동아시아의 도작마을들의 일상생활과 심성에 어떠한 영향을 미쳤을까? 이러한 지리환경 적 구조가 동아시아 집단심성과 어떻게 관련되는지도 중요한 연구 주제이다. 이러한 구조가 동아시아가 지금까지도 강력한 집단주의 성향을 가지고, 부계혈족을 유지하고, 강한 상하질서를 유지하는 것이나, 국가가 일찍 만들어 장기간 유지되어 온 상황과 관련되어 있을까? 또한 일찍부터 국가가 만들어지고, 장기간 국가 속에서 살아와서, 서양과 다른 동아시아의 국가인식도 이와 관련되어 있을까?

3. 중기지속 심성체제

장기지속은 변하지 않고 인식되지도 않는 지리/환경의 구조이지만, 중기지속은 사회/경제의 흐름이다. 중기지속은 집단의 역사, 집단의 움직임을 포착하는 사회사이다. 국면의 구조의 토대 위에서 작동한다. 국면은 구조와 결합되어, 움직이지 않는 것과 움직이는 것을 뒤섞어, 사건을 형성하고, 역사적 국면을 드러낸다. 이러한 흐름은 상하운동을 하며 국면을 타고 순환한다. 경제가 활황을 이루다 침체하듯, 제국/국가가 건국되고 부흥하고 몰락하듯, 변한다. 따라서 장기 지속적으로 반복되는 사건들은 구조를 드러내고,

주기적으로 순환하는 사건은 국면을 드러낸다(김웅종, 2006: 106).

이를 국면이라고 표현하는 이유는 주기적으로 변하는, 나름대로 상승과 하락을 반복할 때, 이를 상승국면, 정체국면, 하락국면 등의 국면의 전환으로 이어지며 흐름을 형성한다는 것을 보여주기 위한 것이다. 브로델은 몇 십 년에 걸쳐서 오르고 내리는 경제적 순환국면을 가장 중요한 국면으로 간주하고 있다. 이러한 경제적 국면변화에 따라 전쟁, 정치, 학살 등의 사건이 벌어진다고 본다(김웅종, 2006: 82-100). 따라서 개별 사건을 제대로 이해하려면 그것 자체로만 보면 안 되고, 어떠한 구조 한계 내에 있고, 어떠한 국면에서 어떻게 나타났는지를 연계하여 살펴보아야 한다. 국면의 상황들이 또는 변화가 사건들을 촉발한 것이다.

사람들은 이러한 구조와 국면의 토대 위에서 살고 있다. 구조와 국면의 영향을 받으며 구조와 국면의 한계 내에서 살아간다. 국면에 따라서 이에 영향을 받아 이런저런 생각을 하고 결정을 하고 행동을 한다. 물론 기존에 가지고 있던 심성(세계관, 의미, 정서)에 영향을 받아 구조와 국면을 인식하고 해석하고 상상하고 행동한다. 따라서 심성은 구조와 국면과 상호작용을 하는 것으로 볼 수 있다. 하지만 구조와 국면이 더 강한 토대로서 심성을 자극하고 제약을 가한다.

보통 국면은 몇십 년 또는 몇백 년을 두고 상승과 하강의 국면으로 이어지는 흐름으로 나타난다. 너무 장기간 이어지면 눈에 잘 인식되지 않는 구조처럼 되고, 단기간에 국면의 흐름이 변하면 사건처럼 인식될 수 있다. 불교, 유교, 경제, 국가도 부상과 쇠퇴의 리듬을 탄다. 흥망성쇠의 과정을 국면으로 인식할 수 있다. 한국에서도 이러한 국면변화와 심성의 관계를 다룬 연구들이 많이 나와 있다. 특히 유교화 과정이 많이 다루어지고 있다. 도이힐러(2013)은 『한국의 유교화 과정』에서 17세기에 이르러서야 유교적 심성에 기반한 가부장제, 문중, 장자우대상속, 제사의 관행들이 농촌에서도 관철되어 유교적 관행과 심성이 뿌리를 내렸다고 보고 있다. 17세기에 이르러서야 심성까지 포함한 진정한 유교국가가 되었다는 것이다. 조선 건국 이후 16세기까지는 점차 또는 강력하게 성리학 정착을 추진한 것이다. 따라서 이 기간을 유교의 정착국면으로 볼 수 있다. 상대적으로 고려시대의 부계를 덜 강조하고, 남녀나 형제 사이가 상대적으로 평등하고, 마을에 여러 성씨들이 잘 공존하고, 부계 조상신에 덜 집착하고, 윤회와 업을 믿는 심성들을 제거하기 위해 수많은 노력을 한 끝에 유교적 심성이 정착되며 사회가 유교화되었다. 조선의 건국세력이 불교와 단절하고 성리학에 기반한 유교적 이상사회를 구축하려는 국면이 200여 년을 거치면서 완성되었다. 국가의 국면을 통해 누가 사회를 재조직하고 심성이 변하는지를 잘 보여준 책이다. 다양한 사건들이 어떻게 국면의 전환으로 연결되는지, 그리고 국면의 전환이 어떻게 개별 사건으로 표출되는지도 잘 보여주고 있다.

4. 단기지속 심성체제

사건은 우리가 살아가면서 직접적으로 경험하는 것이다. 브로델에게 사건은 역사를 가로지르는 먼지이다. 사건 표피적이고 비본질적인 것이다. 사건사는 거대한 역사를 설명할 수 없다. 개인과 사건은 왜소하고 장기지속에 갇혀있다. 사건은 단기간에 폭발적으로 벌어진다. 사건은 역사의 하루살이 같다. 하지만 사건들을 통하여 역사적 풍경을 드러낸다. 그러나 역사적 풍경 속에서 분리되면 사건의 연기가 또는 변덕스러움이 사람들의 눈을 가릴 수 있다. 직접 경험하는 사건과 달리 이에 비해 중기지속이나 장기지속은 보이지 않는 또는 좀 더 추상적인 것이다. 장기지속이나 중기지속인 구조와 국면은 사건들로 채워진다. 사건들은 구조와 국면을 반영한다. 사건과 개인은 구조와 국면에 순응하는 존재이다. "사건은 덧없고 개인은 무력하다(김응종, 2006: 113)."

하지만 모든 분야에 사건적인 기호들이 가득하다. 사건이 구조와 국면과 분리되면 역사적 의미를 지니지 못하지만, 사건적 기호들은 구조와 국면과 연결되어 이해되면 역사를 드러내는 역할을 할 수 있다. 따라서 사건은 증언을 지니며 역사의 심층적인 덩어리를 밝혀준다(김응종, 2006: 105). 따라서 사건은 구조나 국면의 변화를 보여주는 창으로서 역사의 심층적 이해로 이끌 수 있다. 이를 위하여 계속 사건과 심층구조를 오고 가며 총체적 이해도를 높여야 한다(Braudel 1980). 브로델에게는 구조와 국면이 역사의 본질이지만, 사건과 결합되어야 전체사가 된다. 하지만 브로델이 이러한 상호작용을 언급하고 있지만 상호작용을 자세하게 논의하지는 않았다.

이러한 그의 이론적인 주장과 달리 실제 연구에서는 가끔 사건들이 중요한 역할을 하는 내용들 묘사하고 있다. '격정적인 사건들,' '괄목할만한 사실들' '거대한 사건'들을 언급하고 있다(브로델 2017d). 따라서 브로델은 물론 특별한 사건이 역사를 바꾼다는 점도 이야기하고 있다. 명나라 영락제가 수도를 남경에서 북경으로 옮기고, 스페인의 펠리페2세가 수도를 리스본에서 마드리드로 옮겨서, 결과적으로 세계-경제 중심지로서의 역할을 수행하지 못하게 되면서 점차 몰락하게 되었다고 주장했다(브로델 2014). 스페인 카를5세의 신교와의 전쟁(1547년 뮐베르크 대전), 교황과의 평화조약(1557년)이 서유럽의 역사를 바꿨다고 평가했다(브로델 2017d). 브로델은 사건의 역할, 인간의 능동적인 역할, 거대한 사건들에 의한 국면전환의 역할을 언급하고 있지만 이론적으로는 구조와 국면 위에서 요란한 소리를 내는 것이라고 말하고 있다.

이러한 요란한 소리, 생생한 삶, 매일매일의 존재를 통하여 항상적이고 반복적이고 부동적이고 규칙적인 것을 찾아 구조와 국면을 찾아내는 것과 연결시킬 수 있다. 이러한 점에서 아날학파는 개인과 사건을 브로델보다 더 적극적으로 역할과 의미를 부여하여 접근하고 있다. 브로델로부터 촉발된 아날학파들은 구체적인 개인과 사건을 통해 시대적 집단심성을 파악하고자 하였다. 사건을 통하여 시대정신을 이해할 수 있다는 것이다. 사건이나 일상사가 구조를 표현하는 것이며 '비상한 사건'이 구조나 국면의 변화를 보여주는 창인 것이다. 따라서 '사건' 또는 '일상사'가 그것 자체로도 역사의 많은 것을 설명해준다. 따라서 사건이나 일상사를 구조와 연결시키지 않더라도 그 자체로 종합적으로 접근하여 일상의 사고와 맥락을 자세 보여주려고 하는 인류학적 접근이 많아졌다. 이를 통하여 개인들을 매개로 드러나는 시대적 심성을 자세하게 드러내고자 하였다. 브로델은 물질적 측면에 많은 관심을 쏟았다면 이들 아날학파는 중세의 사람들이 어떠한 맥락에서 어떠한 상상/생각을 하고 살았는지를 자세히 밝혀내는 연구를 많이 했다. 예를 들어 아리에스(2006)의 『죽음 앞의 인간』은 중세에 죽음에 대한 상상, 정서, 태도 그리고 사후세계관이 어떻게 변했는지를 다루고 있다.

단기간의 사건들과 관련된 심성의 연구는 아주 다양한 분야에서 이루어지고 있다. 예를 들어 IMF위기와 영향 또는 한일 갈등과 영향 등은 사건과 사건을 둘러싼 심성을 잘 보여준다. IMF위기가 경제흐름의 국면들과 어떻게 연결되는지, 어떻게 심성에 영향을 미치는지? 또는 한국과 일본의 과거사를 둘러싼 지속적인 갈등이 상대국가와 관련된 심성에 어떠한 영향을 미치는지? 사건과 관련된 심성은 관련된 사회사/국면이나 구조의 맥락하에서 이해되고 설명되어야 한다. 개별 사건으로 이해하기보다는 저변에서 흐르는 구조나 국면과의 어떤 관계 속에서 관련 사건이나 심성이 나타나고 사라지는지를 접근하여야 한다.

5. 총체적 접근

브로델의 복수의 시간축과 위계, 그리고 이들의 구조적 결합을 통하여 역사를 전체적으로 보아야 한다는 관점에 따르면, 심성체제에 있어서도 사회전체의 심성을 설명하려면 장기지속 심성(환경과의 관계 속에 장기간 유지되는), 중기지속 심성(국면의 변화를 반영하는),

단기지속 심성(단기간에 변하는)이 어떻게 형성되고 어떻게 나타나서 어떻게 작동하는지, 그리고 이들이 위계적으로 구조화되어 있고 결합되어 당대의 총체적 심성을 만들어내는지를 설명할 필요가 있다. 이들은 서로 영향을 받고 결합되어 작동하지만 변화하는 정도는 각자 다르기 너무 단기적인 개별적인 마음, 정서, 심성에 집중하면 표면의 출렁거림으로 짧고 급하며 신경질적인 진동에 집중하게 됨으로써 전체적인 흐름을 놓치게 된다. 이러한 단기간의 마음, 정서, 심성은 가장 정열적이고 가장 인간성이 드러나는 역사적 시간이지만 동시에 가장 위험한 시간이다. 이러한 겉모습에 집중하게 되면 표면의 출렁거림에 휩싸여 전체적인 설명을 하기가 어렵다. 표면에서 나타나는 개별 정서에 집중하게 되면 당대에 어떠한 심성적 도구가 가능하고 어떠한 심성적 한계에서 그렇게 정서가 나타나는가를 역사적 흐름을 통하여 설명하는 것이 어렵게 된다. 대신 다양한 정서들의 나열과 성격규정으로 나아갈 가능성이 높아진다. 이는 사건사가 사건의 구조와 시간적 나열에 집중하여 개별적인 사건처럼 이해하게 만들어 사건의 전체사적 맥락을 놓치는 것과 비슷한 상황이 된다. 사건을 전체사와 연결시켜야 그 역사적 의미를 제대로 파악할 수 있다.

표층의 개별 정서에 집중하게 되면 해당 종류의 정서가 이곳저곳에서 반복적으로 산발적으로 나타나는 것처럼 이해하게 되고, 해당 정서가 독자적인 동학을 지닌 것처럼 이해하게 된다. 외형적으로 같은 정서라 할지라도 각각 다른 사회적 맥락과 상황에서 나타나는 것이다. 사건은 사회적 맥락과 상황에 융합되어 있는 것이다. 따라서 같은 정서라 할지라도 각각의 맥락과 상황과 융합되어 다른 총체성으로 작동한다. 이러한 총체적 접근을 통해 라뒤리(2006)는 『몽타이유』에서 14세기 남프랑스 어느 마을의 목축, 계급, 교회 구조 속에서 나타나는 일상생활, 신앙, 심성, 감성을 세밀하게 복원하고 있다. 르고프(2008)는 '공간과 시간의 구조', '망탈리테, 감수성, 태도' 등의 장을 통하여 기독교 중세의 전체적인 형성과정과 구조에서 더 나아가 육체와 영혼, 지상과 천상 등의 집단심성까지 복원해내고 있다. 조르쥐 뒤비는 사회경제사적 토대 위에 위치한 집단심성사를 제안하였다(김응종, 2006: 230).

이러한 관점을 반영하면 심성의 연구도 사건을 구조와 국면과 연결시켜 보다 전체사적인 흐름과 연결시켜 현상을 이해할 수 있도록 하여야 하고, 이러한 사건이 나타난 시대적 맥락을 충분히 고려하여 분석해야 한다. 이를 통하여 관련 사건이나 국면과 관련된 집단심성을 좀 더 총체적으로 이해할 수 있도록 하고자 한다.

참고문헌

- 김응종
  2006, 『페르낭 브로델』, 살림.
- 도이힐러, 마르티나 저, 이훈상 역
  2013, 『한국의 유교화 과정』, 너머북스.
- 라뒤리, 엠마뉘엘 저, 유희수 역

2006, 『몽타이유: 중세 말 남프랑스 어느 마을 사람들의 삶』, 길.
- 르고프, 자크 저, 유희수 역

  2008, 『서양중세문명』, 문학과지성사.
- 브로델, 페르낭 저, 주경철 역

  2014, 『물질문명과 자본주의 3-2 세계의 시간 하』, 까치.
- 브로델, 페르낭 저, 주경철, 조준희 역

  2017a, 『지중해-펠리페 2세 시대의 지중해 세계 I』, 까치.
- 브로델, 페르낭 저, 남종국, 윤은주 역

  2017b, 『지중해-펠리페 2세 시대의 지중해 세계 II-1』, 까치.

  2017c, 『지중해-펠리페 2세 시대의 지중해 세계 II-2』, 까치.
- 브로델, 페르낭 저, 임승휘, 박윤덕 역

  2019, 『지중해-펠리페 2세 시대의 지중해 세계 III』, 까치.
- 아리에스, 필립 저, 유선자 역

  2006, 『죽음 앞의 인간』, 동문선.
- Ames, Kenneth M.

  1991, "The Archaeology of the Longue Durée: Temporal and Spatial Scale in the Evolution of Social Complexity on the Southern Northwest Coast", *Antiquity*, 65(249): 935-945.
- Braudel, Fernand

  1980, "History and the Social Sciences: The *Longue Durée*", in *On History*, trans. Sarah Matthews, Chicago: The University of Chicago Press, pp. 27-38.
- Tomich, Dale

  2011, "The Order of Historical Time: The Longue Durée and Micro-History", *Almanack. Guarulhos*, 2: 52-65,

3장
장기심성체제 1
- 동양과 서양의 심성차이

1. 동서양 심성 차이

이곳에서 동서양이라고 썼지만 실제로는 동아시아와 서구를 의미한다. 아래에서도 나오겠지만 동양이라고 다 심성이 다 같은 것도 아니고 동아시아라고 해서 다 같은 것도 아니다. 실제 한국과 인도와 이란의 가치관과 심성은 매우 다르다. 따라서 이 책에서는 동양보다는 좀 더 좁혀 2천 년 이상 같은 문명권으로 서로 교류하면서 공유한 것이 많은 지역으로 더 좁혀서 동아시아(한·중·일·대만)와 서구(서유럽+미국+호주+캐나다)를 다루고자 한다.

물론 같은 동아시아 내에서도 국가나 지역에 따라 차이가 상당히 크게 나타난다. 같은 국가 내에서도 지역별, 계급별, 성별, 년령별 차이가 나타난다. 또한 심성은 계속 변하는 과정에 있기 때문에 어느 시기를 포착하여 동아시아의 심성이라고 할 수 있는가의 문제가 제기된다. 예를 들어 전체적으로 서구에 비하여 훨씬 집단주의적 성향을 보여주고 있지만 동아시아에서도 연령대가 낮을수록 집단주의의 성향도 조금씩 낮아지고 있어 언제까지 동아시아를 집단주의적 심성을 지닌 곳으로 표현할 수 있을까의 문제도 제기된다.

이러한 문제에도 불구하고 동아시아와 서구로 비교하는 것은 이들 사이에 커다란 차이가 실제로 존재하고 이러한 차이가 삶에 지대한 영향을 미치고 있기 때문이다. 차이를 제대로 파악하여 이해하지 못하면 서로 계속 오해하고 오인하게 된다. 또한 동아시아가 19세기 중반부터 거대한 서구화의 과정을 거치고 있는데, 동서양의 차이를 모른 채로 서구화가 이루어져 많은 문제를 일으키고 있다. 예를 들어, 인문사회과학에서의 서구사상, 학문, 개념이 서구적 심성에 기반해 있는데도 불구하고 이를 무시하고 바로 동아시아에 적용하는 경우가 많다.

이런 경우 동아시아를 왜곡할 가능성이 높고 또한 서구와 다르면 차이가 아니라 시간순의 앞뒤 또는 발전의 선후로 판단해 무언가 뒤쳐진 것으로 이해될 가능성이 높다. 어떠한 부분이 어떠한 서구적 심성이나 편향성을 가지고 있는지를 제대로 이해하여야 서구사상, 학문, 개념의 서구적 심성이 지닌 편향성도 극복할 수 있고 동아시아에 더 적합한 사상, 학문, 개념으로 발전할 수 있다.

『생각의 지도』를 저술한 니스벳(2010: 13-23)은 자신이 원래 인류가 문화와 상관없이 동일한 방법으로 생각하고 지각한다고 믿어서

서양이론과 개념을 그대로 동양에 적용할 수 있다고 생각했었지만, 결국 연구를 통하여 영연방 국가들과 동아시아의 사람들이 매우 다른 사고체계를 수천 년 동안 유지해왔고 현재도 다르다는 것을 믿게 되었다고 쓰고 있다. 따라서 그는 서양이론과 개념을 그대로 동양에 적용할 수 없으며, 동양적 사고방식의 특징을 이해하고 이를 바탕으로 동양을 봐야 동양을 제대로 이해할 수 있다고 생각하게 되었다. 현대의 많은 문화심리학 또는 문화연구들은 동양과 서양의 사고방식에 근본적인 차이가 있다는 것을 보여주고 있다.

니스벳(2010)은 동서양의 사고방식의 차이를 천착하면서 동서양에 근본적인 의식/무의식의 차이가 존재한다는 것을 알게 되었다. 동서양 사고방식을 비교하는 철학자, 인류학자, 역사학자들에 따르면, "서양인들은 범주화에 지대한 관심을 가지고 있고, 범주를 알게 되면 어떤 사물이 속하는 특정 범주를 지배하는 규칙을 사용하여 그 사물의 행동을 설명할 수 있다고 믿는다. 그리고 문제해결 과정에 형식논리를 사용하는 경향이 강하다. 이에 반하여 동양인들은 사물들을 전체적인 맥락 속에서 파악하고자 한다. 그들에게 세상은 매우 복잡한 곳으로 간주되기 때문에 어떤 사건을 이해하기 위해서는 수없이 많은 관련 요인들을 함께 고려해야 한다. 문제해결에서 형식논리는 거의 사용되지 않는다. 실제로 지나치게 논리적으로 문제를 해결하려는 사람은 미숙한 인간으로까지 간주된다(16)."

니스벳(2010)은 이러한 관점이 타당한지를 서울대, 도쿄대, 베이징대와 함께 실증적인 비교연구를 수행하면서 동아시아 사회의 특성은 동아시아인들의 사고(심성)와, 서구사회의 특징은 서구인들의 사고(심성)와 밀접하게 관련되어 있음을 밝혀냈다. "동양사회의 집합주의적이고 상호의존적인 특성은 세상을 보다 넓게 종합적으로 보는 시각, 어떤 사건이든지 수없이 많은 요인들과 복잡하게 얽혀 있는 것으로 보는 견해와 일맥상통한다. 같은 논리로, 서양사회의 개인주의적이고 독립적인 특성은 개별사물을 전체 맥락에서 떼어내어 분석하는 그들의 접근, 사물들을 다스리는 공통의 규칙을 발견할 수 있고 따라서 사물의 행동을 통제할 수 있다는 그들의 신념과 통한다(17-18)… 따라서 동양의 학교에서는 학생들에게 남과 마찰 없이 더불어 사는 법을 가르치지만, 서양에서는 학생들이 자신을 '특별한 존재'로 느끼도록 가르친다(59)."

홉스테드는 국가별 문화의 차이성과 유사성을 연구하기 위해 국가문화를 권력거리, 개인주의/집단주의, 남성주의/여성주의성향, 불확실성 회피성향, 장기지향성, 자적/자제라는 6개의 차원으로 구분하여 접근하였다. 설문지의 답변을 통해 개별 국가마다의 가치 차이를 수치화하여 제시하였다. 홈페이지(https://www.hofstede-insights.com/country-comparison/)에서 나라 이름을 입력하면 6개 가치의 차원에 대한 지수가 나온다. 대표적인 동아시아국가와 서구국가의 지수를 찾아보면 다음 표와 같다. 최성욱(2015)은 홉스테드의 도구가 한국에 타당한지를 검증하여 타당하다고 결론을 내렸고, 또한 한국이 '큰 권력거리, 집단주의, 여성성, 불확실성 회피' 성향을 가지고 있다고 봤다.

〈표 4-1〉 동아시아와 서구의 홉스테드 가치지수 비교

	중국	대만	한국	일본	미국	영국	독일
권력거리	80	58	60	54	40	35	35
개인주의	20	17	18	46	91	89	67
남성성	66	45	39	95	62	66	66
불확실회피	30	69	85	92	46	35	65
장기지향	87	93	100	88	26	51	83
탐닉	24	49	29	42	68	69	40

* 홈페이지(https://www.hofstede-insights.com/country-comparison/)에서 국가별 추출

　권력거리가 크면 사회적 지위격차가 크고 불평등을 당연하게 받아들이며 위계적인 제도가 발달되어 있고 권력의 중앙집중이 강하다. 권력거리가 작으면 보다 평등하고 덜 위계적이며 권력도 분산적이다. 한국, 중국, 대만, 일본이 미국, 영국, 독일과 비교하여 권력거리가 높게 나오는데 이는 서구와 비교하여 동아시아의 직장이나 사회에서 불평등이 크고 위계적이며 중앙집권적이라는 것을 보여준다. 또한 이를 잘 수용하는 가치관을 가지고 있다. 이에 비해 권력거리가 낮은 서구는 동아시아와 비교하여 더 평등하고 덜 위계적이며 상대적으로 권력이 분산되어 있다. 권력의 집중이나 위계적 조직을 잘 수용하지 못하며 불편하게 생각한다는 뜻으로 볼 수 있다.

　개인주의와 집단주의는 동서의 문화차이에서 가장 빈번하게 언급되는 요소이다. 그만큼 동아시아와 서구에서도 차이가 크게 나타나고 있다. 개인주의 문화는 개인인 내가 중심이 되고 나를 중심으로 세상을 바라보며 개인의 자유와 독립성을 중요시한다. 자기가 개인적으로 판단하고 자기가 알아서 처리하는 자율적인 심성이

강하다. 개인주의 성향은 서구가 동아시아에 비교하여 압도적으로 높다. 어떠한 환경과 이유에서인지 미국, 영국, 독일 등이 일찍부터 집단/국가보다는 개인을 중심으로 세상을 바라보고 행동하는 성향을 발전시켜왔다. 집단주의 문화는 개인이 집단의 부분이라고 생각하는 사고방식이다. 여기에서는 나보다 집단이 더 중요하며, 따라서 나의 이익보다 집단전체의 이익이 더 중요하다. 이러한 심성에서는 개인이 항시 집단을 고려하고 집단에 맞춰서 행동을 해야 한다. 집단을 고려한다는 뜻은 결국 집단 내의 타인을 고려한다는 뜻이며, 따라서 타인의 의사와 시선에 신경을 쓰며 이를 통해 타인과 조화를 이뤄 집단이 잘 작동하도록 하는 것이 중요하다. 대신 집단은 집단 전체를 보호하고 돌본다. 집단이 또는 집단의 이름으로 결정을 내리면 구성원은 이를 잘 따른다. 이러한 성향은 혈연공동체(혈족, 문중, 조상숭배), 마을공동체, 동창회, 기업, 국가에 대한 혈연의식, 애사심, 충성심 등으로 나타난다. 일본의 개인주의 지수는 상대적으로 서구와 한국/중국/대만의 중간에 위치하고 있어 이 지수가 일본의 현실을 제대로 반영하지 못할 수도 있고 아니면 일본이 그동안 동아시아에서 가장 빠르게 산업화/서구화되면서 상대적으로 개인주의로의 전환이 많이 이루어진 것으로 볼 수 있다. 서구의 개인주의 점수가 높은 것은 서구가 개인적인 정체성, 주체성, 프라이버시, 자율성, 자유를 집단소속의식보다 훨씬 높게 평가한다는 것을 보여준다. 이는 역으로 사회전체 또는 집단전체에 대한 소속의식이 약하며 집단전체를 위하여 희생하겠다는 생각도 매우 약함을 보여준다.

남성성-여성성은 그 사회가 성적으로 남성성향이 강한지 여성성향이 강한지를 따진다. 남성성의 문화에서는 남녀 역할구분이 명확하고 남성의 가치라고 여겨지는 적극성, 야망, 성취 등의 심성이 더 크게 나타난다. 여성성의 문화는 남녀구분이나 차별이 약하고 여성의 가치라고 여겨지는 돌봄, 배려, 협의, 타협 등의 심성이 강하며 여성이 활발하게 사회에 참여한다. 주로 북유럽에서 여성성에 대한 존중과 남녀평등이 강하게 나타나고, 보통 동아시아에 유교적 영향으로 남성성이 강할 것으로 생각되는데, 위의 결과는 꼭 그렇지는 않음을 보여준다. 일본만 매우 남성성이 강하고 한국과 대만은 미국, 영국, 독일보다도 여성성이 높은 것으로 나와 동아시아와 서구의 차이로 보기 어렵다. 여러 조사에서 여성의 권력 참여정도나 남녀평등 지수에서 동아시아가 낮게 나와 동아시아가 여성차별적 경향이 큰데, 위의 자료는 이러한 자료들과 다르게 나와, 홉스테드의 개념구성이나 질문요소가 달라서 결과가 다르게 나타나는 것으로 보인다. 2020년 조사결과에 따르면 OECD 조사에 따르면 한국은 남녀임금격차가 가장 큰 국가에 속하고(28개국 중 28위), 세계경제포럼의 조사에 따르면 남녀격차가 가장 커다란 국가에 속하나(153개국 중 108위), 유엔개발기구(UNDP)의 결과에는 남녀격차가 아주 적은 편에 속한다(189개국 중 11위)(한겨레, 2021.03.08.). 홉스테드의 연구에서 중국은 남성성 한국은 여성성의 문화로 나왔는데, 같은 도구를 사용한 다른 연구에서는 중국이 한국보다 여성성이 더 큰 것으로 나오기도 해서 더 많은 연구가 필요한 것으로 보인다(박정의, 김사라, 김경희, 2017). 하지만 북유럽은 남녀격차가 적고 가장 여성성이 높은 국가로 계속 나오고 있다(West, 2020).

불확실성 회피성향은 불확실성을 불안해하며 가능하면 불확실성을 피하여 보다 예측가능하고 통제가능한 상황에 있고 싶어 하는 성향을 말한다. 이들 사회는 규칙이 엄격하고, 기준과 격식에 더 의존하며, 불확실한 것을 피하려 한다. 불확실성 수용문화는 변화를 두려워하지 않고 위험을 회피하기보다는 극복하려는 경향이 강하다. 개방적인 환경을 좋아하고 스스로 해결하고자 한다. 영국, 미국, 호주, 캐나다 등 영어권 국가들이 불확실성 회피성향이 매우 낮다. 중국을 제외하면 동아시아가 서구보다 불확실성 회피성향이 높다. 특히 일본과 한국은 불확실성 회피성향이 매우 높다. 중국은 미국, 영국, 독일보다도 불확실회피성향이 낮은 것으로 나타났는데 이는 이해하기 힘든 수치이어서 설문지와 관련하여 개념이나 질문이나 번역에서 문제가 있을 수도 있다.

장기지향성(미래중시) - 단기지향성(현재중시)에서 장기지향성은 현실에 안주하지 않고 미래를 위해 장기적인 안목으로 노력을 하는 것을 의미한다. 미래에 더 많은 중요성을 부여하고, 미래를 위하여 참고 절약한다. 단기지향성은 현재에 더 가치를 부여한다. 신념이 강해서 미래로 미루지 않고 현재에도 원칙과 일관성과 진리를 적용하고자 한다. 동아시아가 서구보다 훨씬 장기지향적이다. 현재에 대하여 확신이 적고 좀 더 겸손하여 보다 주위 환경을 살펴보면서 장기적으로 성취하려고 한다고 볼 수 있다. 미국과 영국은 장기지향성이 매우 낮다. 이는 자기신념이 강하고 자신의 권리주장이 강하다는 뜻이기도 하다. 그래서 주위 환경과 상관없이 단기적으로도 또는 바로 판단을 내리고 행동을 하게 된다. 이 부분의 수치에서 독일은 미국과 영국과 상당히 달라서 서구 국가들 사이에도 상당한 차이가 있음을 보여준다.

탐닉(indulgence)과 제약(restraint)에서 탐닉은 욕망을 제약하지 않고 바로 충족시키는 것을 의미하며 관용적이고 여가를 즐기려는 경향을 보여준다. 이에 비해 제약사회는 쾌락을 억제하고 엄격한 규범을 유지하는 사회이다. 절제와 도덕적 규율을 통하여 공동체적인 성격이 더 강하다. 평균을 내면 동아시아 국가들이 서구 국가들에 비하여 제약적이고, 서구 국가들이 탐닉에 대하여 더 관용적으로 보이지만, 대만과 일본이 독일보다 조금 더 탐닉적으로 나와 국가적 특수성들이 작용하는 것으로 보인다. 이 부분도 일반적인 스테레오타입과 다르기 때문에, 설문지와 관련하여 개념이나 질문이나 번역에서 문제가 있을 수도 있다.

위의 가치성향들을 보면 권력거리는 동아시아 국가들이 확실히 높았고, 개인주의는 확실히 서구가 압도적으로 높았고, 장기지향성은 동아시아가 높았다. 남성성은 확실하지 않았고, 불확실 회피는 중국을 빼면 동아시아가 훨씬 높았다. 탐닉에서도 대만을 빼면 동아시아가 훨씬 낮았다. 서구와 비교하여 보면 동아시아의 공통적인 성향으로 개인보다는 집단, 평등보다는 위계질서, 단기지향보다는 장기지향을 특징, 불확실성 회피, 탐닉보다는 제약을 기본적인 성향으로 가지고 있다. 이를 바탕으로 동아시아의 가장 핵심적인 심성을 살펴보자.

2. 집단주의 vs 개인주의

동서양의 심성 차이로 가장 반복적으로 지적되고 있는 것이 동양의 집단주의와 서양의 개인주의이다(조긍호, 2012). 집단주의는 집단을 개인보다 중요하다고 생각하는 사고방식이다. 따라서 개인의 생각, 목표, 삶보다 집단의 규범과 번영을 우선시하고 집단을 위해 개인적인 것은 희생시킬 수 있다. 또는 집단의 규범과 목표에 맞추어 자신의 생각, 목표, 활동을 정열한다. 따라서 개인은 집단과의 관계 속에서 의미를 가지며, 집단에 의해 주어진 역할을 충실히 수행하여야 하며, 또한 집단구성원과의 관계가 잘 유지되도록 노력하여야 한다. 이를 위해 집단에의 관심과 헌신, 집단구성원에 대한 관심과 헌신이 강조된다. 집단은 집단구성원의 집합체이기 때문이다. 이러한 심성에서는 집단주의가 국가에 대한 충성심 또는 애국주의, 회사나 학교나 지역공동체에 대한 애사심, 애교심, 애향심으로 나타난다. 이는 개인주의와 크게 대비된다. 개인주의는 스스로를 독립적이라고 생각하고 사회나 집단은 이러한 개인들의 집합에 불과하다고 생각한다. 개인주의에서는 독립적인 개인이 사회의 출발점이라고 보기 때문에 독립적 개인을 사회행위의 규범적 단위로 보고 타인과의 상호작용은 합리적인 이해득실을 기반으로 행한다(조긍호, 2004: 4).

홀(2013)은 개인주의와 집단주의를 의사소통과 관련하여 설명하고 있다. 개인주의 사회에서 나타나는 저맥락 문화는 생각을 그대로 표현하여 표현된 말을 그대로 이해하고 대응을 한다. 즉, 개별

발화자들이 효율적인 의사소통 자체에 집중하여 액면 그대로 이해할 수 있도록 말한다. 즉, 말한 내용이 바로 전달하고자 하는 의미이다. 하지만 집단주의에서 나타나는 고맥락 문화에서는 집단의 구조 속에서 나타나는 여러 맥락을 고려하여 표현하기 때문에 표현하고자 하는 그대로 명시적으로 말하지 않는다. 상사나 환경을 고려하여 이러한 맥락을 담아 표현하기 때문에 맥락을 고려하여 말에 숨긴 의미를 찾아내어야 그 말의 뜻을 제대로 이해할 수 있다. '예'라고 대답해도 상대방이나 상사의 체면을 고려하여 한 말인지 아니면 액면 그대로 받아들일 수 있는지 여러 맥락을 고려하여 해석하여야 본뜻을 알 수 있다. 대표적인 예가 일본의 다테마에[建前]와 혼네[本音]이다. 말을 해도 겉마음과 속마음이 다르기 때문에 표현된 말 속에 담긴 속마음이 무엇인지를 해석하여야 한다. 이는 집단과 조화를 이루어 집단의 지속성과 통합성을 유지하여야 하기 때문에 이를 해칠 수 있는 말은 표현하지 않아서 잘 나타나지 않는다. 또한 타인을 배려해야 하기 때문에 기분 나쁘게 할 말은 기분 나쁘지 않게 돌려서 말하게 된다.

집단주의 속에서는 자아를 집단과의 관계 속에서 설명하고, 개인주의 속에서는 자아를 자아의 성격과 행동을 중심으로 설명하는 경향이 있다(니스벳, 2010: 53). 집단주의에서는 관계를 통하여 집단의 일원이 되기 때문에 관계를 중요시하는 인간관을 갖게 된다. 따라서 타인과의 관계를 고려하는 상호의존적 자아정체성을 구축한다. 집단 내의 사람을 집단 외의 사람들보다 훨씬 신뢰한다. 따라서 집단주의 사회에서는 연계성, 조화성, 자기억제가 중요한 가치가 된다. 또한 개인의 내적 성향보다 외적, 상황적 요인과 관련하여 사람을 평가하는 성향을 보인다. 집단주의에서는 "내가 누구인가?"의 학습과정에서 집단 내에서의 위치 확인 및 집단구성원과의 동일성 추구가 강조된다. 이들은 관계와 조화를 추구하기 때문에 타인에의 친절성, 배려, 상냥함, 겸손성, 관대함이 중요한 가치로 인정받으며 이러한 특성을 함양하려 노력한다. 이에 비해 개인주의에서는 독립적인 자아관을 가지고 독립적으로 상황을 판단하고 결정을 내린다. 또한 "내가 무엇을 할 수 있나?"의 학습과정에서 개인능력과 독특성이 강조되며, 개인적 소유의 독자적인 능력, 업적 등이 중요해진다. 따라서 자신의 고유한 능력과 장점을 발전시키려 노력하고 이를 적극적으로 드러내기 위한 외향성, 적극성, 다변이 집단주의에서보다 더 높게 평가된다. 개인주의적 사회에서는 집단과 관계없이 독립적이고 개인중심적인 인간관을 갖게 되고, 스스로도 독립적인 자아를 구축한다. 결국 인간관도 독립적 자아 정체성이 우세하게 된다. 따라서 개인주의에서는 자율성, 독특성, 자기주장이 중요한 가치가 된다. 집단주의에서는 동정/공감과 같은 타인을 배려하는 정서는 권장하지만 자부심/분노와 같은 개인중심 정서는 억제한다. 개인주의에서는 개인의 솔직성/진실성을 중요시하여 감정억제가 심리적 문제를 일으킨다고 생각하여 자부심/분노 등 개인적 감정을 표출하도록 장려한다(조긍호, 2004: 7-9).

니스벳(2010, 57-59)은 집단주의와 개인주의 심성의 차이가 동서양 사고방식의 근본적인 차이이며 이 차이가 다방면에 영향을 미치고 있다고 봤다. 특히 집단주의와 개인주의는 매우 다른 자아개념을

가지고 있다. 일본에서 자신을 의미하는 自分(じぶん)은 '집단에서의 내 부분'을 의미한다. 한국에서도 나대신 우리라는 말을 많이 사용한다. 그래서 우리동네, 우리딸, 우리남편, 우리부모, 우리학교, 우리회사, 우리나라가 된다. 동아시아에서는 집단 속에서 관계를 중심으로 상상하기 때문에 자신의 존재를 '독특하다', '뛰어나다', '특별하다'와 같은 개념으로 접근하지 않는다. 개인은 집단에서 복잡한 관계를 이해하고 조화를 제고하기 위해 노력해야 하기 때문에 항시 다른 사람을 불편하게 하거나 집단의 목표 달성에 방해가 되는 것을 개선해나가는 것이 필요하다고 생각한다. 집단에 기여하기 위해 자신이 더 수양하고 노력하여야 한다. 그래서 동아시아인들은 미국인들보다 스스로를 덜 긍정적으로 평가하며 스스로를 '평균이하'로 또는 수양하고 고쳐야할 것이 많은 사람이라고 생각하는 경향이 있다. 이러한 맥락에서 자신에 만족하고 좋은 감정을 느끼는 노력도 덜 하고, 자신을 덜 중요하다고 생각하고, 이를 표현하는 단어도 적으며, 이를 자주 표현하지도 않는다. 대신, 집단의 맥락에서 자신을 개선해나가는 함의를 지닌 도리, 덕성, 겸손, 조화와 같은 단어를 중요시한다. 이에 비하여 미국인들은 스스로를 칭찬하는 것이 자연스럽다. 스스로를 '평균이상'으로 생각하는 경향이 있다. 집단맥락을 내포하는 도리, 덕성, 겸손, 조화와 같은 단어는 중요하지 않다. 대신 자신감, 자존감, 자기고양을 중요시한다. 동아시아인은 사회맥락 속에서 자아반성을 통해 향상을 추구하지만, 서양인은 개인을 위한 향상과 자존감을 추구한다. 개인주의에서는 성공을 자신의 능력이 우수하여 나타난 것으로 생각

하고 실패는 외적 환경이 나빠 나타난 것으로 보는 데 반해, 집단주의에서는 성공은 타인/조직의 도움으로 이루어졌고 실패는 개인능력이나 노력부족 때문으로 보는 경향을 보인다(김명진, 2008: 183-192; 조긍호, 2004: 9).

사회관계에 있어서도 집단주의와 개인주의의 영향으로 동서양이 많이 다르다. 서구는 독립성이 중심이지만 동아시아는 상호의존성이 중심이 된다. 미국에서는 아기를 태어나는 순간부터 부모와 다른 침대에서 재우지만 동아시아에서는 대체로 부모와 같이 잔다. 아이를 키우면서도 동아시아에서는 부모(또는 어머니)가 귀여워하고 늘 붙어 다니며 친밀성을 유지한다. 서구 부모는 자녀가 스스로 결정하도록 훈련시키며 그 결과 부모가 개입하면 자녀가 싫어한다. 독립된 개인으로 인식하기 때문이다. 그러나 동아시아에서는 부모가 많은 결정을 하고 자녀는 이를 당연하게 받아들인다. 서구에서는 부모가 자녀와 놀 때, 특정 사물에 초점을 맞추고 사물의 속성을 가르친다. 즉, 개체로서 이해하게 만든다. 일본에서는 사물의 감정과 맥락을 가르친다. 즉, 관계 속에서 이해하게 만든다. 이 결과 동아시아인들은 관계와 맥락을 잘 이해하고, 타인의 진짜 속마음과 감정을 잘 읽어낸다. 서구인은 직접적 화법으로 표현하고 지시하지만, 동아시아인들은 상대 감정을 고려하여 간접화법을 많이 사용한다. 이에 따라 서구에서는 독립적인 자아로 키워지고, 동아시아에서는 관계와 맥락에 의존하는 자아로 키워진다(니스벳, 2010: 60-64).

동아시아의 집단주의를 유교와 연결하여 논의하는 학자들이 많다. 유교가 집단주의 심성을 만든 것이 아니라 기존에 있던 집단주의 심성을 유교가 반영하여 더 체계화한 것으로 보는 것이 더 타당하다. 특히, 유교가 조상숭배를 통하여 부계혈족을 사회의 핵심구조로 삼은 것이나, 신분질서에 맞는 각자의 역할을 함으로써 좋은 사회를 이룩할 수 있다는 것이나, 이를 자연스럽게 이룩할 수 있도록 의례와 예절을 강조한 것은, 기존의 집단주의 심성을 반영하여 더 체계화하고 구체화한 것이다. 따라서 유교는 동아시아의 집단주의적 심성을 반영한 것이고 이를 국가체제에 맞게 정교화하여, 이념으로서 동아시아에 널리 퍼질 수 있었다. 뚜 웨이밍(Tu, 1996a; 1996b)은 "유교적 심성"(the Confucian habits of the heart)이 동아시아의 의식구조의 중추라고 보았다. 여기에서 심성은 삶과 세상을 가이드하고, 알려주고, 구성하는, 기저의 상상, 지향, 신념, 실천, 상징, 사유방식을 뜻한다. 유교적 심성의 핵심으로 수신(修身 - 자아수양), 제가(齊家 - 가족관리), 예절, 덕성교육, 안민(安民 - 백성을 돌봄), 치국(治國 - 국가통치), 평천하(平天下 - 세상의 평화)로 제시하였다. 왕은 선량한 관리자로서 백성을 잘 돌봐야 하며 그렇지 않으면 왕을 교체할 수 있다. 공자는 각자에 부여된 역할을 성실히 수행하여 작동하는 도덕공동체로서의 사회를 상상하고 있다. 이러한 관점은 최근의 연구에서도 유지되고 있지만, 이러한 가치관이 어떻게 변하여 현재의 동아시아에서 어떠한 의미를 지니고 있는지도 다루고 있다(Ivanhoe and Kim, 2017). 일부 유교자본주의 모델에서는 미국식 모델이나 자유주의적 전통이 동아시아에 맞지 않기 때문에 뛰어난 동아시아적 가치를 활용하면 유교자본주의와 유교민주주의의 더 바람직한 방향으로 나갈 수 있다고 생각하기도 한다(함재봉, 2000).

집단주의와 개인주의는 세상을 보는 시선, 그림을 보는 시선, 이를 이해하는 사고방식에도 커다란 영향을 미친다. 집단주의는 관계와 맥락을 중요시하는데, 인간뿐만 아니라 물질들이나 풍경을 대상으로도 관계와 맥락의 시선으로 보도록 만든다. 따라서 대상 물체의 바깥까지 훑어서 전체를 보고 전체 속에서 개별적인 물체가 어떠한 관계와 맥락 속에 존재하는지를 살펴보도록 한다. 조직도 원자의 집합이 아니라 서로 밀접하게 영향력을 주고받는 유기체로 상상한다. 자연과 인간도 서구보다 더 결합되어 있는 것으로 생각한다. 즉, 집단주의는 '종합적 시선'과 '종합적 사고'의 심성을 길러낸다. 아기가 태어났을 때부터 부모가 아기와 상호의존적 관계를 맺기 때문에 아이였을 때부터 이미 '종합적 시선'으로 세상을 바라보도록 문화화되고 세상을 복잡한 관계로 인식하게 된다. 이에 비해 서구사람들은 개체와 개체의 속성에 집중하여 좀 더 단순한 인과관계로 보는 경향이 있다. 결국 동서양은 매우 다른 시선, 감각, 심성을 가지고 있다(니스벳, 2010: 88-106).

요약하자면, 서구의 개인주의는 개인의 뛰어난 지적 자질인 개인능력을 강조하며 이러한 능력의 합이 집단능력이라고 상상하는 데 반하여, 동아시아 집단주의에서는 개인능력과 집단능력은 별개이며 따라서 개인능력보다 개인이 인간관계와 맥락을 잘 파악하여 집단에 기여하는 것을 더 중요시한다. 따라서 집단을 강화하고 유지하기 위한 가치관이 발달되어 있다. 그 중의 하나가 사람들끼리 조화를 이루는 것이고, 관계를 잘 유지하게 하는 가치관이나 집단을 위한 헌신을 강조하는 애국/애사/애향/애교 등이 강조된다. 동아시아의 집단주의는 집단의 조화를 도모하는 덕성을 강조해왔으며 이에 비하여 서구의 개인주의는 개인의 능력을 제고하는 이성을 강조해왔다.

3. 덕성/수치심 vs 이성/죄의식

집단주의에서는 집단을 개인보다 더 중요시하여 구성원과의 조화와 배려가 중요하며 따라서 이와 관련된 심성이 발달되어, 소속의식, 모방, 친밀감, 사회적 용인 추구가 많이 나타나며, 타인을 고려하는 동정, 공감, 수치심이 발달되어 있다. 이에 비하여 개인주의에서는 자율성과 독특성을 추구하는 심성이 발달되어, 자율성, 독립성, 주도성의 동기가 중시되고, 자부심, 행복감, 분노 등과 같은 개인적 정서가 많이 표현된다. 개인주의에서는 개인을 독립된 존재로 보며, 내부 특징으로 개인을 설명할 수 있다고 생각하며, 이런 개인들이 모여 사회를 이룬다고 생각한다. 따라서 사물이나 사회는 독립된 개체의 집합이다. 속성별로 분류하면 현상을 잘 이해할 수 있다고 생각한다. 그러나 집단주의에서는 개인의 의미는 외적 상황적 요인과의 관계에 따라 변하며, 따라서 상황적 요인과 맥락이 중요하다고 생각한다. 따라서 개체만 봐서는 이해할 수 없고, 관계와 맥락을 같이 봐야 이해할 수 있다고 생각한다(조긍호, 2004: 7-8).

서구의 개인주의와 동아시아의 집단주의는 인간을 어떻게 파악하고 어디에 가치를 두어야 할 것인지에 심각한 영향을 미쳐왔으며, 서구와 동아시아 민중의 심성뿐만 아니라 사상에도 반영되어 있다. 서구에서 플라톤은 인간의 심성을 이성, 감성, 욕구로 구성된다고 보았으며, 이 중 이성을 가장 높이 평가하여 중요시하였고 감성(정서)과 욕구(동기)는 주변적인 것으로 파악하였다(조긍호, 2017: 1장). 이러한 이성중심주의는, 세부내용에 여러 가지 차이가 있지만, 플라톤, 르네상스, 계몽주의, 자유주의, 합리주의, 진보주의, 실용주의에 이르기까지, 서구사상의 주류를 이루고 있다. 이는 사람을 개인주의적 입장에서 바라보고 개인의 속성 중에 이성을 가장 중시하는 방식으로 접근하기 때문에 나타나는 현상이다. 개인의 속성이 사회발전의 원동력으로 간주된다. 중세의 이성보다 신앙을 강조하던 사상이나 신학의 경우에도 사람이 신 앞에 개인적 존재로 서 있다는 입장을 견지했다. 고대 그리스의 원자론적 입장과 닮았다. 따라서 서구에서는 이성을 강조하든 신앙을 강조하든 독립된 개인적 존재가 핵심적인 위치를 차지하고 있었다.

이에 비해 동아시아에서는 사람을 집단주의적 입장에서 바라보고 전체의 맥락과 관계를 중요시하여 더 좋은 인간관계를 구성하여 집단에 기여하도록 하는 덕성(화목, 조화, 배려)을 부각시켰다. 이러한 성향을 가장 잘 반영하여 체계적으로 정리한 사상이 유학이다. 유학적 관점에서는 인간 심성에서 도덕성이 가장 중요한 요소이며, 이성(智, 知), 정서(情, 七情), 동기(意, 欲)에 덕성(德, 仁)이 추가되어 있다. 원래부터 인간심성은 도덕성을 갖추고 있다고 보아 도덕성은 인성의 본질적인 요소로 보았으며, 덕성이 이성, 정서, 동기를 제어하고 통합하는 가장 중요한 역할을 하기 때문에 지식교육보다 덕성교육이 더 강조되었다. 따라서 유학은 일상생활에서 감정과 욕구를 제어하고 도덕성을 실현하는 것을 이상적인 삶으로 생각하였다(조긍호, 2017: 23).

이러한 관점에서 유학이 제시하고 있는 것이 인仁에 관한 논의이다. 인은 유학의 핵심가치를 드러내는 인의예지仁義禮智 중에서도 가장 앞에 있다. 사회적 존재인 인간이 타인과 관계를 맺으며 살아가기 위한 가장 중요한 특성이라고, 따라서 인성에서 가장 중요하다고 생각하였기 때문이다. 논어에서 "공자는 자기 사상의 핵심인 인仁이 바로 '타인과 사회에 대한 관심과 배려…' '자기가 하려 하지 않는 것을 남에게 베풀지 않는 일…' 또는 '남을 사랑하는 일…' '개인의 사욕私慾을 이기고 예禮로 돌아가는 것…'이라 제시함으로써, 타인에 대한 관심과 배려가 인, 곧 도덕성의 중핵으로 보고 있는 것이다(조긍호, 2017: 92-93)." 그래서 공자는 "곤경에 빠진 사람을 불쌍히 여기는 마음이 없으면 사람이 아니요, 자기의 옳지 않음을 부끄러워하고 남의 옳지 않음을 미워하는 마음이 없으면 사람이 아니요, 사양하고 공경하는 마음이 없으면 사람이 아니요, 옳고 그름을 가리려는 마음이 없으면 사람이 아니다"라고 말했다(조긍호, 2017: 109).

이렇듯 유학은 인간은 사회적 존재로서 사회를 떠나서는 존재의의가 없다고 생각한다. 따라서 인간의 존재의의는 사회관계와 그 질에 의해서 드러나는 것이다. 사회/집단을 위해서 인간관계를 잘 유지하고 부여된 역할을 잘 수행하는 것이 중요하다. 따라서 사회의 기본단위는 개인이 아니고 부자, 군신, 부부, 장유, 붕우와 같은 기본적 사회관계이다. 서로 배려하고 도와 역할수행을 잘 함으로써 조화롭고 이상적인 사회(집단)가 가능해지는 것이다. 서로 배려하고 돕는 것은 이성으로 이루어지는 것이 아니라 도덕성에 의해서 이루어지는 것이다. 따라서 집단이 조화를 이루고 잘 기능하려면 이성이나 합리성보다 도덕성이 더 중요하고 보고 인간이 "덕성주체"로서 능동적으로 덕성을 함양하여야 한다는 것이다(조긍호, 2017: 173-178). 이는 유학이 집단주의적 심성을 적극 반영하여 집단주의적 심성을 중심으로 구축되었음을 잘 보여준다.

　이러한 집단주의의 맥락에서는 타인의 시선에 크게 신경을 쏟는다. 그래야 집단에 맞추어 집단의 일원으로서 행동할 수 있기 때문이다. 타인이 나를 잘 받아들이도록 체면에 신경을 써야 하며, 타인이 나를 이상하게 생각하면 수치심을 느끼고 이를 죄 자체보다 더 무서워한다. 이는 베네딕트(2002)가 표현한 수치문화와 죄문화의 대비에서 잘 드러난다. 서양은 신을 매개로 도덕적 절대기준에 따라 스스로의 행위를 판단하고 자책하는 죄의식이 발달되어 있지만, 일본은 집단주의 속에서 생활하기 때문에 스스로 판단하는 죄의식은 강하지 않고 대신 타인의 시선을 강하게 의식하는 수치심이 더 발달되어 있다. 이는 한국과 중국도 비슷하다. 동아시아에서는 수치스럽다, 부끄럽다, 쪽팔린다, 체면이 깎인다, 체면치레 등의 남의 시선을 반영하는 말을 훨씬 빈번하게 사용한다. 체면상실에 따른 수치심을 아주 무서워하기 때문에 죄를 짓고도 끝까지 이를 인정하지 않는 경우도 많다. 일본정부가 위안부가 성노예라는 것을 인정하면 일본국가의 수치가 되기 때문에 일본이 위안부의 문제를 끝까지 거짓이라고 우기고 소녀상을 설치한 도시들을 적극적으로 로비하여 소녀상을 철거하려는 것도 수치심 문화의 표현으로 볼 수 있다. 중국의 경우에도 아편전쟁 이후 서양침략과 중국의 쇠퇴를 백년국치百年國恥로 표현한다. 서구가 침략하고 파괴한 것 자체보다도 이를 통해 중국이 수치심을 느낀 것을 더 적극적으로 표현하고 있다. 이처럼 남의 시선을 중요하게 생각하는 것은 집단주의적 성향이 반영된 것이다. 서구에서는 개인주의적 시선으로 보기 때문에 다른 사람들의 부정적인 시선보다 정말 자신이 죄를 지었는지 아닌지에 대한 판단을 더 중요시한다.

집단주의는 집단이 효율적인 조직으로서 작동하기 위하여 위계질서를 부여하고 상사에게 권위를 부여한다. 이는 집단주의가 전통적으로 잘 나타나고 있는 가부장제적 혈연조직에서도 조상과 장손에 권위를 부여하고 이를 따르는 방식으로 문중이나 혈족이 움직인다. 가족에서도 살아 있는 가장 윗사람 또는 아버지에게 권위를 부여하고 이를 따르는 방식으로 가족이 움직인다. 권위의 상단에 있는 사람들은 권위를 살리기 위하여 특히 체면이 중요하며 체면을 지키지 못하면 수치심을 느끼고 화를 낸다. 따라서 아랫사람들은 윗사람들의 눈치를 잘 보면서 행동하여 윗사람의 체면을 살려주어야 한다(최준석, 2003, 3-4장). 따라서 동아시아는 조상숭배, 혈연조직, 친족체계, 가족주의가 서양보다 강하다. 나를 가족 또는 친족의 하나로서 인식하기 때문에 부모의 말을 훨씬 잘 듣고 고려하며, 부모와 조상을 잘 모시고 공경하여야 한다. 가족주의나 혈연주의는 가족이나 혈연집단의 화목과 이익을 위해 구성원인 개인이 노력하여야 한다는 뜻이다. 전통사회에서 가족은 공동적 생산단위이고 소비단위였다(陳衛平, 1999: 189-195). 부계혈연조직인 문중(종족)도 많은 것을 공유하고 서로 협력해야 하는 사이였다. 일상생활에서 내가 소속되는 핵심집단이었고 조상숭배(시제, 제사)뿐만 아니라 의례, 농경, 소비생활에서 밀접하게 협력하고 지역의 일을 처리하는 데도 문중이 중요한 역할을 수행한다. 나의 사회적 평판도 많은 부분이 가문이나 문중에 의존한다. 현재는 아주 가까운 친척이나 가족을 제외하고 혈연적 관계가 크게 약화되었지만 가족주의가 서구보다 강력하게 지속되고 있다.

지금은 약화되고 있지만 아직도 서구에서보다 동아시아에서 집단이나 국가에 대한 복종심과 충성심이 훨씬 강하다. 가족에서 부모를 잘 모셔야하듯이 임금도 잘 모셔야 한다. 즉, 효도와 충은 같은 원리로서 작동한다. 충忠이라는 한자 자체가 윗사람 또는 집단을 나의 마음의 중심에 놓는 것을 뜻한다. 부모를 따르듯이 윗사람이나 나라를 따른다. 집단을 중요시하는 마음은 애국심, 애사심, 애향심, 애교심 등으로 나타난다. 동아시아 집단주의는 이렇게 윗사람을 잘 모시는 형태로 나타났으며, 집단이 조화를 이루고 잘 작동하기 위해서 장에게 권위와 권력을 부여하는 형태로 나타났다. 따라서 조직에 있어서 윗사람의 권위를 존중하고 권위를 부여하는 성향이 강하고, 이를 반영하여 윗사람과 아랫사람의 권위와 권력의 상하가 분명한 위계질서가 서구보다 명확하게 작동한다. 물론 이러한 마음에는 부모나 윗사람이나 국가가 나를 돌봐줄 것이고 또한 돌봐줘야 한다는 의식이 내재되어 있다. 그래서 유학에서는 임금이 나라를 잘못 운영하여 백성이 힘들어지면 역성혁명을 일으켜 임금을 바꿔야 한다고 주장하고 있다. 이러한 위계질서를 잘 드러내고 있는 것이 존댓말이다. 복잡한 존댓말은 존댓말과 반말을 통하여 위계질서가 훨씬 강력하게 작동한다(최봉영, 2005).

이에 비해 독자적이고 자유로운 개인을 중심으로 세상을 인식하는 서구에서는 부모, 조상, 국가를 마음에 중심에 놓는 것이 아니라 나를 마음이 중심에 놓는다. 따라서 윗사람에 권위와 권력을 부여하고 복종하기보다는 상대적으로 평등한 관계로 인식한다. 집단은 개인들이 일시적으로 집합하여 일을 하는 것이기 때문에 개인들이 각자 주어진 일을 잘하면 되는 것이다. 따라서 집단이 성과를 보이기 위해서는 능력이 출중한 개인들을 모아 일을 하면 된다. 여기에 권위, 권력, 복종, 위계질서 없어도 된다. 국가도 마찬가지로 개인이 복종해야 하는, 나보다 높은 것으로 인식하지 않는다. 물론 나치처럼 일시적으로 국가를 중심으로 놓고 국민을 동원하며 애국심을 고취시키는 경우도 있지만 서구에서는 이를 크게 경계한다. 독립적이고 자유로운 개인의 권리를 국가가 침해할 수 있다고 생각하기 때문이다. 서구에서는 개인주의 때문에 학교나 기업이나 단체를 중심으로 개인들이 적극적으로 뭉쳐서 상하복종의 공동체를 만드는 것은 어렵다. 동아시아에서는 개인-국가를 대립적으로 상상하는 경우가 훨씬 적고 대신 가족처럼 국가 속에서 조화롭게 공존하고 복종하고 협력하는 모습을 상상한다. 이러한 서구와 동아시아의 심성의 차이는 코로나 상황에서도 잘 나타난다. 동아시아가 훨씬 국가의 지침과 방역을 잘 따르는 경향을 보여주었지만, 서구에서는 국가의 지침과 방역을 거부하고 반발하는 경우가 동아시아보다 훨씬 많이 나타났다.

4. 지리 환경적 배경

왜 이렇게 장기간 서구적 심성과 동아시아적 심성이 다를까? 사유방식뿐만 아니라 세상과 자연을 바라보는 시선도 다르고 이를 어떻게 해석하고 해결해야하는지의 생각도 다르다. 어떠한 요인들이 이러한 차이를 만들어냈는지를 실험하기는 쉽지 않다. 지속적인 생활차이, 경험차이, 그리고 생각의 차이가, 2천년이 넘게 서로 다른 성향을 가지도록 영향을 미쳤을 것이다. 니스벳은 이러한 집단주의와 개인주의의 출발점으로 생각되는 고대중국과 고대그리스의 차이가 이를 만들어낸 것으로 보고 있다. 필자는 쌀문명과 밀/유목문명의 생태적 차이, 농경적 차이, 이에 기반한 사회조직의 차이로 생각한다. 이러한 주장들은 증명할 수 있는 명제가 아니어서 좀 더 논리적이고 수용가능한 설명을 만들어내고 이에 대한 반박을 통해 계속 개선해나갈 수밖에 없다. 여기에서는 먼저 니스벳이 보는 원인을 설명하고, 그 다음 필자의 생각을 제시하겠다.

니스벳(2010: 7장)은 동서양의 사고과정의 차이가 생태-경제-사회구조-주의-형이상학-인식론-사고과정이 서로 상호작용을 하면서 나타났는데 그 출발점을 고대 중국과 고대 그리스의 생태차이로부터 시작된 것으로 생각하고 있다. 고대 중국은 상대적으로 평탄한 농지와 많은 강들로 인하여 농경에 적합하였고 중앙집권적 권력이 형성되었다. 쌀농사의 경우 모내기와 관개처럼 공동노동이 필수적이다. 또한 거대관개시설은 이웃과의 화목과 중앙집권적 구조로 이어졌다. 고대 그리스는 해안까지 산으로 이루어져 농경보다 사냥, 수렵, 목축, 무역에 더 적합했다. 농경과 비교하여 이런 일들은 협동을 덜 필요로 한다. 농경정착생활은 중국보다 무려 2000년이나 늦게 가능해졌고, 이것도 농촌공동체를 만들기보다 빠르게 상업적 대규모 농경으로 발전했다. 그리스의 토양과 기후는 농작물보다 포도주와 올리브에 더 유리했다. 화목을 유지하면 농촌공동체를 만들 필요가 없었다. 따라서 자율권도 많았고 시장이나 공회에 가서 사람들과 논쟁을 하기도 하였다(192).

이미 중앙집권국가와 농경공동체가 형성된 중국은 공동체의 화목을 도모하여야 했고, 권력자들의 눈치를 살펴야 했다. 상호 연관된 역할과 의무와 규범을 파악하여 공동체의 조화와 질서를 이루려 노력하였다. 이처럼 사회적 상황에 주의를 기울여야 하는 습관이 축적되어 '전체맥락'에 주의를 기울이게 만들었다. 이는 '종합적 시선'과 '총체적 사고'의 발전으로 이어진다. 전체에 주의를 기울이는 사회적 맥락은 인간을 넘어선 사물이나 자연 등의 '관계일반'에도 예민하게 만들었다. 자신을 전체맥락에서 보는 사람은 사물도 전체맥락에서 파악하려는 경향이 생긴다. 따라서 자연이나 우주도 독립적인 원자들의 결합이 아니라, 연속적 관계들의 유기체로 보게 된다. 그리스사람들은 사람이나 사물을 파악할 때 전체맥락과의 관계보다 사람자체 또는 사물자체의 속성을 보고자 하였다. 그 결과 고대 그리스인들은 어떠한 현상의 원인을 독립적 개체들의 내부속성으로 설명하려는 경향을 보이고, 자연을 원자론적으로 설명하였다. 하지만, 중국인들은 그 개체가 속한 전체맥락에서 설명하려는 경향을 보인다. 그리스인들은 사물들을 내부속성에 따라 엄격히 구분하고 범주화하고 분류하여 불변적인 본질을 찾아내고자 하였고 이는 논리학 및 분석적 사고로 발전하였다(192-194).

결국 고대 중국과 그리스의 생태환경의 차이나 경제구조와 사회구조의 차이로 이어졌고, 이는 사회규범과 육아방식으로 차이로 이어지고, 이는 세상을 보고 이해하는 방식, 우주의 본질을 해석하는 방식, 지각과 사고과정의 차이로 이어졌다(195). 하지만 지리환경적 요인으로만 설명하기는 어렵다. 니스벳에 따르면 중세유럽의 농부는 개인주의적이지 않았고 오히려 중국농부와 다를 바가 없었다. 중세 말 농경이 발전하면서 무역도시들이 많이 생겨났고 상당수가 도시국가로서 자유를 누리고 부를 축적하였다. 이러한 상황이 다시 고대그리스의 개인주의, 합리주의, 과학의 부활을 가져왔다. 인간을 독립적이고 자유롭게 사고하는 존재로 인식하는 경향이 퍼졌다. 장-독립적인 심성으로 발전했다. 여러 연구에서 농경사회는 수렵사회나 산업사회보다 더 장-의존적이라는 것이 밝혀졌다. 수렵사회나 산업사회는 비슷할 정도로 장-독립적이다(195-199).

필자는 쌀농경과 목축/밀농경의 차이가 동아시아와 서구의 심성차이의 토대이나 그 후의 역사적 변화들이 또한 영향을 미쳤다고 생각한다. 브로델(2017a)은 지중해를 묘사하면서 지중해에는 물고기가 적고, 숲이나 나무도 부족하고, 농지도 목초지도 부족하여 밀도 가축도 부족하다고 했다. 농지로 개간하여 밀농사를 하여도 수확량도 적고 2-3년마다 휴경을 해야 한다. 그래서 몇 군데 강유역을 제외하면 밀농사와 목축을 함께 하며 살아간다. 동아시아와 같은 농업공동체를 형성한 적이 없다. 이는 농경시대에 계속되어왔던 지중해의 근본적인 제약조건이다. 앞의 니스벳이 이미 언급하였듯이 수렵사회나 산업사회는 장-독립적이다. 니스벳은 중세유럽의 농부가 중국농부와 다를 바가 없다고 썼는데 필자는 유럽에 동아시아와 같은 강력한 농촌공동체가 형성되지 못했기 때문에 중세에도 서구농부보다 동아시아농부가 더 집단주의적일 것으로 생각한다. 또한 지중해/유럽에서는 기독교가 퍼지면서 사람은 하나님이 창조한 것으로 인식되었다. 이에 따르면 개개인은 본질적으로 신의 은총으로 탄생한 독립적인 존재이다. 따라서 인간공동체에서의 소속보다 신의 피조물로서의 의미가 더 근본적이다. 점차 독립적으로 신과 마주하는 인간이 더욱 강조되었고, 르네상스에 이르러 인본주의(인간의 개성과 이성존중), 개신교(개별적으로 신의 피조물인 독립적 인간존재)와 계몽주의(개별 인간의 개성과 이성존중)가 확산되면서 독립적이고 이성적인 개인이라는 인식과 개인주의도 더욱 강화되었다. 따라서 밀농경과 목축의 특성상 서구사회는 쌀농경의 동아시아보다 항시 집단주의가 약했으며, 시대적인 흐름(기독교, 사상, 경제변화)에 따라 개인주의에 부침이 있었으나 산업사회에 들어와서 개인주의화가 더 가속화되었다. 서구에서는 인간과 자연에 대한 원자론적 이해가 고대 그리스 이후 유지되었다.

이에 비하면 동아시아는 태평양의 습기를 태풍이 몰고 와 여름에 장마가 나타나는 몬순기후이다. 동아시아의 강수량이 년 1,000mm 이상으로 지중해의 2배에 이른다. 따라서 동아시아에서는 일찍부터 물이 풍부하고 논농사를 지을 수 있었다. 황하유역도 항시 관개를 통해 물을 공급받을 수 있었다. 논농사가 양자강에서 대략 만 년 전부터 시작하였으며, 4000년 전 그리고 2300년 전에 각각 한국과 일본에 논농사가 퍼졌다. 동아시아는 지난 수천 년간 계속 논을 개간하고 확대해왔다. 관개, 모내기, 수확은 노동강도나 시간 때문에 집단노동을 필요로 한다. 따라서 논농사가 시작되면서 농촌공동체가 강력하게 뿌리를 내렸다. 장기간 지속되는 농촌공동체의 결과로 집단주의가 뿌리를 내렸고, 이를 반영하여 동아시아의 중요 사상들(유교 등)은 집단주의를 기반으로 하고 있다(이정덕, 2009). 유교가 집단주의를 낳은 것이 아니라 집단주의가 유교를 낳은 것이다. 가족, 혈족, 마을, 국가로 이어지는 공동체를 조화롭게 유지하고 각자에게 부여된 역할을 잘 수행함으로써 이상사회가 이루어진다는 것이다. 따라서 유교는 더 나은 공동체를 위한 다양한 태도와 가치를 중요시하였다. 또한 충효, 조상숭배, 덕성, 의리, 예절, 君君臣臣父父子子, 修身齊家治國平天下 등의 이념을 통하여 집단주의를 강화하는 데 기여하였다. 따라서 동아시아에서는 쌀농경에 기반하는 전통사회에서는 공동체적 사고방식, 즉 집단주의적 심성이 매우 강력하게 형성되어 유지되고 있었다.

산업사회에 들어와서 동아시아에서도 개인주의적 성향이 늘어나고 있다(한국의 예, 한규석, 신수진, 1999). 따라서 나이가 젊은 세대일수록 개인주의 성향이 늘어나고 노인 세대로 갈수록 집단주의 성향이 강하다. 한국인이더라도 아주 어렸을 때 서구로 이주한 사람들은 어느 정도 서구의 개인주의 문화를 체득하게 된다. 집단주의나 개인주의는 문화적으로 습득한 것이다. 근본적으로 아기가 태어나자마자 집단주의적 관계 속에서 자란다. 아기양육이나 자녀교육도 집단주의적 체계에서 이루어진다. 또한 우리는 일상생활에서 언어적으로나 문화적으로도 실천적으로도(예를 들어, 양육방식, 우리라는 말, 가족/친족관계, 학교문화, 동창회, 선후배문화, 회사문화, 애사심/애교심/애향심/애국심, 어른들의 일상적 훈육과 참견, 이러한 것들이 배어 있는 일상생활과 관계 등등을 통해서) 끊임없이 집단주의적 성향을 계속 배양하고 확인하게 된다. 특히 한국의 집단주의는 '우리'라는 말에서 잘 드러난다. '우리' 속에서 '나'가 존재하고 유지된다(최준식, 1997). 그래서 우리나라, 우리회사, 우리학교, 우리역사, 우리말, 우리집, 우리가족, 우리엄마, 우리아내, 우리딸, 우리자식이라고 표현한다. 우리가 나보다 중요하다. 이런 상황에서 개인주의가 심한 개인은 집단주의 사회에서 살아가는 데 여러 가지 어려움을 겪는다. 집단의 화목에 제대로 기여하지 않는다는 이유로 소외될 가능성이 높아진다. 즉, 동아시아에서는 서구와 비교하여 태어나서부터 양육과정, 교육과정, 사회과정의 전 인생주기를 통하여, 개인주의를 억누르고 집단주의를 배양하는 심성체제가 작동하고 있다.

참고문헌

- 김명진

    2008, 『동과 서』, 예담.

- 니스벳, 리처드 저, 최인철 역

    2010, 『생각의 지도』, 김영사.

- 박정의, 김사라, 김경희

    2017, "홉스테드의 여성성 문화차원", 『디아스포라연구』, 11(2): 289-315.

- 베네딕트, 루스 저, 김유식, 오인석 역

    2002, 『국화와 칼』, 을유문화사.

- 이정덕

    2009, "쌀문명, 밀문명, 유목문명 노트", 『쌀삶문명 연구통신』, 2: 8-10.

- 조긍호

    2004, "동아시아 집단주의의 유학사상적 배경", 『사회과학연구』, 21(1): 1-22.

    2012, 『사회관계론의 동·서 비교』, 서강대학교출판부.

    2017, 『심리구성체론의 동·서 비교』, 서강대학교출판부.

- 陳衛平 저, 고재욱, 김철운, 유성선 역

    1999, 『일곱주제로 만나는 동서비교철학』, 예문서림.

- 최기원

    2021, "Where does S. Korea stand in terms of gender inequality?" 한겨레신문, 2021년 3월 8일.

- 최성욱

    2015, "홉스테드의 문화차원에 대한 타당성 검증", 『한국행정논집』, 27(4): 1011-1032.

- 최봉영

  2005, 『한국 사회의 차별과 억압』, 지식산업사.
- 최준식

  1997, 『한국인에게 문화는 있는가』, 사계절.
- 한규석, 신수진

  1999, "한국인의 선호가치변화-수직적 집단주의에서 수평적 개인주의로", 『한국심리학회지』, 13(2): 293-310.
- 함재봉

  2000, 『유교, 자본주의, 민주주의』, 전통과현대.
- 홀, 에드워드 저, 최효선 역

  2013, 『문화를 넘어』, 김영사.
- Ivanhoe, Philip J. and Kim, Sungmoon ed.

  2017, *Confucianism, A Habit of the Heart: Bellah, Civil Religion, and East Asia*, New York: SUNY Press.
- Triandis, Harry

  2018, *Individualism And Collectivism*, London: Routledge.
- Tu, Wei-ming, ed.

  1996a, *Confucian Traditions in East Asian Modernity*, Harvard Univ. Press.
- Tu, Wei-ming

  1996b "Confucian Traditions in East Asian Modernity", *Bulletin of the American Academy of Arts and Sciences*, 50(2): 12-39.
- West, John

  2020, "Asia's shameful gender discrimination", *The Interpreter*, 2020.01.10.

4장

중기심성체제 1
– 농촌의 유교심성체제의 부상과 쇠퇴

1. 서론

문명의 요소들은 사람에 의해 실천되어야 존재하는 것이며 그렇지 않으면 사라지거나 작동하지 않는 상태가 된다. 따라서 문명의 변화를 설명할 때 문명요소의 재생산 또는 포기, 새로운 문명요소의 수용과 확산 등 사람들의 실천을 고려하여야 한다. 사람들이 해당 문명의 요소들을 실천하여 해당 문명이 계속 재생산되거나, 문명요소의 실천을 점차 포기하여 해당 문명이 축소재생산되면서 점차 사라지거나, 또는 새로운 문명요소를 만들거나 수용하며 여러 사람들에게 확산시키게 되면 해당문명이 확대 재생산되면서 점차 부상하게 된다.

문명이 재생산되든, 축소재생산되든, 확대재생산되든, 많은 시간이 걸리고, 여러 구조 속에서 장기적인 추세를 보인다. 브로델은 이러한 시간구조를 장기지속과 사건(또는 단기지속, 눈으로 보고 느낄 수 있는)이라는 개념으로 포착하고자 하였다. 브로델은 기존 역사학이 개인과 사건(가시적인)에 초점을 맞추는 사건사를 주로 다루면서 역사의 긴 흐름을 설명하지 못하고 있다고 비판하면서 대단히 느리게 움직이는 환경과 지리가 지속적 구조로서 작동하는 장기지속, 국가적 사회적 긴 흐름을 설명하기 위해 사회정치적 국면(conjuncture)의 흐름을 볼 수 있는 국면사(중기지속), 그리고 우리의 생활에서 경험하는 사건사(단기지속)라는 개념을 도입하여 총체적인 접근을 시도하였다(김응종, 2006; 브로델, 2017a,b, 2019).

브로델(2017b)은 지중해를 연구하면서 장기지속과 사건의 중간단계로 국가와 사회의 시간, 즉 중기지속이나 사회사라고 부를 수 있는 시간을 2권에서 다루고 있다. 교통, 인구, 경제, 비서구와의 교역, 제국, 사회, 문명, 전쟁 등을 전체적으로 정리하면서 100년 단위의 흐름과 국면을 전체사의 맥락에서 분석하고 있다. 이글에서는 이러한 개념들을 차용하여 완주군 구이면 평촌리의 유교문명의 부상과 쇠락을 사람들의 사회적 맥락에서의 실천을 매개로 추적해보고자 한다. 사람들이 수백 년 반복적으로 실천하는, 다시 말하면 중기적으로 재생산되는, 유교문명을 중심으로 왜 어떻게 이러한 유교문명이 마을에 도입되어 부상하여 유지(재생산)되었는지, 그리고 어떻게 쇠퇴하고 있는지를 이해하고자 한다.

여기에서 유교문명이라는 말을 사용하였지만 문명을 범주화하고 문명과 문화의 차이가 무엇인지를 정리하는 것이나 문명에 어떠한 명칭을 붙여야 하는 것도 어려운 문제이다. 유교문명이라는 말은 유교적 특징이 사회적으로 관철되어 있는 사회라는 정도로 사용하고자 한다. 아직 거대종교의 명칭을 사용하는 문명명칭에 많이 사용하기 때문에, 유교에 상응하는 불교문명, 기독교문명이라는 용어도 사용할 것이다. 원평촌 마을에서도 역사적 흐름에 따라 이러한 문명요소들이 서로 경쟁을 하거나 공존해왔기 때문에, 이러한 개념을 사용하면 마을의 중기지속적 변화를 살펴보는 데 도움이 될 것이다.

이글에서 사용할 원평촌에 대한 자료는 원평촌 마을과 관련된 역사적 자료, 족보나 문중문서와 같은 자료, 원평촌에 대한 학술자료, 원평촌 마을주민들에 대한 인터뷰, 그리고 조사새당 마을이 필자의 고향이기 때문에 어렸을 때부터 보고 경험하고 들어온 개인적인 기억도 포함한다. 수백 년에 걸친 국면사적인 변화를 다루려면 각 시대의 다양한 자료가 필요하다. 조선시대와 관련하여 역사자료나 문중자료를 주로 사용하여 다루나 해당시기의 마을유적이나 유물의 해석도 도움이 될 것이다. 현대는 관찰과 인터뷰를 주 방법으로 하여 자료를 수집하였다. 시대에 따라 사용가능한 자료의 종류가 다르기 때문에 조선시대에 대해서는 각종 역사자료나 문화유산을 주로 사용하고 현대와 관련해서는 관찰과 인터뷰 자료를 주로 사용할 것이다.

2. 마을 배경

조사지역인 원평촌은 산으로 둘러싸인 분지로서 동쪽에 603m의 고덕산, 서쪽에 360m의 학산, 남쪽에는 660m의 경각산이 있다. 북쪽으로는 고개를 넘어 전주로 가며 남쪽으로는 고개를 넘어 임실로 그리고 임실을 통해서 남원으로 가며, 남서쪽으로는 평지길로 구이면 소재지나 임실과 순창 쪽으로 간다. 전주 감영까지는 8km 정도로 2시간이 걸리며, 빠른 사람은 1시간 30분에 갈 수 있는 거리여서, 빠르게 걸어가면 반나절에 오고갈 수 있는 거리이다. 전주에서 평촌, 임실, 남원으로 이어지는 길이 원평촌의 앞을 지나기 때문에 1960년대까지도 마을 앞길을 다니는 사람을 위한 주막이 있었다. 물론 이 길은 험한 고개들을 몇 개 넘어야 하기 때문에 도보로 가는 사람만 사용하였고, 전주에서 상관, 임실, 남원으로 이어지는 보다 편한 그리고 말이나 우마차를 사용하는 길이 주로 사용되었다. 임실 서북부와 구이면 일부 사람들이 전주를 가기 위해 사용했던 길이다. 전주는 원평촌에서 반나절 만에 오갈 수 있는 거대도시(조선시대 전주는 정치, 경제, 문화의 모든 면에서 압도적인 도시였다)였기 때문에 평촌은 전주의 심각한 영향을 받으면서 변화하여왔다. 평촌에서의 불교, 유교, 기독교의 흥망성쇠는 전주에서의 불교, 유교, 기독교의 흥망성쇠에 직접적이고 심각한 영향을 받았다. 전통적으로 이 지역 사람들은 장을 보거나 사람을 만나거나 일을 처리하려면 전주로 가야 했다. 1975년부터 전주의 시내버스가 다니면서 고개를 걸어 다니는 사람이 사라졌고 차로 30분쯤 걸리는 전주로 출퇴근하는 사람들이 2000년대 이후 이주해 들어오면서 연안이씨 동족마을이 해체되고 있다.

이곳 분지의 모습은 지난 수천 년간 별다른 변화가 없다. 마을에 5개의 고인돌이 있는데 이는 2천 년 전에도 이곳에 사람들이 살았다는 것을 보여준다. 분지 가운데에 하천이 있으며 산에서 분지로 내려오는 곳곳에 방죽과 저수지가 있어 분지에 논들이 분포되어 있고 논과 산 사이에는 밭들이 분포되어 있다. 경작지는 방죽과 저수지를 만들어 물 공급을 늘릴 수 있으면 밭을 논으로 만들었다. 따라서 하천이나 저수지의 물을 확보하고 이를 논으로 공급하기 위해 공동노동이나 물을 분배하는 관행이 아주 중요했었다. 그동안 쌀농사가 밭농사보다 중요했기 때문에 논을 확장하려는 노력이 1980년대까지 이어져 왔지만 이제 환금작물을 위해 논에서 밭작물이나 나무를 심는 경우가 늘어나고 있다. 사방이 산이기 때문에 1980년대 점차 프로판 가스를 사용하기 전까지는 산에서 나무나 나뭇잎을 채취하여 난방과 취사에 사용하였다.

북쪽의 보광재를 넘어 전주로 걸어가면 2시간이 걸리는데 1975년부터 전주까지 시내버스가 다니며 30분내지 1시간이면 전주에 도달할 수 있게 되었다. 전기도 원평촌에는 1975년부터 들어왔다. 산속의 분지이고 주변이 그린벨트에 묶여 있어 개발이 더디어 전주 부근이나 인근 평야지대보다 늦게까지 민간신앙이나 전통생활이 남아 있었다. 당산나무가 현재도 남아있지만, 당산제는 해방 전후로 사라졌다. 다양한 가신을 모시는 행위도 60년대 초까지 널리 유지되었으나 현재는 일부 할머니들이 정화수를 떠서 모시는 것을 제외하고 대부분이 사라졌다(이정덕·오현아·김다희, 1984: 271).

　산업화가 본격적으로 시작된 1960년대부터 마을 젊은이들이 도시로 빠르게 떠나가고 현재는 노인들이 주로 살고 전주로 출퇴근하러 이사 들어온 집에만 초중고를 다니는 자녀가 있다. 도시에서 이사 들어온 집을 빼면 50대가 마을에서 나이가 가장 어리다. 전체 인구수는 계속 줄고 있다. 이 마을은 현재까지도 연안 이씨가 가장 많이 사는 동족부락으로 가구 수가 20가구를 조금 넘으나 주민들의 인구이동이 잦고 전주와 원평촌 두 곳을 모두 사용하는 가족도 있어 인구가 고정되어 있지 않다. 가구원들은 대체로 노인 또는 장년부부나 배우자가 죽고 한 명만 남아 있는 가족이 대부분이며 아기를 지닌 젊은 부부는 없다. 1940년대까지 타성으로는 사위나 목수, 산지기, 서원지기, 하인, 무당이 마을에 살고 있었으나 이들은 1960년대까지 대부분 이사 나갔고 다른 성씨들이 들어와 거주하면서 타성들의 비율이 높아지고 있는 추세이다. 특히 전주에서 이 마을에 전원주택을 지어 이사 오는 집들이 있어 현재 5집이 양옥으로 된 전원주택이다. 이들은 마을일에 거의 참여하지 않고 마을주민들과 잘 섞이지 않고 있어 이들에 대한 주민들의 불만이 높다. 인구는 1970년에 240여 명이었으나, 1981년 170여 명, 1996년 100여명, 그리고 현재는 50여명 정도이며, 가구 수는 1970년 40여 가구에서 1980년대 30여 가구로 그리고 현재는 20여 가구로 줄었다(이정만 1983, 이정덕 1984,이정덕 외, 1983).

　이 지역 분지의 논밭은 총 10여만 평에 이르며, 토지를 도시친족이 소유하고 노인들이 경작하기가 힘들어 젊은 마을주민이 경작하는 경우가 더욱 많아지고 있다. 즉, 타인에게 위임하여 경작을 하는 경우가 아주 많다. 점차 쌀농사가 줄어들어 논에 각종 야채류나 관상수를 심고 있는 집이 늘어나고 있다. 기계의 임차나 임노동에 의한 작업과 소작을 주는 것이 주도적인 관행으로 굳어져 있다. 마을 내에 인력이 부족하기 때문에 자주 전주에서 노동력을 공급받고 있다.

여자들은 집안에서 성주신, 조왕신, 용왕신 등을 모시고 굿을 하거나, 애기를 낳으면 금줄을 치고, 동네의 당산나무, 당바위, 정자나무에 가서 제상을 차리고 고사를 지내는 등의 민간신앙이 1960년대까지 행해졌다. 마을 내에 당골(무당)이 거주하고 있어 아프거나 재수 나쁜 일이 벌어지면 무당을 불러 굿을 하였다(이정덕 외, 1983). 2000년대 초까지 무당이 있었으나 무당이 이사 나가면서 무속적 행위는 이제 거의 볼 수 없다.

3. 원평촌에서의 불교의 쇠퇴

『삼국유사』 권3 흥법3 보장봉화노보덕이암寶藏奉老普德移庵조와 『삼국사기』 권22 고구려본기10에서 보덕화상이 고구려에서 백제의 고대산(고달산으로도 불렸고 현재는 고덕산으로 원평촌 마을의 앞산이다)으로 옮겨 왔다고 적고 있다. 이 기록이 이 마을의 불교와 관련된 최초의 기록이다. 당시 백제의 말기이기 때문에 이미 불교가 전국적으로 퍼져 있는 상황이다. 따라서 경복사와 같은 거대사찰이 원평촌의 마을 앞산에 들어서기 전부터 이 마을의 생활에도 불교가 침투되어 있었을 것이다.

　마을의 북쪽 입구에는 당산바위로 불리는 고인돌이 놓여 있고, 마을 바로 앞 논에는 3개의 고인돌이 있으며 마을에서 1.5km 정도 떨어진 앞산 재실 쪽의 산지기 집에는 거대한 고인돌이 있다. 당산바위는 마을의 입구에서 액운을 막아주는 역할을 하며 또한 개인적으로 당산바위에 정화수를 떠 놓고 여러 가지를 기원하기도 하였다. 산지기 집의 거대한 고인돌에도 정화수를 떠 놓고 지금까지도 기원을 하고 있다.

　무속적 관습인 불교 이전부터 있었던 것으로 변형이 있겠지만 1960년대까지 주로 여성을 중심으로 강력한 영향을 미쳤다. 2000년대 중반까지 마을에는 무당이 존재하였다. 이 마을 남쪽 입구에는 당산나무가 존재하는데 해마다 이곳에서 마을의 안녕을 기원하는 당제를 지냈다고 전해 내려온다. 마을 입구에 결혼을 하지 못한 처녀귀신이나 총각귀신이 있어 조심해야한다는 말들이 전해져왔다. 마을의 앞산에서 도깨비불을 봤다는 이야기를 하는 노인들이 1990년대에도 있었으며, 또한 전주에서 이 마을로 오는 보광재라는 고개를 마을사람이 밤에 넘어오다가 누가 시비를 걸어 밤새 싸웠는데 다음 날 보니 나뭇가지였다는 이야기도 전해져 내려오고 있다. 1980년대 한 집의 초가건물이 불에 탔는데 해당 집의 할머니는 혼불을 봤다면서 혼불이 초가지붕에 불을 냈다고 주장했다.

　정월에 당산나무에서 당제를 지내고 나면 마을 풍물패가 마을을 돌며 또한 개별 집들에 들어가 마당에서 놀이를 하며 지신을 밟았었다. 이 마을에서는 산신에 대한 이야기는 별로 전해져 내려오지 않았고, 하천에는 개별적으로 용왕제를 지내는 경우가 있어도 마을공동체가 지냈다는 이야기는 전혀 없다. 집안에도 다양한 잡신들이 존재하여 조왕단지, 조상단지, 삼신할머니, 측신, 우물신, 부엌의 정화수 등과 관련된 가신신앙이 존재하였다(이정덕 외, 1983). 이러한 민속신앙은 불교문명과 유교문명 이전부터 존재하여 내려왔던 것으로 자연현상이나 대상들에 대한 물활론적 생각이나 정령이나 초자연적 믿음을 이어왔다. 이를 바탕으로 불교문명이나 유교문명과도 공존했다. 산신, 하천신, 용왕신, 호랑이신, 바위신, 나무신, 도깨비, 집안 곳곳의 신, 처녀귀신, 총각귀신, 혼, 혼불 또는 이와 관련된 우주관과 내세관은 불교문명과 유교문명에 다양한 방식으로 접합되어 계속 작동하여왔다. 마을에서도 그러한 대상이었던 산, 바위, 하천, 숲, 나무, 당산나무, 장소 등이 지금도 존재하지만 이제 대부분의 사람들이 이런 대상들이 그러한 역할을 했다는 사실 자체를 거의 모르고, 단순한 자연대상물로 간주하는 경우가 많다. 예를 들어 60년대까지 집안의 대문, 부엌, 장독대, 안방, 대청, 마루, 우물, 마당 등등이 개별적인 초자연적인 존재와 연결되어 이해되는 경우가 많아서 이와 관련된 다양한 민속행위들이 행해졌지만, 학교교육, 새마을운동, 도시의 영향으로 이러한 민속신앙이 빠르게 사라지며 관련 기억도 대부분 사라지고 있다. 과거에 그러한 행위를 했던 할머니들조차 막연하게 옛날에는 그러한 '미신적' 행위들을 했었다며 과거의 덜 발전했을 때의 전통으로 치부한다.

유교문명이 장악하기 전에는 불교문명의 생활이 주도적인 역할을 하였다. 하지만 조선시대 불교가 철저히 탄압되고 사라져 불교 전통은 이 마을에서는 나타나지 않아 이전에 어떻게 불교생활을 했는지 이 마을주민을 통해 파악하기는 쉽지 않다. 이 지역에는 미륵을 모시는 돌탑이 하나 있는데 여기에 사용된 초석은 폐허가 된 보광사라는 절터에서 가져온 것으로 전해지며, 이 돌탑은 불교가 민속신앙과 융합되어 유지된 것이다.

역사적인 기록들은 고려시대 이 마을이 압도적인 불교문명의 영향하에 있다는 것을 보여준다. 이 마을 앞산(고덕산, 603m)에는 폐허가 된 경복사라는 절터가 남아 있다. 마을에서 3km쯤 고덕산 중턱으로 올라가면 절터가 있다. 650년대에 창건되었다고 하지만 이 절을 직접 방문한 기록은 고려시대에 나타난다. 삼국유사에 따르면 대각국사인 의천대사(1055년-1101년)가 1091년 경복사 비래방장에 와서, 보덕화상의 진영에 예를 올리고 시를 남겼는데, 시에서 원효와 의상이 보덕으로부터 열반경을 배웠다고 적었다. 이규보는 1119년 경복사를 2박3일간 방문했던 내용을 〈남행월일기南行月日記〉에 글과 시를 남겼고, 그 아래에 있는 보광사에 대해서도 1340년대 대규모로 중흥된 이야기를 이곡은 『동문선東文選』에 자세하게 기록해서 남겼다. 이절들은 모두 전주의 대찰이다. 당대 최고의 인물인 원효, 의상, 의천, 이규보가 방문하였고 최치원과 김부식이 보덕화상에 대한 전기를 쓴 것으로 보면 경복사는 매우 유명한 대찰이었고 그 아래에 있는 원평촌마을에도 심각한 영향을 미쳤을 것이다.

이규보는 1199년 전주목 사록겸서기로 부임하였는데 그 해 경복사를 방문한 내용을 〈남행월일기〉에 적었고 이를 『동국이상국집』 권23에 수록하였다(김창현, 2013). 그는 전주를 출발하여 보광재를 거쳐 경복사에 가서 잤다. 이튿날 비래암을 방문하고 산 아래로 내려와 보광사에서 잤다. 이틀 동안 둘러본 내용과 스님들과 이야기를 하며 들은 내용을 적었다. 고려시대 전주의 이곡이라는 사람이 중흥대화엄보광사기重興大華嚴普光寺記라는 글을 썼다(『동문선』이라는 책에 포함되어 있다). 이에 따르면 보광사에서 자란 비구승 중향이 원나라에 가서 전주 출신인 자정사 고룡봉을 만나 고향에 절을 지어 황제를 위해 축원을 빌고 대중에 복을 베풀고 극락으로 가면 좋지 않겠습니까라고 설득하여 많은 재물을 받아와서 절을 중창하였다고 썼다. 이때 신도들도 재물을 내놓았는데 그 사람 수가 2만 5천명이나 된다고 한다. 6년 공사 끝에 완공하여 1343년 화엄법회를 크게 열어 낙성식을 하였다. 신도들의 수가 헤아리기 힘들 정도로 산골짝마다 가득 찼다고 적고 있다. 1340년대 중흥된, 마을에서 2km쯤 떨어진 보광사의 이야기도 이 지역에서 불교의 영향이 압도적임을 보여준다.

보광사는 현재 사라졌지만 보광사에서 전주로 가는 고갯길은 지금도 보광재라고 불린다. 또한 원평촌 마을의 서원이 한자를 바꿨지만 한글발음은 같은 보광서원葆光書院이라고 이름을 붙였다. 보광普光이라는 말은 불교적인 용어이다. 부처님의 빛이 사방을 비추는 것을 寶光이라고 하지만, 普光도 빛을 널리 비춘다는 의미를 지니고 있다. 이처럼 마을 인근에 대규모 사찰이 있고, 사찰의 이름이 가장 중요한 고갯길과 서원에도 붙어있는 상황을 고려해보면

적어도 650년대부터 고려시대 말까지 이 지역은 경복사와 보광사라는 대규모 사찰의 영향을 받는 불교가 주도적인 지역이라고 생각할 수 있다. 고려시대 경복사는 전주의 최고의 사찰로 간주되었고 전국적으로 유명한 인사들이 방문하였다. 보광사도 고려시대 말 대규모로 중창된 것을 고려하면, 고려시대 이 두 절은 마을을 압도했을 것이다. 경복사가 많은 말사를 거느리고 고려시대 계속해서 전주에서 가장 중요한 사찰로 간주되어 전주사람들의 방문이 많았던 점을 고려하면 앞에서 말한 바와 같이 원평촌이 경복사의 사하촌의 역할을 했을 수도 있다. 대규모 사찰은 각종 숙박을 제공하고, 물건을 만들고, 각종 일을 하는 사람을 필요로 했기 때문에 이를 해결하기 위한 사하촌을 필요로 한다. 하지만 이에 대한 기록이나 전설이나 증거는 찾지 못했다.

하지만, 조선 건국 이후 태조와 세종은 계속 절의 노비와 토지를 여러 가지 이유를 들어 줄여왔다. 경복사와 보광사는 조선초기에도 상당한 규모를 유지하였고, 경복사는 계속 커다란 사찰로 지속되었다. 『조선왕조실록 세종편』에 따르면 1424년 불교를 혁파할 때 규모를 대폭 줄여 36개 절에 3,770명의 스님과 토지 7,950결만 공인해주었다. 경복사는 전국 36본사의 하나로 지정되었다. 그만큼 커다란 절로 인정받고 있었다는 뜻이다. 경복사에 승려 수는 70명, 전지는 50결이 주어졌다. 금산사와 비슷한 규모였다(이종수 2019).

1530년에 발간한 『신증동국여지승람』은 전주부의 사찰을 설명하면서 경복사가 고덕산에 존재한다고 쓰고 있다, 1974년 전북대학교 박물관 지표조사 결과, '高德山景福寺萬曆四十□'(1612-1619년)

이라는 글자가 쓰여진 기와를 발견하였고, 2000년 발굴조사에서는 '崇禎 9年'(1636년)이라고 쓰여진 기와를 발굴하였다. 그러나 영조시기에 쓰여 진(1757년) 『여지도서(輿地圖書)』에 경복사가 폐사되어 있다고 쓰여져 있다. 2000년 경복사 폐사터를 발굴하였는데 20여개의 건물지를 찾아냈다(전북대학교 박물관, 1979; 미륵사지유물전시관, 2005). 마을에서 전해져 내려오는 이야기로는 보광사는 강제로 폐찰되어 승려들이 모악산 대원사로 떠났으며, 경복사에는 아무도 관심을 갖지 않는 상황에서 근근이 절을 지키는 승려가 한명 있었는데 언제부터 우물물이 나오지 않자 혼자 지키던 승려도 할 수 없이 떠났다고 전해진다.

4. 유교심성체제의 부상

이곳 평촌은 1980년대까지도 연안이씨가 압도적으로 많이 거주하는 연안이씨 동족마을이었다(이정덕 1984). 70% 정도가 연안이씨였고 나머지는 타성이었다. 원평촌뿐만 아니라 이웃 마을에도 연안이씨들이 주로 거주하고 있었다. 이들은 연안이씨 이언핍(李彦愊, 1522-1599)의 후손들이다. 이언핍은 1545년 형 이언경이 전주 부윤으로 부임할 때, 함께 전주로 내려와 오목대에 자리를 잡았다가 완주군 구이면 평촌리로 이주하여 정착하였다. 이언핍은 1546년 진사시에 합격하였으나 승려 보우가 정권에 참여하자 이를 비판하며 내려와 평촌에서 후학들의 교육에 전념하여 선조 때에 많은 문과 급제자를 배출하여 커다란 유학자로 인정받았다고 한다. 승려의 정권참여를 강력하게 비판하고 내려온 것으로 볼 때, 불교를 강력하게 배척하는 유교적인 인물임을 알 수 있다(한국역대인물 종합정보시스템 이언핍 항목). 마을주민에 따르면 이언핍은 죽으면서 다음과 같은 유훈을 남겼다(연안이씨 첨사공파 진사공파보, 1999).

1. 부귀영화는 뜬 구름 같은 것이니 세태와 영합하여 헛된 구름을 잡지 말고 청빈한 마음으로 학문에 열중하라.
2. 무당을 불러 점이나 굿을 하는 것은 하늘의 미움을 사는 부질없는 것으로 시간과 마음만 낭비할 뿐이니 모든 미신적 종교를 멀리하라.

이언핍은 불교도 미신이라며 절에 가지 말라고 신신당부하였다고 전해진다. 따라서 이언핍의 유훈 이후로 이곳의 연안이씨들은 절에 절대 가지 않았다고 전해진다. 절에 가지 말라고 당부한 것으로 봐서 이언핍의 시기에 이곳에서 절에 쉽게 갈 수 있는 곳이 있었다는 것으로 생각되며 그 당시만 하더라도 보광사와 경복사가 아직 유지되어 있었을 때이다. 이언핍과 그의 아들들이 성리학 유림의 전국적인 인물로 성장한 것을 고려하면 이들은 강력하게 불교를 탄압한 것으로 보인다. 그 결과가 1600년대 초반 이 지역에서 경복사와 보광사가 사라진 것으로 생각된다.

평촌리에 들어온 이언핍은 연독제聯讀齋라는 건물에서 자식들을 가르쳐 두 아들을 과거에 합격시켰다. 거주하는 곳도 부모를 사모하고 성현을 흠모한다는 모암慕巖이라고 이름 붙여 강력한 유교적

인물임을 알 수 있다. 이언핍의 묘는 평촌리의 앞산에 있고, 산 아래에 제각이 있어 재명루라고 부른다. 그 아래 신도비명이 있는데 성균관 좨주(종3품으로 제례를 주관) 송래희宋來熙가 찬한 것이다. 즉, 지역의 유림이지만 과거에 합격하여 관직을 경험하였고, 강력한 반불교 세력이고, 또한 한양의 성균관과도 연결되어 있음을 알 수 있다. 그의 아들들인 이지성과 이지도(李至道, 1549-1618)도 문장가로서 후학들을 가르쳤다. 특히 둘째 아들인 이지도는 1576년 생원시에 합격하였고 유학교육을 위하여 평촌리에 흥학당興學堂을 지어 후학들을 가르쳤다. 이지도의 동생 이지후도 진사시에 같이 합격하였다(연안이씨 첨사공파 진사공파보, 1999). 이지도는 전라도의 유림과 광범위한 연계를 가지고 있었다. 주자 성리학 대가인 성혼(成渾 1535-1598)의 문인이었다. 당대에 성혼의 제자들은 전국적으로 존재하여 이들과 친분이 있었다. 1589년 정여립의 옥사가 일어나자 정철鄭澈이 이지도를 조사관으로 천거하여 정여립사건을 조사하게 되었다. 이지도는 1603년 전주부의 향교를 옮겨 달라고 상소를 올려 전주향교를 좌묘우사에 맞게 감영의 좌측에 있던 것을 우측으로 옮기게 하였다. 장인은 절충장군 정천추이었다. 죽은 후에는 좌승지에 증직될 정도로 전국적인 인물이다(한국역대인물 종합시스템, 이지도 항목). 이지도는 전국적인 인물로 성장하여 전주에도 커다란 영향을 미친 것으로 봐서 평촌리의 마을도 주도하였을 것으로 생각된다. 이때는 아직 경복사가 존재하던 시기였기 때문에 유학자인 이지도는 마을 앞산에 있는 경복사를 주민들이 가지 못하게 하며 불교를 탄압하였을 뿐만 아니라 뒤에 언급하겠지만 경복사가 소유하던 토지도 상당부분 연안이씨에게로 넘어가는데 기여했을 것으로 보인다. 앞에서 말했듯이 이지도의 아버지인 이언핍이 절에 가지 말도록 했다는 말이 문중에 전해져 내려온다.

이곳 연안이씨 후손들은 1800년대 말까지 계속 생원시, 진사시, 과거[大科] 등에 합격하였으며 사간원 헌납, 사헌부 감찰, 오위장, 의금부도사, 홍문관 교리, 현감, 목사 등을 역임하였다(연안이씨 첨사공파 진사공파보, 1999). 따라서 이 지역에서 매우 강력한 문중과 지배세력을 형성하였는데 그 출발점은 1500년대 후반 흥학당興學堂을 지어 이곳의 유교적 교육을 선도하였으며 많은 과거 합격자를 배출해 온 것이다. 임진왜란 후 전국적으로 문중조직이 강화되어 부계혈족집단의 사회적 지배가 더욱 강고해지고 있었고 각종 사우와 서원을 지어 문중을 넘어서는 유림세력의 지역 지배력이 강화되고 있었다. 이 시기는 유교적 문중과 동족촌락이 크게 강화되고, 서원과 사우가 설립되며 유림의 지배력이 강화되던 시기이다(도이힐러, 2003; 이해준, 1996; 정승모, 2010).

문중 자료에 따르면 이언핍의 후손들도 1620년 이언핍과 아들들을 모시는 보광사菩光祠를 설립하였다. 족보에 따르면 이언핍의 아들 이지도가 1618년 사망했는데 이언핍, 이지도 등을 모시는 보광사가 1620년에 설립되었다. 사우는 지역에 기여한 인물을 모셔 주민들을 교화하고자 하는 것인데, 자신의 아버지, 할아버지를 모시는 사우를 세웠다는 것은 연안이씨가 이미 지역에서 매우 강력한 세력이 되었다는 것을 의미한다. 1720년에는 보광사가 보광서원菩光書院으로 개편된다. 앞에 언급한 흥학당과 같이 교육기관이 보광사와 같은 선현을 모시는 제행의식과 합쳐져 더욱 강력한 서원으로 성장하였다는 것을 의미한다. 보광서원에서는 주벽主壁으로 이언괌을 모시고 배향으로 육대춘(친구), 이지성(아들), 이지도(아들), 양몽설(아들 지인), 김준업(아들 지인), 유경(아들 지인), 이후태(증손자)를 모시고 있어 이언괌을 중심으로 한 서원임을 분명하게 하고 있다. 현재 보광서원 사당에 위의 8명의 위패가 일렬로 배치되어 있다. 또한 공자신당을 옆에 두어 공자, 안자, 증자, 자사, 맹자의 초상화를 모시고 있다. 보광서원은 평촌리 뿐만 아니라 인근지역을 포함한 유교세력의 본산이었다. 구이면에는 동래정씨가 모시던 가묘를 1826년 서원으로 개편한 학천서원이 있었는데 이 서원도 자신들의 조상들(정수홍, 정곤, 정달서, 정임, 정기내)을 모시는 서원이다(디지털완주문화대전, 학천서원 항목). 문중을 빛내기 위한 서원이다. 이들 서원의 유림은 호남 전체의 향교와 서원의 중심지인 전주 향교에 유림으로 참석하며 유림들끼리 광범위한 연망을 형성했다. 보광서원에서 교육받은 사람들이 계속 과거에 합격하여 서원의 권위가 매우 높았다.

이 서원이 이 지역에서 상징하는 바는 상당히 명확하다. 유교적 세계관이 이 지역에서 주도하게 되었다는 것이다. 이 서원이 설립되기 전에 이미 연안 이씨들이 지역에 들어온 지 150년 이상의 시간이 흘렀으며, 평촌지역뿐만 아니라 구이면 단위에서도 다른 서원이 존재하지 않는데 홀로 보광서원을 세웠다는 것은 이미 마을뿐만 아니라 면단위나 지역에서 강력한 발언권을 가지게 되었다는 것을 뜻한다. 특히 서원을 세우면서 연안이씨를 중심으로 배향하였다는 것은 이미 연안이씨 문중이 지역에서 다른 문중보다도 강력한 조직을 형성하고 있고, 서원을 세우고 지원할 수 있는 강력한 세력을 유지하였음을 보여준다.

증보문헌비고增補文獻備考에 따르면 조선시대 건립된 서원 수는 모두 378곳이지만, 사우祠宇까지 합치면 1,000개가 넘는다. 이러한 사우는 선조나 선현의 신주神主를 모시고 배향하는 곳이다. 정부는 지역에서 사우를 통하여 일반주민들에게 불교와 음사淫祀를 없애고 주자학적 의례와 윤리를 확산시키도록 장려하였다. 따라서 "조선 건국 후 전국적으로 사전祀典 정비를 단행했으며, 사대부가는 가묘家廟 설치를 의무화하는 한편, 향촌에서는 기존 무속·불교적 제사를 음사로 규정하여 배격하고 대신 수령과 재지사족의 주도로 이사里祠를 세워 이곳을 중심으로 제사와 각종 교화정책을 실시하게 하였다(한국고전용어사전, 사우祠宇 항목)." 마을 내에 보광사普光祠와 관련하여 직접 전해 내려오는 이야기나 기록은 없지만 전국적인 상황과 연결시켜 보면 보광사도 가부장제적 조상숭배를 강화하고, 부계혈족을 강화하고, 무속·불교를 탄압하고, 향촌을 유교화하는 역할을 하였을 것이다.

당시 많은 절들이 유림에 의해 전국적으로 폐사되었기 때문에, 이지도도 경복사와 보광사를 폐사하기 위해 많은 노력을 하였을 가능성이 매우 높다. 앞의 설명에서 보듯이 이지도는 "지행이 고결한 사람"이며 꼼꼼하게 일을 처리하는 사람이라고 되어 있다. 또한 이지도는 전주 지역의 사림들을 동원할 수 있는 실력과 명망을 갖추고 있어 임진왜란 이후 전국적으로 절들이 폐사되는 상황에서 자신의 마을에 존재하는 절을 그대로 용인하기는 어려웠을 것이다. 하지만 경복사와 보광사가 1600년대 폐사한 것을 확실하지만 누가 어떻게 폐사시켰고 절에 속하던 전답은 어떻게 되었는지에 대한 기록은 전혀 존재하지 않는다. 정부는 임진왜란과 병자호란으로 인구와 농지가 크게 감소하고 세수도 줄어들자 사찰도 토지의 크기에 따라 세금도 내고 부역도 제공하도록 하였다. 토지를 소유한 사찰이나 승려도 이제 세금과 부역을 담당해야 했고, 사찰이나 승려가 이를 사유재산으로 상속할 수 있게 만들었다(이종수 2019). 이는 국가의 보호가 사라진 것을 의미한다. 이러한 분위기에서는 사찰들이 토지를 상실할 가능성이 높아졌다.

이와 관련하여 생각할 수 있는 몇 가지 점들이 존재한다. 고려시대 대형 사찰이었던 경복사와 보광사가 1600년대 초까지 존재하였다. 세종대에 경복사를 36본사의 하나로 지정하여 커다란 사찰이었음을 보여준다. 앞에서 언급한 것처럼 연안이씨의 중시조로 이곳에 처음 거주하게 된 이언핍이 연안이씨들에게 절에 다니지 말라고 했다. 전국적으로 불교를 탄압한 사우가 이곳에 1620년 건립되었다. 1600년대 초까지 경복사와 보광사가 존재한 것으로 보면 아마 불교적인 주민들이 상당히 거주한 것으로 보인다. 전국적으로 임진왜란, 병자호란을 거치면서 양전이 문란해지고, 자주 기근이 들고 전염병이 들었다. 1800년대 초의 토지대장[量案]에는 이미 이곳 전답의 대부분의 토지주가 이씨들이다(이정만 1983). 세종 대에 이 지역의 토지 대부분(50결=약 15만평)을 소유하던 경복사가 약 200년 후에는 토지도 잃고 절도 사라졌다. 1600년대에 불교의 완전한 몰락과 유교의 절대적인 지배가 형성되었다.

현재까지 남아 있는 유물이나 건축물로 보면 불교의 폐기와 유교의 득세를 알 수 있다. 폐사된 경복사와 보광사의 토대나 담장이 자연스럽게 무너진 이상으로 폐허가 되었고, 불상이나 석탑 등도 다 사라져 제대로 남아 있는 것이 없다. 보광사의 주춧돌들이 극히 일부만 민간 주택에 남아 있고 나머지는 사라졌으며, 경복사의 주춧돌이나 담이 돌들만 일부 남아 있다. 건축물의 토대나 담장이 자연스럽게 무너진 이상으로 폐허가 되었고, 불상이나 석탑 등도 다 사라져 제대로 남아 있는 것이 없는 것으로 보아, 인위적으로 파괴되었을 가능성이 높아 보인다. 폐사터와 미륵이라는 돌탑 이외에는 불교와 관련된 유물이나 관습의 흔적이 이 지역에서는 전혀 눈에 띄지 않을 정도로 철저히 제거되었다.

1871년 대원군의 서원철폐령에 따라 보광서원도 훼철되었지만 1900년대 다시 복원하였다. 학습을 하던 강당이나 건립과정을 설명하는 신도비 등이 있어 마을의 중앙을 유교적 서원이 차지하고 있다. 또한 수백 년 된 은행나무가 서원에 치솟아 있다. 공자가 행단杏壇에서 제자를 가르쳤다고 하여 은행나무는 공자와 유학, 더 나아가 곧게 서는 나무의 성질을 상징하여 선비와 올곧음을 상징하는 것으로 받아들여져 대부분의 성균관, 향교, 서원에 심어져 있다. 이곳 서원에서도 은행나무가 가장 높고 큰 형태로 유학을 상징하고 있다.

마을에서 1.5내지 2km 정도의 마을 앞산에 있는 많은 선산과 묘지와 비석들, 그리고 중시조(이언필) 묘에 가까이 있는 커다란 재실과 이를 관리하는 산지기의 집은 이 동네에서 유교가 강화되면서 조상숭배가 크게 강화되었음을 보여준다. 연안이씨가 들어오기 전에 최씨가 살았다는 이야기가 전해 내려오지만 앞산의 묘지에 연안이씨에 앞서서 살았던 사람들의 비석을 찾기는 어렵다. 앞산에 많이 나타나는 묘지, 비석, 재실, 산지기 등은 이를 위한 문중조직이나 제례활동도 크게 활성화되었음을 보여주는 것이다.

족보에 이곳에 처음 들어와 세거하게 된 연안이씨 조상들의 묘지의 위치를 자세히 적어놓고 있다. 1970년대까지도 중시조의 시제를 지낼 때면 100명이 넘는 사람들이 이 마을뿐만 아니라 전국 각지에서 모여들어 재실을 가득 채웠으며, 가을에 시제를 모시기 위해 앞산 여기저기에서 흰옷을 입고 줄지어 움직이던 모습은, 1600년대 이후 계속 이곳의 연안이씨의 문중이 확대되고 유교풍습이 강화되어 왔음을 보여준다.

현재에도 중시조의 후손들이 여러 대소종중을 조직하여, 이전보다는 약화되고 열정이나 참여자수가 줄어들었지만, 자신들의 조상에 대한 시제를 지내고 나름대로 조상들의 묘들을 관리하고 있다. 앞산의 재실과 중시조 묘로 들어가는 앞산 골짜기의 입구에는, 마을에서 1km 정도 떨어져 있는데, 천원지방天圓地方 형태의 저수지(연못)가 지금도 존재한다. 골짜기의 물을 가두어 필요할 때 아래 들판(논)으로 물을 흘려보내는 곳이지만 유교적 세계관에 따라 "하늘은 둥글고 땅은 모나다"는 천원지방의 우주관을 반영한 모습으로 만들어져 있다. 이곳에는 정자가 있어 일부 유림들은 이곳에 모여 시조를 읊었던 흔적을 보여준다.

5. 유교심성체제의 쇠퇴

대원군의 1871년 서원철폐는 자치적으로 지역을 운영하는 향촌 사족의 지배력을 약화시키기 위한 노력이다. 철폐에 대한 기록을 보면 서원이 "투탁을 통한 피역의 근거지가 되어 부역의 손실을 가져오거나, 향촌사회에서 세력을 빙자하여 관민에 피해를 낳고" 있기 때문이라고 하였다(우용제, 1990: 90). 원평촌에 존재하던 보광서원도 이때 철폐되었다. 1894년 동학혁명군이 전주를 점령하면서 유교적 신분질서에 충격을 가했다. 서원이 철폐되고 신분질서에 충격이 가해졌어도 1500년 후반부터 강하게 뿌리 내린 유교적 관습과 사고체제는 계속 유지되었다. 일제 강점기부터 신식 학교교육이 유교와 단절되어 원평촌에도 영향을 미치기 시작한다. 이 마을에는 1950년대까지 유교를 중심으로 한 한문교육이 서당에서 계속 되었다. 하지만 전주나 서울로 신식교육을 받기 위해 떠나는 사람들이 나타났다. 해방 후에는 이곳에 4km 떨어진 곳에 신식 태봉 국민학교가 설립되고 이 마을 아이들 대다수도 이 학교를 다니게 되었다. 신식교육이 시작되고 서당이 사라지면서 유교 경전에 기반한 교육도 사라졌다. 학교에서의 유교적 세계관의 교육은 크게 약화되었다.

1890년대부터 전주에 기독교가 들어왔지만 당시 조상숭배의식이 매우 강했기 때문에 기독교를 선교하는 데 많은 어려움을 겪었다.

다수 남자들의 의식을 기준으로 생각하면 서양교회는 천민이 믿는 종교일 수밖에 없었다. 당시 남자들 하는 일 중에서 가장 중요한 일이 조상을 모시는 일이었는데, 교회가 그걸 하지 말라고 했으니까… 기독교에 개종하게 되면 조상숭배를 포기해야 한다는 점에서 불안해했다…(전주 서문교회 여전도회의록, 1937. 3, 마동훈 2001: 164에서 재인용).

일제 강점기부터 마을주민들이 도시로 이주하기 시작하였고 또한 도시로 교육을 받으러 나갔다. 1960년대 후반부터 마을사람들이 대규모로 일자리를 구하려 도시로 이주하게 되면서 인구가 줄어드는 현상이 나타났다. 이러한 상황에도 불구하고 당시 유교적 질서를 상징하는 조상숭배, 문중, 제례는 일상생활에서 잘 유지되었다. 그만큼 수백 년 동안 잘 내면화되었기 때문이다. 마을에 존재하는 문중조직과 혈연관계의 지속적 작동, 수백 년간 내려온 유교적 관습과 예절과 의례, 조상숭배의 유교적 생활습속은 조금씩 약화되고 있었지만 아직까지 가장 강력하게 일상규범에 영향을 미치고 있었다. 오히려 도시에서 돈을 번 사람들의 기여로 무덤이나 재실들은 더욱 개선되었다. 강력한 문중이 지역을 주도하는 현상도 계속 되었다. 연안이씨 동족마을 내에서 연안이씨가 아닌 사람들은 대체로 가난했고 마을에서 발언권도 약한 편이었다. 동족마을에서는 철저히 부계혈족을 중심으로 움직이고 있었다.

하지만 1970년대부터는 눈에 띄게 유교적 관습의 약화가 나타났다. 1970년대에 종손이 죽었는데 그의 장남은 곧 도시에 취업을 하여 이주해 나갔다. 그 이후 이 종손은 문중의 일에 전혀 참석하지 않고 있다. 따라서 장손이 해야 할 의례(예, 시제 초헌관)들이나 역할 (시제 및 문중 주도)을 나이 많은 문중구성원들이 문중회의체를 구성하여 회장체제로 담당하고 있다. 문중의 전통적인 종손이나 유사체제가 점차 사라지고, 문중회의의 회장, 부회장, 간사의 체제로 바뀌면서 종손과 아무런 관련 없이 움직이는 조직이 되었다. 문중이 과거에는 문중재산조성, 묘지관리, 상례지원, 장학금 조성과 전달, 재실의 개축, 족보 발간과 같은 일들을 적극적으로 수행하였으나, 갈수록 그러한 역할이 크게 축소되었다. 그 결과 일부 소문중들은 조직이 없어지기도 했으며, 문중의 재산(장학금, 재실건축, 재실관리 등을 위한)도 점차 축소되었고, 또는 족보의 발간빈도수를 낮추고, 문중내의 공동체적인 상호의존도 크게 약화되고 있다. 전통적으로 종손과 지손支孫들 사이에 커다란 지위 차이가 있었지만 회장체제로 바뀌면서 종손과 지손의 관념도 거의 사라지고 항렬이나 촌수를 명확히 따지거나 복잡한 친족명칭을 정확하게 사용하는 사람도 크게 줄었다. 문중이나 부계혈족에 대한 관심 자체가 약화되어 갈수록 소수의 사람들만이 문중활동에 참여하고 있다.

과거부터 문중은 가을에 시제를 지냈다. 지금도 이 마을사람 모두의 조상을 모시는 대문중은 시제를 가을에 지낸다. 시제를 위한 제기 등을 보관하고 비가 올 때 실내에서 시제를 지내는 재실이 마을에서 2km 떨어진 종산宗山 입구에 있다. 대문중은 가을에 시제를 지낼 때 딱 한번 이 재실을 사용한다. 재실 밑에는 산지기의 집이 있다. 산지기는 문중이 가지고 있는 논과 밭을 경작하며 수확량의

2분1을 내서 제물을 마련한다. 1960년대 두루마기를 입고 문중의 구성원들이 모이면 100명이 넘었지만 지금은 20여 명이 참여하며, 소수를 제외하고는 평상복을 입고 시제에 참석한다. 옛날에는 어린이들도 참석하였지만 지금은 대부분의 참석자가 노년층이다. 시제의 순서는 그 때나 지금이나 같지만 그 의미를 아는 사람은 크게 줄었다. 같이 식사를 하면서 족보, 문중재산, 묘사墓祀 등에 대하여 논의하지만 관심도는 크게 약화되었다.

외지에서는 문중이 아니라 성씨별로 화수회가 조직되어 있다. 예를 들어 평촌리를 포함하는 구이면의 연안이씨 화수회가 전주에 조직되어 있어 친목단체로 모이지만 10명도 참석하지 않는다. 보광서원도 모든 기능은 사라지고 공자를 모시는 춘제春祭를 음력 2월에 모시는 것으로 끝난다. 마을에는 유림으로 전주향교에 등록된 사람이 한 명뿐이며 이 사람이 서원의 모든 것을 주도해서 한다. 보광서원은 친목단체 이상의 역할은 하지 못한다.

유교적 조상숭배의 핵심인 제사는 대부분의 집에서 지내고 있지만, 원래 각각의 조상을 위해 8번 이상해야 하지만 이를 합쳐서 줄여서 지내는 경우가 대부분이다. 1960년대까지도 설날과 추석뿐만 아니라 청명이나 중양절에 차례를 지내는 집이 있었는데 이제 설날과 추석만 지내거나 그것도 줄여 한 번만 지내는 집도 있다. 마을에 기독교 교회가 생겨 기독교인들은 집안에서 추도예배로 제사를 지닌다. 기독교인이 시제에 참석하는 경우도 있는데 재배를 하지 않고 서서 묵념기도(추도예배)로 끝낸다. 기독교인들은 조상숭배와 제사를 우상숭배라며 배척하지만 실제로는 조상숭배에서 업드려 절을 하는 것만 추도예배로 대체한 것에 불과하다. 이 마을의 한 기독교 신자는 부모님이 날 낳아주셨으니 당연히 잘 모셔야 한다고 말했다.

> 우리는 부모님으로부터 태어났다. 부모님이 우리를 키우느라 고생하셨다. 따라서 부모님을 잘 모시고 존중하고 기리는 것이 좋은 일이다. 단지 기독교에서 절을 하는 것을 우상을 섬기는 것이라고 하여 절을 하지 않고 추도예배를 드리는 것이다. 제사나 시제를 추도예배로 바꾼 것뿐이지 시제와 제사에 다 참여하고 지낸다. 죽으면 혼이 있으니 잘 모시는 것이 좋다. 천국에 갔는지는 알 수 없지만 잘 모시면 후손들에게도 도움이 되지 않겠는가?(원평촌 70대 남성 기독교인)

이는 유교적 제례 관습 중 절을 하는 모습만 추도예배로 바뀐 것뿐이다. 부모에 대한 효도라는 유교적 관습이 조금 바뀐 모습으로 기독교와 결합되어 지속되는 모습이라고 할 수 있다. 즉, 이 기독교인에게는 유교적 관습이 습관화되어 특별히 종교적 색채라고 생각되지 않는 부분은 기독교와 혼성시켜 작동시키는 데 별다른 불편을 느끼지 않고 있다. 따라서 유교의 충효나 장유유서 또는 기복적 기원祈願은 기독교인에게서 약간 재조정된 상태로 나타나는 셈이다.

유교에 더 치명적인 영향을 미치는 것은 도시의 자본주의적 생활습관이 확산되면서 유교적 관습을 과거에 얽매여 있는 것으로 또한 문중, 조상숭배, 제사, 유교적 가치관을 노인들이나 하는 것으로 생각하는 경향이 크게 퍼진 것이다. 평촌리의 학교에서도 과학적인 교육을 가르치며 유교적 의례나 사상이나 윤리교육은 거의 사라졌다. 유교적 관습을 체계적으로 배우고 정당화하고 계속 행하도록 하는 재생산체계가 크게 약화된 것이다.

6. 나가는 말

원평촌에서도 성리학 세력이 1500년대 중반에 들어오면서 이들은 부계적 문중과 조상숭배 그리고 서원 등 강력한 유교체제를 수립하였고 불교를 탄압하여 불교가 이 지역에서는 사라지게 만들었다. 고려시대 이곳 최대의 세력이고 최대의 지주였던 사찰들이 1600년대 초 모두 사라졌다. 절이 소유하던 토지들이 어떠한 과정을 통해서인지는 불명확하지만 연안이씨로 넘어갔다. 세종조에 경복사가 이 지역의 토지 대부분을 가지고 있었지만 1820년대의 토지대장에서는 대부분의 토지가 연안이씨로 넘어가 있었다. 이들의 후손은 계속 과거에 합격하고 서원을 건립하여 강력한 세력을 구축하였고 이를 통하여 지역을 지배하며 교화시키며 여러 연안이씨 동족마을이 형성하고 재산을 확보하였다. 지역의 유교적 지배는 더욱 강고해졌다. 서원을 통하여 헤게모니를 장악하면서 유교교육을 주도하고, 주민들을 훈화하고, 문중과 조상숭배를 통하여 유교적 부계혈족체제를 더욱 강화하였다.

조선이 건국되면서 성리학을 매개로 국가수준에서도 불교배척이 갈수록 강화되었어도 불교의 생명력은 마을에서 1600년대까지 강하게 이어져왔다. 1500년대부터 많은 사찰들이 폐사되었고 전국적으로 성리학 세력이 마을을 유교화시키는 경향이 있었는데 이러한 경향이 이 마을에서도 나타났다. 과거를 통한 관직 진출과 유교적 헤게모니를 통하여 지역민들을 성공적으로 가부장제, 조상숭배, 문중을 중심으로 세상을 상상하게 만들었고, 서원과 교화를 통하여 유교적 예절과 의례를 일상화하도록 만들었다. 유교에서 배제되었던 여성들은 유교적 가치관을 일부 내재화하면서도 민속신앙에 의지하였다. 서원, 선산, 의례를 통해 마을공간과 주민의 상상이 더욱 유교화되었다. 앞산은 재살과 산소와 함께 조상을 모시는 곳이 되었고, 문중과 서원은 마을질서를 세우는 핵심이 되었으며, 집안에서 유교적 의례와 예절이 일상화되었다.

이렇게 부상하여 뿌리를 내리던 유교문명은 20세기에 들어와 점점 쇠퇴의 국면으로 접어든다. 교육기관은 1900년대 신식기관으로 바뀌면서 유학적 상상의 재생산이 어려워졌다. 특히 산업화가 본격적으로 시작된 1960년대부터 문중과 조상숭배가 도시에 사는 사람들의 위세에 별다른 역할을 하지 못하고 농촌에서도 점차 문중의식과 혈족의식이 약화되기 시작했다. 유교적 의례나 명분이나 효도가 현대에 적합하지 않다는 의견이 크게 증가하였다. 물론 무의식화된 태도나 습관으로서 집단주의나 충효나 위계질서로 강하게 남아있어 유교적 성향을 많이 보여주고 있지만 그 강도가 이전보다 약화되고 있다. 유교의 부분들이 남아서 계속 유지/재생산되고 있는 것이지, 전체적으로 계속 약화되어 보다 자본주의적이고 현대적인 측면들이 보다 전면에 부상하고 있다.

참고문헌

- 김응종
  2006, 『페르낭 브로델』, 살림.
- 김창현
  2013, "문집의 유력 기록을 통해 본 고려후기 지역사회의 양상 - 이규보의 전주권역 유력 기록을 중심으로", 『한국사학보』, 52: 107-164.
- 도이힐러 저, 이훈상 역
  2003, 『한국사회의 유교적 변환』, 아카넷.
- 마동훈
  2001, "개신교와 근대적 삶-전라북도의 경험을 중심으로", 『신앙과학문』, 6(2): 159-185.
- 미륵사지유물전시관
  2005, "완주 경복사지", 『전북의 옛 절터 출토유물』, 대광출판사.
- 브로델, 페르낭 저, 주경철, 조준희 역
  2017a, 『지중해 1』, 까치.
- 브로델, 페르낭 저, 남종국, 윤은주 역
  2017b, 『지중해 II-1. 2』, 까치.
- 브로델, 페르낭 저, 임승휘, 박윤덕 역
  2019, 『지중해 III』, 까치.
- 우용제
  1990, "대원군 집정기의 서원철폐와 성균관 정비계획", 『교육사연구』, 2, 3집: 90-102.

- 윤덕향 외

  2003,『보덕화상과 경복사지』, 신아출판사.
- 이정덕

  1984, "수도작기술변화에 따른 농업노동의 변화: 원평촌의 사례연구", 서울대 석사논문.
- 이정덕

  2019, "지역공간체계에서의 유교문명의 흥망성쇠: 전라도 전주와 원평촌을 중심으로", 제46회 대한민국학술원 국제학술대회 논문집,『문명사 연구를 위한 새로운 모색』, pp. 333-396.
- 이정덕 외

  1983, "원평촌 현지조사 보고서", 서울대 인류학과 현지답사 보고서.
- 이정덕, 오현아, 김다희

  2014, "근대화 시기 마을종교의 갈등과 변화: 한 농촌마을의 기독교민속 형성과정",『남도민속연구』, 28: 267-302.
- 이정만

  1983, "원평촌의 경관변화에 대한 연구", 서울대 지리학과 석사논문.
- 이해준

  1996,『조선시기 촌락사회사』, 민족문화사.
- 전북대학교 박물관

  1979,『전주·완주지역 문화재조사보고서』, 전북대학교박물관.
- 전북대학교 박물관

  2000,『완주 경복사지 지표조사 보고서』, 전북대학교박물관.
- 정승모

  2010,『조선후기 지역사회구조 연구』, 민속원.

[자료 및 사이트]

東國李相國集, 南行月日記 (이규보)

東文選, 重興大華嚴普光寺記 (이곡)

三國遺事 (일연)

三國史記 (김부식)

新增東國輿地勝覽 (이행 등)

輿地圖書 (영조시기)

朝鮮王朝實錄 世宗編

디지털완주문화대전

연안이씨 첨사공파 진사공파보(족보 3권), 1999년, 동호문화사.

이종수, 2019, "조선시대 국가정책에 따른 사찰 운영의 변화", 정의평화불교
연대 홈페이지,
http://www.newsrep.co.kr/news/articleView.html?idxno= 67377

인물한국사. (네이버캐스트)

한국카톨릭대사전, http://maria.catholic.or.kr

한국고전용어사전, (한국겨레문화연구원, 네이버 지식백과)

한국민족문화대백과사전. (한국학 중앙연구원)

한국역대인물 종합시스템 http://people.aks.ac.kr/index.aks. (한국학 중앙연구원)

5장

중기심성체제 2
− 1950년대 농촌의 유교적 친족관계와 심성

1. 들어가는 말

　이 글에서 심성은 민중들의 시대적 세계관과 태도를 드러내기 위하여 사용하였다. 프랑스에서 아날학파가 해당 시기 민중의 삶과 정신을 이해하기 위하여 민중의 심성사에 대한 연구를 시작하면서 역사연구에서 민중들의 심성이 중요한 연구대상으로 등장하였다. 기존의 역사연구가 주로 엘리트나 제도나 정치적 사건에 주로 의존하였다면 심성사는 해당 시기 민중의 일상생활에서 나타나는 사유방식, 감성, 태도 등을 이해하여 해당 시기에 민중이 어떻게 일상의 삶을 살아왔는지를 주로 이해하고자 하였다(반 될멘 2001). 『16세기의 무신앙 문제』를 쓴 페브르(1996)는 심성을 한 시대의 민중들이 내면화하고 공유한 가치체계로 사용하였다. 이는 시대적 세계관 또는 시대정신을 의미하며, 이러한 의미체계 속에서 민중들은 일상을 상상하고 경험하고 느끼며 행동하며 살아나간다. 즉, 심성사는 당대를 살았던 다수의 사람들이 일상생활에서 어떠한 상상을 하고 어떠한 희망과 애환을 느끼며 어떠한 실천을 하며 살아왔는지를 보여준다. 이 논문에서는 임실군 삼계면에 거주하던 이강운이 작성한 『삼계일기』(이정덕 외, 2021a)를 사용하여 1950년대 임실군 농촌에서 나타나는 당대의 가족과 친족에 대한 사유방식, 감성, 태도를 파악하여 당대의 삶을 보다 생생하게 이해하는 것을 목적으로 한다.

일기는 "그날그날 겪은 일이나 생각, 느낌 따위를 적는 개인의 기록이다(최효진, 임진희, 2015: 99)." 따라서 일기에서는 대체로 일상생활의 생생한 모습과 감정이 드러난다. 그렇지만 일기에는 작성자의 가치판단이 개입되어 왜곡될 수 있으며 작성자의 판단에 따라 생활이나 느낌의 어느 부분은 일기에 적고 나머지 부분은 적지 않는다. 일기는 또한 지역적 편협성을 가지고 있다. 또한 주로 남성과 엘리트들이 일기를 쓰는 경향이 있다(최효진, 임진희, 2015: 101). 하지만 일기는 지나간 과거의 심성을 이해할 수 있는 가장 좋은 자료이다. 일기는 개인이 쓴 것이지만 개인이 그 시대적 상황 속에서 태어나고 자라고 살고 관계를 맺어왔기 때문에 그 시대적 상황과 지역적 상황을 반영하고 있다. 또한 일기는 일기 저자가 경험한 사생활, 가족과 친족생활, 사회생활, 사회관계, 물질적 조건을 반영한다. 일기는 개인적인 특수성뿐만 아니라 집단적/시대적 상황도 동시에 반영한다(손현주 외, 2017; 알라제브스키, 2017). 따라서 일기는 이미 지나간 시대의 집단적/시대적 심성을 이해하기에 가장 좋은 자료이다. 문제는 일기의 개인적 편협성을 극복하는 것이다. 이를 위하여 당대의 다양한 자료와 상황과 기존연구들을 바탕으로 일기를 보다 객관적이면서 심층적으로 해석할 필요가 있다.

이 논문이 다루는 1950년대 임실군 농촌에서도 아직 유교적 세계관이 강력하게 영향을 미치고 있는 시기이다. 1950년대는 이미 한반도에 근대적인 제도들이 도입되었고 일부 주민들이 도시로 이주하면서 산업사회의 성격이 점차 생성되고 확산되는 시기이지만 아직 농촌에서 조선후기의 유교적 세계관와 관습이 많이 남아 작동하던 때이기도 하다. 조선은 초기부터 『경국대전』(1471) 등을 통해 부계친족과 장남우선승계를 명문화하였고 시행착오를 거치면서 유교적 부계친족체계가 임진왜란 후인 16, 17세기에 들어와서 강력하게 구축하게 되었고 유교적 가부장제, 조상숭배, 문중, 동족촌락이 일상화되었다(도이힐러, 2003; 박미해, 2010; 이해준, 1996; 정승모, 2010). 족보도 철저히 부계혈통집단 중심으로 바뀌었고(송준호, 1990), 종법(宗法)도 재산과 제사의 장자상속을 강조하며 철저히 부계혈통집단 중심의 사회를 구축하였다(심백섭, 2005: 58). 부계혈통집단인 종족은 구성원의 사회적 신원의 근거가 되었고 문중과 제사를 통하여 유교적 질서를 구현하였다(김필동, 2000).

박미해(2010)는 이 당시에 유교적 친족관계가 일상생활에서 어떻게 나타나는지를 16세기 말의 『미암일기』를 사용하여 분석하고 있다. 특히 가부장제가 관철된 상황에서 유교적으로 재편된 부부관계, 친족관계, 젠더정체성이 일상생활에서 어떻게 나타나는지를 다루고 있다. 물론 특정한 개인의 일기이기 때문에 『미암일기』가 개인적 편향성도 가지고 있겠지만, 개인의 삶이 시대적 상황을 반영하여 구성된다는 점을 고려하면, 특히 일기를 쓴 유희춘이 문과 과거에 급제하여 참판까지 지내고 유학서적을 펴낸 인물이라는 점을 고려하면 당대의 유교적 심성을 내재화한 그리고 이를 실천해 온 사람이어, 그의 일기를 통하여 당대의 유교적 친족관념과 실천이 일상생활에서 구체적으로 작동하는 방식을 이해할 수 있다고 봐도 무리가 없다.

박종천(2014)은 17세기 전반에 쓰여진 일기인 『계암일록』을 통하여 신년의 조상숭배의례를 통하여 문중이라는 '가부장적 대가족구조'를 재생산하며 또한 4대봉사와 적장자로 승계되는 조상숭배로 양반계층에서 유교화가 전면적으로 이루어지고 있음을 보여준다. 그리고 꿈을 내용을 통해 가부장질서가 무의식까지 침투되었음을 보여준다. 김정운(2019)은 18세기말 『노상추일기』를 사용하여 일상적인 가족관계, 친족관계, 의례활동이 어떻게 나타나는지를 살펴보고 있다. 노상추는 과거에 급제하여 계속 관리로서 생활을 하였다. 부계친족이 중요하며 제사를 참여하는 범위는 집안으로 증조曾祖의 자손인 6촌까지였다. 6촌을 넘어서면 문중을 통해 차례나 시제를 모셨다. 노상추는 외가의 상례와 제사에도 참여하였다. 16세기 이후 조선시대 일기들은 개별적인 상황에 따라 외가와 처가와의 관계가 조금씩 다르게 나타나나 전반적으로 유교적 조상숭배와 부계친족의 강화 그리고 관련 심성을 잘 보여주고 있다.

이 글에서 다루는 1950년대의 『삼계일기』도 가족, 친족, 조상숭배에 대한 내용들이 풍부하게 담고 있다. 일기의 저자인 이강운이 큰아들로 태어났을 때부터 친족과 마을주민들의 관계를 통하여 가부장적인 가족과 친족관계와 조상숭배를 내면화하고 이를 스스로 잘 수행하려고 하면서 느끼는 다양한 생각이나 느낌을 적어놓고 있어, 1950년대 임실 농촌에서 나타나는 친족관계의 모습이나 관련된 심성을 이해하는 데 도움이 된다. 이러한 일기는 개인이 작성한 것이어 개인적인 특수성을 가지고 있지만, 이것이 시대적 맥락과 시대적 언어를 매개로 이루어져 개인의 심성도 상당 부분 시대상을 반영하며, 시대적 심성도 충분히 보여주고 있다. 일기의 주인공이 언어적 사회화를 통하여 그 당시에 널리 사용되던 어휘로 사회화되었고 그러한 어휘를 사용하여 세상을 표현하고 행동하며 느끼며 기록하였기 때문에 어휘에 담긴 활동과 정서를 통하여 당대의 시대적 감성이 어떻게 구성되는지를 접근할 수 있다. 또한 면사무소의 직원으로 당대의 사회적 관계에도 적극 참여하고 친족적 관계와 행사에도 적극 참여하고 있어, 당대의 주도적인 친족관계의 흐름과 정서도 충분히 반영하고 있다.

그래서 그의 일기는 1950년대 농촌에서 행해지고 있던 많은 유교적 관습과 태도를 많이 적고 있다. 일제 강점기와 1950년대에서 주민의 도시이주가 계속 나타나고 있고 따라서 도시로 진출한 고향출신 사람들과 다양한 관계를 맺는 것이 일기에도 많이 나타나 있지만 아직 본격적인 도시로의 이주는 일어나지 않은 상황이다. 한국에서 1960년대 후반부터 산업화가 빠르게 진행되고 농촌에서 도시로의 이주도 급격하게 진행되면서 농촌의 인구구성이나 친족

조직과 관행과 태도도 빠르게 변하기 시작하였다. 압축성장의 과정에서 도시로 이주한 가족들은 새로운 환경에 적응하여 핵가족화되면서 이전과 크게 다른 가족과 친족의 모습으로 바뀐다(장경섭, 2009). 또한 부계친족이 약화되고 여성의 역할이 커지면서 양계화도 나타난다(조정문. 1997). 농촌에서도 도시로의 이주와 도시 친족의 변화에 영향을 받으면서 도시와 가까운 농촌일수록 더 빠른 변화의 모습을 보여주었다. 같은 전북일지라도 임실 삼계리와 20km쯤 떨어진, 필자가 계속 조사해왔던, 전주시와 가까운 완주군 구이면과 같은 경우 집안에서 조상을 모시는 사당은 일제 강점기부터 크게 감소하였으며, 1960년대부터 가까운 친척을 제외한 먼 친척과의 왕래는 급격하게 줄어들기 시작하였고 문중활동과 시제에의 참석도 계속 감소하였다. 1950년대만 하더라도 마을 어른 대부분이 문중과 시제에 참여하였으나 1980년대에 이르면 일부만 참석하는 상황이 되었다.

  1950년대 임실군 농촌에서 유교적 친족관계와 심성이 일부 약화되고 있더라도 아직 강하게 영향을 미치고 있었다. 조선말 '전국민의 양반화'가 나타나 양반적 가치와 생활양식이 하층까지 확산되었고(김상준, 2003), "그 결과 부계혈연조직은 사촌에서 육촌, 팔촌, 마침내는 동성동본으로 넓혀져 갔고" 19세기 후 조선에서 "거의 모든 부계혈연집단이 문중이라는 이름으로 집단화, 조직화하게 되었다(최우영, 마즈다, 2013: 203)." 또한 농지개혁 이후에도 농촌에서 유교적 관습이 모든 계층으로 확산되었다(오창현, 2021). 1960년대 많은 농촌 주민이 도시로 이주하면서 도시에서 번 돈을 농촌에서 투입하여 시조묘나 조상묘를 성역화하고 제실을 새로 짓는 등 위세를 높이기 위해 선별적으로 유교적 관습을 강화하는 경우도 있었다(최우영, 2006). 한쪽에서는 특정 유교적 관습이 확산되거나 재생되면서 다른 쪽에서는 다른 유교적 관습이 쇠퇴하고 있었다. 일제 강점기부터 국가가 농촌마을을 포섭하는 방식에 변화가 나타나고 도시로의 이주가 증가하기 시작하면서 서원이나 향교의 몰락 이후 농촌의 권력구조나 마을공동체의 성격에도 커다란 변화가 있었다.

　이러한 변화 속에서도 16, 17세기에 구축된 유교적 친족질서와 심성이 1950년대의 한 농촌에서 어떻게 얼마나 강하게 남아 있는지를 일기를 통하여 접근해보고자 한다. 물론 1950년대의 유교적 친족질서와 심성의 의미를 제대로 분석하기 위해서는 조선시대 후기의 유교적 친족질서와 심성의 여러 측면이 어떻게 현대적 사회관계와 심성으로 변화하였는지를 세부적으로 나눠서 상호관계와 영향 속에서의 구체적인 변화과정을 살펴보아야 하겠지만 이러한 이행과정을 다 살펴보기에는 시간상 지면상 한계가 있기 때문에 이곳에서는 우선 1950년대의 유교적 친족질서와 심성이 어떻게 나타나는지를 제시하는 데 집중하고자 한다. 1950년대는 아직 1960년대의 급격한 산업화가 나타나기 이전이고 농촌에서의 유교적 부계친족전통이 아직 매우 강한 상황이라 조선시대로부터 이어지는 유교적 친족질서와 세계관이 일상생활에서 어떻게 작동하고 있고 어떻게 약화되기 시작했는지를 이해하기 좋은 시기이다. 현재 1960-90년대의 농촌마을에서의 유교적 부계친족의 약화와 심성의 변화는 필자가 다른 연구작업으로 진행하고 있어 이 논문들을 연결시키면 유교적 부계친족과 심성의 변화를 보다 총체적으로 보여줄 수 있을 것이다.

연구대상인 『삼계일기』를 쓴 이강운은 1931년에 관촌면 덕촌리에서 태어나서 네살이 되었을 때 아버지를 여의게 되어 어머니의 고향인 삼계면 삼계리에서 살게 되었다. 만 19살인 1951년 면사무소에 사환으로 취직하게 되어 농민과 국가의 중간자로서 세금을 거두고 징집을 하고 서류를 작성하는 일을 해왔다(이정덕 외, 2021b). 농민의 어려운 생활에 공감을 하며 정부에 대한 비판에 동조하기도 하지만 그래도 세금을 거두고 징집을 하는 정부의 역할을 수행하여야 했다(박지환, 2021). 이러한 과정에서 그리고 일상적인 생활에서 다양한 친족구성원(가족, 친가, 외가 등)을 만나고 제사, 시제, 문중활동에 참여해왔다. 물론 다양한 사회관계와 친구관계도 일기에 잘 드러나고 있다. 또한 이미 도시로 진출해 있던 사람들이 면사무소에서 필요한 서류를 떼야할 때 이강운에게 편지를 보내 서류발급을 부탁해왔다. 『삼계일기』를 통하여 유교적 친족관계와 심성을 논의할 때 일기를 쓴 사람의 심성을 최대한 그대로 드러내기 위하여 문법에 틀리거나 단어가 틀려도 일기에 적은 문장을 그대로 옮겼다.

2. 가족관계와 심성

조선시대 유교적 가족질서는 자녀의 부모에 대한 순종과 복종에 기반한다. "조선조의 가부장적인 권위에 대한 공순은 가장 기본이 되는 의무로 가내에서도 받아들여졌을 뿐만 아니라 모든 정치, 사회적 윤리는 공순관계가 변형된 것이었다(박미해, 2010:21)." 따라서 아버지는 가부장으로서 조상숭배를 통해 혈통을 이어가고, 가족을 통솔하고 대표하며, 가족에서 지배와 복종이라는 상하질서를 유지한다(박병호, 1986). 집안에서 남자와 여자의 역할은 명확하게 규정되어 분담하였고 상호보완적이었다. 남자는 가옥과 토지를 소유하고 수입을 담당하고 여자는 지출을 담당하며 음식을 준비하고 자녀를 양육하였으며 남자는 유교적 형식에 따른 조상숭배 의례를 전담했고 여자는 가신공양家神供養을 담당하였다(이광규, 1997: 105). 효나 장유유서나 남녀유별의 강조는 이러한 질서의 표현이다.

이러한 유교적 모습은 『삼계일기』의 가족관계에서도 전반적으로 나타나고 있다. 아버지는 가족의 대표자로서 가족의 일을 주도하고 결정한다. 아버지는 가족에서 어머니보다 훨씬 더 중요한 인물이다. 『삼계일기』에서 아버지와 어머니를 같이 적을 때는 항시 아버지부터 먼저 적었다. "어린이들은 數日間 精誠껏 배운 바를 여러 아버지 어머니 兄任 누나를 모시고 재미있게 놀고 있다 (1954.5.11.)." 물론 남자인 형도 여자인 누나보다 앞에 나온다. 그리고 좋은 남편은 잘 만난 것이고 좋은 아내는 잘 얻은 것으로 표현된다. "廷賢이[여자친척]는 幸福할 것이다. 좋은 男便을 맞나서. 그와 反面에 仁錫이도 아내는 잘 어덨다(1955.4.6.)." 친구들의 집을 찾아가도 친구의 아버지에게 인사를 하고 나온다. 아버지는 일기 저자를 조상으로 이어주는 인물이다. 다시 말하면 이 세상에 일기 저자를 존재하게 하고 위치를 부여해준 존재이다. 아버지는 법적으로도 호주로서 가족을 대표하며 가부장권이 부여되어 있다. "戶別稅를 내지 않아서 들어갔다가 出張하면서 처음으로 우수운 일을 한 번 當해 봤다. 本人은 없고 아이들과 婦人만이 있어서 戶主를 다려오라고 했드니 없다고 하고 그대로 왔다(1955.5.3.)."

그래서 일기 저자의 아버지가 4살 때 돌아가 아버지에 대한 직접적인 기억이 하나도 없어도 아버지는 아주 중요한 존재이고 집안의 기둥인 아버지를 모시지 못했기 때문에, 저자의 잘못이 아니어도, 저자는 불효자식이다. 또한 집안의 기둥인 아버지가 일찍부터 돌아가 기둥이 없는 상태라 아들인 자기의 존재가 애처롭다. "음역으로 12月 20日이라 하면 내의 一生 아-니 내의 아들 내의 孫子까지도 잊지 않을 또한 이저서는 않이 될 重大하고도 슲은 날이다. 내가 四歲 때에 나의 아버지는 어머니와 누님 한 분을 남기신 채 永遠히도 이 世上을 作別하신 날이다… 술잔을 부어 제상에 올려논 記憶이 남어있을 뿐 다른 記憶이란 하나도 없다. 아버님이시여 永遠히 고히 고히 잠드소서 不孝子(1955.1.13.)." "오늘은 나의 아버님의 忌日이다. 아침부터 마음에 悲哀感이 든다. 남들은 나의 年令에 兩親父母가 다- 生存해 게시며 아버지를 마음대로 불러도 보고 있겠만 나는 아직도 아버지란 말을 한 번도 해보지 못하고 불러보지 못했으니 아버지 안 계신 서름이란 말할 수 없는 서름이다. 사람이란 一生一死라고 하지만 나의 아버님은 너무나도 일직히 作故하셨다. 내가 2, 3歲 되였을 때 無慘하게도 이 世上을 떠나시게 된 아버님은 單 홀로 있는 獨子인 이 못난 子息을 얼마나 마음에 애처럽게 생각하시며 저- 먼 나라로 가셨을 것인가. 나는 그 일을 생각하니 글씨를 쓰고 있는 이 순간에도 아지 못한 사이에 눈물이 돌고 있다. 朱川面 큰누님게서 午前에 오셨다. 큰누님은 언제나 아버님 忌日에는 빠짐없이 잘 오셔서 홀로 쓸쓸하게 있는 나를 慰勞하여 주신다. 不孝子 이 子息은 아버님의 靈前에게 비옵나니 不孝子는 조금도 念慮 마르시고 고히 고히 잠드시길 비옵나이다(1956.1.20.)." "一年에 한 번식 있는 오늘이 나로서는 무척 슬픔을 자아내는 날이다. 내가 어려서 아직 삶의 意味조차도 깨닫지 못한 아주 어렷을 때 아버님은 그만 世上을 하직하고 말으셧다. 생각하면 생각할수록 悲慘한 일이다. 아버지의 얼굴조차도 모르고 있는 나의 處地가 限없이 애처럽다(1957.1.20.)." 이렇게 매년 돌아오는 저자 아버지의 제삿날에는 일기 전체가 아버지의 추모글로 쓰여져 있다.

아버지 제삿날은 다시 한 번 혈통의 영속성을 확인하고 이러한 혈통의 영속성 하에서 자신의 존재를 확인하는 날이다. 또한 저자가 아버지의 산소에 가서 직접 사초를 하고 봉분을 다시 세우니 마음이 기쁘고 감개무량하다. 아버지의 산소가 아버지를 대신한다. "오늘은 淸明日이다… 오늘은 아버님 墓에 사초를 들이기로 한 날이다. 아침을 일직 먹고 姉兄과 元學이를 데리고 新基里를 갔다… 先親 山에도 山神祭를 지내고 바로 일을 着手했다. 나도 오늘만큼은 벗어제치고 같이 한 목 했다. 中食은 山直 집에다 식혀서 먹고 午後에까지 해서 오늘은 일직 끝났다… 아버님 墓에 절을 하였다. 나로서는 感慨無量하였다. 어렸을 때 棄世하신 後 여기다 墓를 쓴 後로는 한 번도 손을 대지 않애서 봉분이 다 무너진 것을 오늘 이와 같이 해놓고 보니 내 마음에는 大端히 기쁘다(1955.4.3.)." 만약 산소에 가지 않고 사초를 하지 않고 산소를 포기한다면 이는 혈통의 영속성을 포기한 것이 되며, 불효막심한 자식이 된다.

아버지는 그 가족을 대표하고 혈통의 영속성을 상징하는 존재이지만 어머니는 내조하는 인물로 묘사된다. 어머니에 대한 이야기가 어머니와 함께 살았음에도 불구하고 많이 언급되고 있지는 않다. 아버지는 사망하였어도 일상생활에서 나타나는 이강운의 심성에서는 훨씬 중요하고 핵심적인 존재이다. "오늘 절에를 세 번 가면 좋다고 해서 어머님은 세 간데 절에를 오늘 하루에 다녀오셨다(1955.5.7.)." 아마 자식이나 손자를 위해 기도하러 절을 방문하였을 것이다. 16세기 후반 『미암일기』에서 점이나 무속과 불교는 여성에 의해 행해진다. 남성들은 보통 이를 묵인하며 유교식 제례가 더 근본적이고 가치있는 것으로 여겼다(박미해 2010: 121). 1950년대 이 마을에서도 무속과 불교는 여성에 의해, 유교식 제례는 남성에 의해 주도되며, 유교식 제례는 가장 중요한 것으로 간주된다.

저자가 어머니에게 전주를 구경시켜주기 위하여 전주 도청에 갈 일이 있을 때 어머니와 작은 누나를 동행하여 전주를 구경시켜 줬다(1955.5.25.). 전주에 간 김에 어머니의 사진을 찍는데도 저자에게서 눈물이 난다. "지난 27日에 藝院寫眞館에서 어머님의 寫眞을 찍었다. 나는 無意識 中에 눈물이 돌고 異狀한 感을 느겻다(1955.5.29.).". 단독사진이라 영정으로도 쓰여 질지 몰라 눈물을 흘렸을 것이다. 어머니와 작은누나는 전주에서 9일 동안 있다가 삼계리로 돌아왔다. "午後에 어머님께서 燓樹로 한전을 하러 가셨다. 이겄이 사람의 몸에 얼마만한 도움이 될런지는 몰라도 婦人들은 이것을 매우 즐긴다(1955.10.17.)." 손자가 아프면 며느리와 함께 오수 약방에 간다. "벌서 相當한 時日을 두고 어린애가 앞어서 오늘은 不得已 獒樹 趙藥房으로 가보라고 하여 어머님과 內子가 같이 갔다 늦게야 돌아왔다. 藥房에서 하는 말은 撕瀾증이라고 한다. 아이가 너무나도 잔病치레를 하여서 몸이 너무나도 쇠약하여졌다. 그런 關係로 집에 들어오면 짜증만 난다(1955.11.13.)." 어머님의 생일에는 일찍 귀가하기도 하고 큰누나가 남원에서 찾아오기도 한다. 어머니 생일날에는 어머니에 대한 애틋한 감정을 적었다. "오늘 아침에는 平時보다 約間 일직 들어왔다. 그것은 다름이 아니라 오늘 어머님의 生辰日이다. 그래서 일직히 집으로 들어온 것이다. 一平生을 困難을 克服하여 가면서 貧寒한 나의 家庭을 이만큼이라도 이끄러 나왔으며 나를 이만큼이라도 길러 주신데 對하여 나는 恒常 머리를 숙일 따름이다. 그러나 나는 이 恩惠를 갚지 못하는 不孝子息이 되고 말었다. 그러나 다만 바랄 것은 萬壽無疆 하옵기를 빌며 明年의 오늘이 無事히 돌아오기를 빌 따름이다(1956.7.24.)."

곳곳에 나타나는 어머니에 대한 심성은 어머니는 따뜻하게 가족을 돌보며 집안일을 수행하는 사람이라는 것이다. 어머니는 봄날처럼 따뜻하고 돌보는 이미지로 주로 그려지고 있지만 아버지는 추운 날씨처럼 위엄을 부리는 이미지를 가지고 있다. 가족에게 엄격하고 질서를 가져오는 인물이 아버지이다. "따뜻한 봄날은 마치 어머님의 따뜻한 보드러운 손길과 같고 겨울의 눈보라치는 추운 날씨는 嚴格한 家庭의 위엄을 부리는 아버지와도 같다(1956.1.24.)."

남자가 군대를 가면 여성들은 운다. "우는 어머니와 눈물 흘리며 손수건을 흔드는 젊은 아내(1954.6.2.)"로 표현하지만, 아버지에게는 그러한 표현을 사용하지 않는다. 돌봐줄 사람이 없어지니 어머니가 일찍 죽으면 자식들이 불쌍하다. "요새에 喪妻를 當하였는데 그 아들이 槊樹中學校를 갔다 오는 길에 途中에서 울면서 오는데 내 마음도 가슴 쓰리며 눈물이 절노 나서 그대로 볼 수가 없었다. 그것을 보더라도 반다시 어린아이들은 어머니가 없으면 못살 겄 같으고 어머니 없이 자라는 아이들이 限없이 불상하다(1954.7.20.)." 어머니는 이렇게 자식을 돌봐주는 사람이기 때문에 군대에 입대하는 사람들에게도 어머니의 축사가 더 감성을 자극한다. "道 壯行會에 特히 色彩를 띠운 것은 祝辭에 있어 大韓婦人會長으로부터의 祝辭에 壯丁들은 拍手를 쳤다. 壯行辭나 祝辭에 있어서 拍手를 치는 것은 아마 이번이 처음인 것 같다. 勿論 뚝뚝한 男子의 말보다 愛嬌 있는 女子의 말이 더욱 귀에 쏠릴 것은 事實이다. 어머니의 立場에서 말한다는 그 말에는 自然 感개無量해진다(1954.12.15.)." 어머니는 대체로 아들의 영장을 수령하기를 거부하는 경우가 많은 것으로 일기에 나오며 아버지는 수령하는 경우가 더 많은 것으로 나온다. 이는 어머니와 아버지가 자식에 대해 가지는 감성이 다르다는 점을 보여준다.

 이 일기에서 아내와 아이에 대한 기록은 많이 나오지 않는다. 아이가 순산하면 기쁜 일이다(1956.8.3.). 아이의 백일은 경축일이다. "오늘은 나의 집의 한갓 慶祝日이라고 할 수 있는 乳兒의 百日이다(1954.5.23.)." 아이가 아프다는 내용이 몇 차례 나오고 있다. 아이가 아프니 마음도 아프고 짜증도 난다. "벌서 相當한 時日을 두고 어린애가 앞에서 오늘은 不得已 槳樹 趙藥房으로 가보라고 하여 어머님과 內子가 같이 갔다 늦게야 돌아왔다. 藥房에서 하는 말은 擗㵁증이라고 한다. 아이가 너무나도 잔病치레를 하여서 몸이 너무나도 쇠약하여졌다(1955.11.13.)." 또한 아이가 1954년11월12일부터 19일까지 아내와 함께 처가를 다녀왔다. "아이가 너무나도 잔病치레를 하여서 몸이 너무나도 쇠약하여졌다. 그런 關係로 집에 들어오면 짜증만 난다(1955.11.13.)." 아이를 돌보는 책임이 아내에 있는 것처럼 생각하여 아이가 아프면 아내에게도 짜증이 난다.

남자와 여자의 구분은 이강운의 기본적인 심성을 이루고 있다. 딸을 낳으니 "비록 女兒를 낳였을지언정(1956.8.3.)"이라고 표현하였지만 아쉬움을 표현하고 있다. 또한 남녀는 유별해야 한다고 생각한다. "列車로 全州에… 가는 途中 車中에서 우수운 넌센스를 보았다. 勿論 靑春男女라면 普通之事라고 하겠지만 너무나도 度에 넘친 짓을 하고 있드라. 男子는 陸軍中尉요 女子는 하는 態度나 타잎프로 바서 家庭婦人이 않인 것 같은데 男女 둘이 얼굴을 맞대고 앉아서 그 무었인가 속삭이고 있는데 너무나도 얼굴을 맞대고 있는 것이… 車中에 있는 男女는 老少를 莫論하고 視線이 總 集中되고 있다. 勿論 自己들끼리야 興에 넘처서 그러할테지마는 陸軍中尉의 마크로서는 너무나 추접하다(1954.12.14.)." "추력으로 오는데 男女 혼함이 되여가지고 光景이 참아 볼 수 없었다(1956.2.5.)." 남자들과 여자들이 아주 어렸을 때는 동네에서 같이 놀아도 나이가 들거나 결혼을 하면 더욱 내외를 하게 된다. 그래서 결혼을 한 다음에는 보고도 모른 척한다. "場內를 살펴보니 어렸을 대 같이 놀든 舊 親友들이 벌서 어린애를 등에 업고 이 자리에 몽여 있더라. 보고도 모른 척하고 알고도 人事가 없는 異性 間이라 답답하다(1954.5.11.)."
　가족들은 같이 농사를 짓고 돈을 벌고 같이 생활을 하고 문제를 해결해가는 기본 단위이고, 출산, 결혼, 잔치에 같이 기뻐한다. 공무원이어서 일요일에 쉬기 때문에도 그랬겠지만 이강운은 일요일은 가정일을 하는 날이라고 생각하고 있다. "오늘의 日曜日을 가장 有效하게 利用하여야 할 時期인데 不得己한 形便으로 利用치 못했다. 利用치 못했다고 할 수까지 없으나 家庭之事에 利用치 못했다는 것이다(1955.10.23.)." 자녀가 학교에서 학예회를 하면 같이 나가 함께 즐기고 아들이 군대를 가게 되면 가족들이 나가 환송을 하며 슬퍼하고 우는 것으로 묘사된다. 가족끼리 너무 먼 거리에서 생활하는 것은 안타까운 일이 된다.

3. 큰집, 조상숭배, 고향

　보통 태어나서 자란 곳을 고향이라고 한다. 그렇지만 이강운은 자신이 자란 곳을 타향으로 생각한다. 4살 때 아버지가 사망하여 어머니의 동네인 삼계리로 이사하여 살고 성인이 될 때까지 그곳에서 자랐고 면에 취직한 다음에도 계속 삼계리에 살았다. 그럼에도 자기가 계속 살아왔던 동네를 고향이라고 생각하지 않는다. 자신의 부계혈통의 마을, 즉 자신의 일가가 주도하는 큰집(종가)이 있는 마을(신기리)을 고향으로 생각하고 있다. 이는 고향의식이 부계혈통이나 조상숭배와 밀접하게 관련되어 있음을 보여준다. 자신의 부계혈통이 장악한 마을이 아니면 고향이 아닌 것이다. 자신의 정체성이 강력하게 부계혈통집단과 연결되어 있기 때문에 모계혈통 집단의 마을은 고향이 될 수 없다. 이는 17, 18세기 이전에는 여러 성씨들이 거주하는 異姓雜居의 마을이 주를 이루었으나 조선 후기 유교적 종법이 관철되면서 입향한 한 가문이 경제적 기반을 확충하며 후손을 늘려 문중을 결성하여 마을의 주도권을 장악하면서 점차 동성마을로 변한 것(김미영, 2008; 이해준 1996; 정승모 2010)과 관련되어 있다.

 타성씨의 마을로 가서 거주하면 그곳에서 평생을 거주하더라도 혈통의식 때문에 그 마을의 시제나 제사나 혼상례나 명절에서 소외되며 마을주민들이 외부인으로 인식하고 스스로도 그곳에 속하지 않는 것으로 생각한다. 이러한 상황에서 주인처럼 활발하게 활동하기 어렵다. 아무리 신나는 설날이 되어도 남의 동네라 외롭다. 부계친족이 없으니 명절이나 관혼상제 대사에 혼자이니 거북하고 쓸쓸하다(양선아, 2021 참조). "아침 해가 뜨기도 前에 아직도 어두운데 박에서는 사람의 소리가 분주하게 들린다… 나도 내 간에는 일찍이 일어나서 洗手를 하고 옷을 갈어입었다. 煜植이와 次植이가 歲拜를 하러 왔다. 아침에 차사를 지내는데 나 혼자서 지내게 되니 마음에 좋지 않앴다. 내 홀로 쓸쓸히 過歲를 하게 되니 寒心하기 끝이 없다. 勿論 내가 獨子이기 때문에 그러하지만 그렇다 하여도 他鄕만 않이였어도 이와 같은 않을 것이다. 우리 從兄弟들도 全部 한 테가 살면 남만 못할 택이 어데 있으랴. 他鄕의 외로운 몸이란

主로 이와 같은 名節 또는 冠婚喪祭의 大事에 더욱더 쓸쓸하여진다. 朝飯을 먹고 歲拜를 하러 다니기 始作했다. 여기에 困難하였다. 같이 同行해서 歲拜 다닐 사람이 없으니 혼자 다니기에 大端 거북하고 쓸쓸하였다… 年中 大名節이지만 그다지 興味가 없다. 他鄕의 외로운 몸이라 더욱 그러한 感이 있다. 來日은 그리운 내 故鄕인 新基里에 가게 된다. 마음에는 一便 기쁘기도 한다(1955.1.24.)."

삼계리에서 자신의 아버지에 대해 제사나 차례를 지낼 때도 부계친족이 참석하지 않기 때문에 쓸쓸하게 느낀다. 그런 느낌이 들수록 부계친족들과 어울려 사는 것을 꿈꾼다. 부계친족들이 많은 고향에서 살기를 꿈꾼다. 자신이 주인이 아닌 타향에서 살기 때문에 외롭고 쓸쓸하다. "언제나 혼자서 차사나 제사를 지내기 때문에 쓸쓸하기 짝이 없다. 남들과 같이 盛大히 하였으면 한 生覺 뿐이다… 午後에 殷植 氏 家에서 學冑 學明 學禹 學胤 魯植 等과 같이 술을 먹었다. 여기서도 나는 [일가가 아니어서] 大端히 쓸쓸한 感을 느꼈다. 全部가 다 自己들의 一家들로서 서로 재미있게 對하는 것을 보면 더욱히 외로워진 感이 든다. 나도 故鄕에 가면 一家들도 많건마는 他鄕에 와서 있기 때문에 이와 같지 않은가. 하루 速히 그리운 내 故鄕에 가서 나도 재미있는 때를 보냈으면 싶은 생각뿐이다(1954.10.5.)." 고향은 가까운 일가친족이 많고 서로 왕래가 많아 외롭지 않고 재미있는 곳이다. 일기에서 그러한 고향을 가장 극적으로 상징하는 곳이 큰집이다.

일기에서 큰집이나 작은집은 아주 가까운 관계로 가족처럼 간주된다. 가족의 관념이 핵가족보다는 대가족을 지향하고 상상하고 있기 때문에 그렇다. 그래서 큰 아버지의 집은 큰집, 작은 아버지의 집은 작은집이다. 일기 저자의 집과 같은 종류이다. 이들이 호적에 같이 기록되어 있고 이웃에서 살기 때문에 모든 생활영역에서 협조를 한다. 또한 큰집은 가족과 친족의 가장 중요한 매개체이다. 큰집에 가서 차례와 제사를 지내고 사당을 참배한다. 성묘나 시제에 참석할 때도 큰집을 들른다. 큰집은 모든 부계조상, 부계친족으로 연결되는 집이다. 또한 큰집은 사당, 제사, 시제를 통하여 저자를 모든 조상과 연결시켜 준다. 친척관계에서도 큰집은 본인의 집과 가장 가까운 집이며 다른 집들과 연결시켜 주는 집이다. 따라서 큰집과는 가족공동체에 가깝다.

　이강운의 경우 큰집은 원래 아버지가 태어나서 자란 곳으로 할아버지의 집이다. 할아버지의 집은 이강운이 조상으로 이어져 있음을 상징한다. 작은집은 전주로 이사하여 전주를 갈 때마다 만나거나 자는 곳으로 언급된다. 일상생활에서 지주역할을 하는 곳이 큰집이다. 언제나 쉽게 옆 동네에 있는 큰집에 가서 같이 밥을 먹고 일을 도와주고 같이 놀고 잔다. 언제나 숙식을 함께 할 수 있고 의지할 수 있는 곳이다. 그리고 명절에는 가장 먼저 방문해야 하는 곳이다. "큰집으로 갔다. 큰아버님께 歲拜를 하고 亨宰 집에를 갔다. 아주머님을 뵈였다… 밤늦도록 화토 치고 놀다 큰집에 가서 잤다(1955.1.25.)." "나는 바로 큰집으로 왔다. 큰집에 와서 잠간 노는데 光州와 大田에 게신 從兄任들이 들어오신다. 서울 康厚兄任은 못 오고 그 아들 聖宰만이 왔다. 모두 맛난 지가 이미 오래 되였다. 元宰도 왔다가 바로 올라갔다는 것이다. 모두 各處에 헤여져서 살게 되므로 맛나기가 여간 힘들지 않은다. 저녁에 起翼이 집에서 놀다 늦게야 돌아오니까 그때까지 잠도 안 자고 앉아서 큰집 일을 討議하고 계신다(1955.1.27.)." "큰집에 가서 보니 큰아버지 혼자서 밤을 치고 계신다. 人事를 들이고 있노라니가 金錢 關係를 果實을 사 놓지 못했다고 말씀하시기에 館月里 앞 果樹園에 가서 배와 능금을 사가지고 왔다. 康周 혼자서 일하기가 바뻐서 廷孝가 와서 같이 助力을 하여주웠다. 저녁에 부엌에서 닭을 잡는데 셋이 같이 잡었다. 꿈에 그리든 故鄕山川을 찾어와서 자미있는 우슴을 우서가며 모든 일 할 적마다 나는 새 기쁨이 오고 새 希望이 생긴다(1955.10.23.)." 큰집에 가서 같이 일을 하고 놀 때마다 본인의 혈족을 확인할 수 있어 기쁨이 오고 희망이 생긴다. 큰집은 많은 혈족과 4촌들이 모여 활기차며 큰집에 가면 공동체와 같은 느낌을 가지게 된다. 그래서 큰집에 가면 꿈에 그리던 고향산천을 찾아온 것처럼 느끼게 된다.

   단순히 큰아버지가 있는 집이라서 공동체로 느끼는 것이 아니다. 큰집에는 조상과의 연결을 확인해주는 사당이 있다. 또한 四代奉祀를 하여 제사를 통해 이강운의 혈통을 느끼게 해준다. 사당이 있기 때문에 조상의 제사를 지내기 때문에 조상대대로부터 이어져 온 혈연공동체의 영속성을 확인할 수 있고 이강운의 소속감을 확인해주는 곳이다. 사당을 자주 방문하고 확인하고 청소하고 제를 올린다. "祠堂에 掃除를 깨끗이 하고 祭床 等도 같이 掃除를 하였다. 내 出生 後 큰집에 와서 차사茶祀를 參拜해보기는 처음이다. 多幸히도 금년에 나의 집은 秋夕 차사를 들였기에 오늘 여기에 參拜

케 되였다. 四代奉祀에다 두 큰어머니와 從弟의 奉祀까지 11분상이나 되니 大端히 複雜하였다. 午前에는 先親 山所에 參拜하였다… 큰 山所에까지 다녀서 큰집으로 왔다. 큰아버지께서 감을 따고 게시기에 내가 올라가서 땄다(1955.10.24.)." 제사 때문에 갔지만 큰집은 자신의 집을 확대한 집으로, 조상의 영속성으로 이어주는 장소이어, 자주 큰집에 가서 이를 느끼고자 한다. 따라서 큰집은 상징적으로 가족, 일가, 조상, 고향을 농축한 곳이다. 큰집이 있는 마을은 또한 조상과 아버지의 산소가 있는 곳이고, 사촌과 함께 웃음을 웃어가며 일을 하고, 가문을 대표하는 큰아버지를 만나고, 사당이나 제사를 통해 언제나 조상을 만날 수 있는 곳이다.

큰집을 이렇게 가깝게 느끼기 때문에 큰집의 가족도 자신의 친가족 같다고 느낀다. 그리고 큰집을 자신의 본가보다 더 중요한 곳처럼 느낀다. 큰집의 사촌누나가 신행을 가는 것도 매우 슬프고 심란한 일이다. "오늘은 新行길이 뜨는 날이다… 참으로 마음에 심난하다. 이것 저것을 準備해 가지고 朝飯을 일직히 먹은 後에 出發했다. 急行을 타야하기 때문에 이와 같이 일직 出發하게 되는 것이다. 女子이란 先天的으로 成人이 되면 他人의 家庭으로 出嫁하게 規定이 되여 있어 별수 없는 일이지만 참으로 悲哀스러운 일이다. 長城누님도 오늘 떠나셨다. 나는 獒樹驛까지 가서 急行列車에 몸을 싫고 떠나가는 그의 모습은 넋을 잃고 限없이 바라보고 있었다. 나의 두 눈에는 아지 못하는 사이에 이슬이 매치고 말었다. 너무나도 쓸쓸하고 섭섭한 일이다(1956.4.2.)."

설날이나 추석에는 반드시 큰집에 간다. 설날이 되면 세배도 큰집부터 간다. 세배를 위하여 마을의 일가 집들을 바쁘게 방문하게 된다. 이 마을에 살지 않아도 이 마을의 주도적인 구성원이기 때문에 이 마을은 다정다감한 나의 고향이다. "큰집으로 갔다. 큰아버님께 歲拜를 하고 亨宰 집에를 갔다. 아주머님을 뵈였다. 廷賢이와 廷孝를 보게 되였다. 둘이 다 老處女들이다. 康埈이 兄 宅에 가서 歲拜를 하고 조금 있으니 떡국을 끓여 와서 먹었다. 거기 있다가 起全이와 起翼이 아재를 맞나서 人事했다. 起翼이 아재는 몇 年만에 맞났다. 午後에 같이 歲拜를 다녔다. 이집 저집 해서 해가 지도록 다녔다. 그래도 갈 집에를 다 못 가고 말었다. 저녁에는 起翼이 아재 집에서 一村의 靑年들과 같이 놀았다. 靑年들이라고 해야 짖굿 우리 집 일가들이다. 밤늦도록 화토 치고 놀다 큰집에 가서 잤다. 오늘 하루는 재미있는 날이다. 내 故鄕!! 이 얼마나 幸福스럽고 多情多感한 데냐. 現在 내가 살고 있는 三溪里도 내 故鄕과 같으나 그래도 어덴지 마음에 틀린다(1955.1.25.)."

향이라 동네의 많은 집들을 일가라 서슴없이 드나들 수 있고 활발하게 활동할 수 있으며 온갖 음식을 대접받으며 즐겁게 놀 수 있다. "大村 아짐과 水洞 아집을 가보았다. 두 집에서 다 果實과 飮食을 내놓아서 먹었다. 故鄕의 즐거움이란 것이 여기에 있다. 내 집안 大小家라면 서슴없이 드나들 수 있는 것이 더욱 活潑하다(1955.1.28.)." "나도 이제는 조금만 더 힘쓰면 故鄕에 가서 살 수가 있다. 이번에 놀아본 經驗으로 해서 故鄕이란 것이 얼마나 좋은 곳이란 것을 切實히 느꼈다. 自由 있는 곳이라고는 故鄕박에 없다고 본다(1955.3.2.)." 부계친족과 공동체로 같이 친밀하게 놀고 명절을 보내고 조상을 모시니 큰집과 조상이 있는 곳이 고향처럼 신나는 것이다.

추석차례를 지내기 위해서 새벽부터 일어나 큰집으로 달려가다시피 간다. "早朝에 新基里 伯父任 宅에를 가기 爲하여 어제밤에부터 마음의 準備를 한 關係로 새벽닭이 울 적에 잠이 깨였다. 그래서 남의 집에서는 일어날여고 할 지음에 차사를 잡숫고 바로 新基里로 갔다. 어제밤에 많은 서리가 와서 산비탈 길은 아주 좋지 못하다. 다름질을 하다싶이 해서 가서 보니 아직 차사는 않 지냈다. 오늘 내가 아침이슬을 헤치고 오게 된 것도 要는 큰집에서 사당참사를 앞으로 또 할 때가 있을 것인지? 이번이 마즈막인지? 그래서 갓든 것이다. 나의 집안일이 장차에 어떻게 될 것인지. 그래도 故鄕이라 오늘의 하루는 滋味있엇다(1956.10.12.)." "어제 歸家할여다가 故鄕에 한번 가면 바로 오고 싶은 생각이 없어 오지 못하고 오늘 오게 된 것이다(1956.10.13.)."

하지만 큰집과의 관계가 소원해지면 어떻게 될까? 차례나 조상 숭배뿐만 아니라 많은 일들을 도와주면서 큰집을 고향에 있는 자신의 본가 또는 고향집으로 느끼지만 날이 갈수록 가서 많을 도와주지만 반겨 맞이해주지 않는다면 또는 불화가 생긴다면 어떻게 될까? "아침에 일어나니 新基里 伯父任으로부터 片紙가 왔다. 內容을 읽어보니 確實이는 알 수 없으나 왔다 가라는 말인 것 같다… 前番에도 오라하시는 것을 가지 못해서 不得已 오늘은 가보기로 決定하였다… 故鄕을 가는 기쁨은 大端히 컸다. 언제나 마음에 그리든 일이지만 故鄕땅으로 移舍(徙)치 못하는 것이 나의 마음의 한

구석에서 자리를 잡고 한숨을 만들며 쓸쓸한 表情을 만들고야 만다. 그와 같이도 그립든 故鄕이겠만 차저가 보았자 그다지 신통치도 않은 나의 마음 웨 이다지도 나를 괴롭힌지?(1956.1.16.)." "午前에 일직히 歸家해가지고 出勤을 할여고 하였는데 伯父任께서 감저를 놓아달라고 하셔서 온다는 말도 못하고 常宰 高書房과 같이 뒷밭을 고처서 심어드렸다. 그리고 크나큰 밤나무를 베어서 原木은 賣渡하고 枝葉은 燃料로 한다고 해서 이것도 같이 하여 相當한 나무를 作만해 주웠다… 夕陽에야 큰 집에서 伯父任에게 人事만 드리고 바쁜 거름으로 달려왔다.

언제나 되풀이하는 일이지만 故鄕을 등에 두고 돌아서니 한 거름 두 거름씩 걸어오는 그 心情 알아주 리가 그 누구리요?(1956.4.12.)." "相當히 놀다가 큰집으로 와서 보니 큰아버지가 않게신다. 從妹 혼자서 있기에 같이 앉어 이야기하고 놀다가 집으로 돌아왔다. 故鄕이라고 찾어가 보았자 반겨하여 맞이하여 준 사람 하나 없건만 그래도 어쩐지 그리운 것은 故鄕뿐이다(1956.12.28.)." 큰집과 본가를 고향으로 생각하고 고향을 그리워하지만 또한 점차 큰집과의 관계가 조금 소원해지고 부계친족들과의 관계가 소원해지면 고향을 그리워하는 마음도 변하게 된다. "故鄕이 그리웁고 故鄕을 사랑하든 나의 마음은 이제 차츰 變하여지는 것 같다. 웨 故鄕을 그다지도 그리워하든 내 마음이 突變하였단 말인가? 너무도 親族끼리 團合이 안 된다는 것이다. 참아 남 부끄러워서 말도 못할 노릇이다(1957.2.1.)."

고향을 그리워하던 의식이 약화된다는 것은 고향을 그리워하던 의식도 생겨난 것이라는 점을 보여준다. 큰집을 중심으로 시제, 제사, 혼상례, 명절, 방문, 도움 등으로 빈번하게 왕래하면서 큰집 마을을 고향으로 생각하는 의식도 생겨난 것이다. 일기에 23세인 1954년부터 고향에 있는 일가친족이 그리워지기 시작했다고 썼다. 자신의 거주지인 삼계리에서 주민들이 일가가 아니어서 대소사에 참여하기 어려운 상황에서, 큰집과 신기리의 방문이 크게 늘고 혈족으로서 각종 활동에 주체적 참여가 크게 늘면서 신기리를 고향으로 생각하고 일가친족을 그리워하는 의식이 점점 커져갔다. "벌서 큰 집에 온 지가 3일째이다.

　오늘은 별수 없이 집으로 돌아가야 하겠다. 몇 年前에만 하여도 一年에 잘해야 正初에 한 번 오와서 하루밤 程度 자면은 그 다음 날 바로 집으로 가고 했는데 昨年부터는 어쩐지 故鄕이 그리워지고 故鄕에 있는 나의 一家親族이 그리워저서 한 번 오면 다시 가기가 싫어지고 가면 다시 오고 싶으니 이 일을 어찌하면 좋을 것이냐. 어렸을 때에는 無意識 中으로 자라왔었는데 차차 成長하여지매 故鄕 生覺만이 절로 난다(1955.10.25.)." 아이였을 때는 성씨구분도 약하고 누구와도 쉽게 어울려 부계와 남의 구분을 덜 느꼈는데, 성인이 되면서 부계혈족활동도 왕성해지며 더 주체적으로 참여하고 부계혈족의 의미를 더욱 민감하게 느끼면서, 부계를 향한 큰집을 향한 그리움이 커지고 이를 통해 큰집마을을 고향으로 인식하게 되었다.

4. 부계친족과 모계친족의 심성

앞에서 언급하였듯이 현재 살고 있는 삼계리에서는 마을에서 소외당한다는 느낌을 이강운은 일기에 적고 있다. 어머니의 동네라 부계혈족이 아니어서 같이 놀고 같이 먹고 같이 자며 공동체로서의 느낌을 가지기가 어려운 점이 자주 드러난다. 더욱 중요한 것은 일기에서 모계친족에 대한 언급이 부계친족과 비교하면 아주 적다는 것이다. 어머니의 생신에 참가한 사람은 남원 주천면에서 누나만 왔다. 어머니의 생일에 생일잔치도 하지 않고 사람들을 부르지도 않는 것으로 봐서 삼계리에서도 가까운 모계친족이 많지 않은 것으로 보인다. "오늘은 나로서는 平生 잊어서는 않이 될 어머님의 生辰日이다. 다른 사람도 누구나 다 같이 父母의 生日이라면 特히 生覺을 하고 있지만 나로서는 자나 깨나 잊지 못할 處地에 놓여 있다. 오-직 못난 이 子息 하나만을 爲하여 平生을 苦生하셨는데 나는 여기에 對하여 百分之一도 그 恩惠를 갚지 못하고 있다. 그러타고 해서 每年 1回式 있는 生辰日이나마 제대로 하느냐 하면 그것 하나도 남과 같이 子息의 道理를 履行치 못하고 있으니 무어라고 할 말이 없다(1957.7.14.)."

외할아버지의 기일(1957.3.18.)에도 특별히 누가 참석했는지를 기록하지 않았다. 외조모에 대한 언급이나 외숙이나 이모와 이모부에 대한 언급도 없다. 외숙모니 이종형은 언급되는 것으로 보아 외숙이나 이모와 이모부는 이미 사망한 상태여서 언급되지 않은 것으로 보인다. 외숙모도 한번 방문한 것에 대한 언급만 있다(1956.10.6.).

외종누나에 대한 언급도 두 번만 나온다. 외종누나와는 서로 방문하였다(1955.4.2.; 1957.5.30.). 구례에 사는 이종형(1956.4.26.)과 순창에 사는 이종형(1975.5.25.)이 방문했다고 언급되고 있다. 놀거나 잔치나 혼상례 등을 위해 어머니 쪽 일가와 함께 모였다는 내용도 나오지 않는다. 모계친족과는 만나더라도 같이 한참 시간을 지내고 무엇인가를 함께 하기보다는 짧게 이야기하고 헤어지는 경우가 많아 부계친족과의 관계보다 훨씬 단순하다. 이는 강력한 부계혈통의식을 가지고 있기 때문에 모계혈통에 대해서는 관심도 부족하고 정체성도 연결되어 있지 않아서도 그렇다. 또한 일기에서 모계친족에 대한 언급 회수나 내용이 아주 적어 모계친족 자체도 별로 많지 않은 것으로 보인다. 부계친족은 일기에서도 15대 할아버지 산소에까지 성묘를 하고 일가의 어른들이라고 통칭하여 그 범위를 크게 확장하지만 모계친족에 대해서는 외할아버지보다 높은 선대를 전혀 언급하지 않고 있고 또한 모계의 어른들이라는 포괄적인 명칭도 사용하지 않는다. 이종과 외종의 4촌까지만 언급되고 있고 이를 넘어서는 모계친족에 대한 언급은 전혀 나타나지 않고 있다. 이들과의 만남의 회수도 아주 적고, 교류도 매우 간단하고, 언급도 드물다.

이에 비해 일기에 언급되고 있는 친족들은 대부분 부계친족들이며 이들과는 빈번하게 만난다. 그 범위도 일가의 먼 친척까지 매우 넓다. 가장 빈번하게 만나는 사람은 큰아버지이다. 가족을 제외하고는 백부(12일의 일기에서 언급)와 큰아버지(4일의 일기에서 언급)를 일기에서 가장 많이 언급하여 큰아버지가 가장 빈번하게 만나는 친척이었다. 큰아버지 집에는 조상을 모시는 사당이 있어서 설날, 청명, 추석(또는 중양절)에 혼령(魂靈=조상)에 차례를 지내러 간다. 가장 많이 참석하는 일은 설날, 청명, 추석, 중양절에 큰집 사당에서 차사茶祀를 지내는 일이었다. 일기에서는 사당에서 차례茶禮를 지내는 것을 차사를 지낸다고 표현하고 있다. 설날에 큰아버지와 일가 어른들에게 세배를 하러 가고 제사나 성묘에 참석하는 것 외에도 많은 일들을 큰아버지와 상의한다. 또한 큰아버지는 감자를 심는 것과 같은 자신의 일을 조카에 시키기도 하고, 광주를 가야할 때 조카와 함께 간다. 특별한 일이 없어도 큰집을 자주 방문하고, 신기리에 갈 일이 있으면 큰집을 들른다.

　이강운은 자신이 사는 삼계리의 외가친족보다 5km 정도 떨어진 신기리의 부계친족에 대해서 훨씬 많이 언급하고 있다. 친족관계에 대한 언급을 비교하면 대부분이 신기리의 부계친족과 조상에 대한 이야기이고, 모계친족에 대한 이야기는 거의 없다. 명절이나 제사에 신기리의 많은 일가를 방문하고 어른들에게 인사를 한다. 설날에는 신기리에서 일가 어른들에게 세배를 다닌다. 먼 친척인 대부나 대모나 아저씨에게도 인사를 가지만 모계친족에 대해서는 그러한 언급이 전혀 없다. 큰집에 가서 사당에 참배하고 조상의 차례를 지내고 제사에 참석하며, 자신의 집에서 제사를 지낼 때는 큰아버지가 참석하기도 한다. 성묘도 7대조, 9대조, 15대조 할아버지 묘까지 성묘가 이루어진다. "아침에 일직히 理洞 兄任이 오셔서 朝飯을 했다고 자기 집으로 가자 해서 從兄任과 같이 그리로 갔다. 그래서 거기서 朝飯을 먹고 한참 놀다 무수洞 대부 집에 가서 무수

洞 대모를 人事하고 아짐들도 人事했다. 그 後에 從兄과 서내 山所에 성묘했다. 먼저 五代祖父의 墓에 성묘하고 아버님 山所에 성묘했다. 언제나 墓 前에 가면은 느기는 일이지만은 금年에도 氣分이 이상해지며 머리가 自然的으로 숙그려진다. 다른 사람은 우리 또래에 兩親이 다 게신데 나는 아버님 얼골조차 보지도 못했으니 참으로 寒心한 노릇이다. 七祖 山所와 큰어머님 山所에 성묘하고 角洞 祖父母任 山所와 九代祖의 山所에 성묘를 들었다. 그리고 木土洞 아재 집에 가서 歲拜를 했드니 아네서도 新基里 와 버리고 아부도 없는데 아우들이 나가서 떡국을 끄려와서 먹었다. 그리고 밤 지내로 해서 屯基里 九長 大父 집에를 갔드니 여간 반가히 하였다 (1955.1.26.)."

선산에 가서 산일을 하는 모습도 부계친족 관련해서만 나온다. 특히 청명일은 산소를 돌보는 날이다. 산소를 돌보거나 성묘를 하고 오면 뿌듯하다. 성묘는 아버지 묘에서부터 15대조 묘까지 이루어진다. 설날과 추석에 성묘를 하지만 지나가는 길에 가까이에 있는 묘소에 가서 성묘를 하기도 한다. 성묘를 해야 조상과 연결되고 조상의 혼이 좋아한다고 생각한다. 하지만 어린 나이에 돌아간 분을 생각하면 불쌍하다. 제사를 지낼 자식이 없기 때문이다. 죽은 후에도 혼이 후손에게 의지해야 하는데 그렇지 않으면 의지할 데가 없는 불쌍한 혼이 된다. "오늘은 淸明日이다… 서내 큰산소에도 오늘 사초를 들이는 날이다. 그래서 우리 서내 子孫은 다 모인다. 큰집에를 먼저 갔드니 큰아버님께서는 벌서 나가셨다. 그래서 나도 바로 따라 나갔다… 큰아버님을 뵈옵고 큰 산소에 山神祭를 지낸 後 先親 山에도 山神祭를 지내고 바로 일을 着手했다… 伯母任 山所에 사초를 같이 했다. 生覺하면 伯母任도 불상한 양반이다. 아들 하나 있다 一線에 가서 戰死하고 無子한 處地이므로 앞으로라도 어데다 依支할는지 알 수 없다(1955.4.3.).”

살아있는 부계혈족은 일상생활에서 만나고 같이 놀고 같이 식사하고 같이 문제를 해결하고 함께 잔다. '서슴없이' 드나들 수 있는 공동체이다. 빈번하게 부계친족들의 집을 찾아가고 어른들을 찾아가 인사를 한다. 따라서 언제라도 찾아갈 수 있고 놀 수 있고 잘 수 있고 식사를 할 수 있다고 생각한다. "언제나 新基里에 가면 康述 氏 宅에 가서 많이 자게 된다. 어제밤에도 거기서 자고 나니 龍宰가 와서 自己 집으로 가자고 해서 거기 가서 朝飯을 먹고 相當히 놀다가 큰집으로 와서 보니 큰아버지가 앓게신다(1956.12.28.).”

"아침때 일직부터 新基里에 가기 爲해서 집을 나섰다. 땅이 질걱 그리기 前에 갈여한 것이 땅이 바로 녹아서 大端히 步行하는 데 困難하였다. 全州 兄任이 坌土洞 큰산소에 성묘 디리고 가자고 해서 磊川里로 해서 三隱里로 갔다. 먼저 성묘를 디렸다. 이 산소로 말하면 나로는 15代祖의 墓이다. 山直이를 맛나서 이야기하고 가다가 三隱里에 사는 金東在가 兄任의 妻家로 해서 어떠한 緣戚 關係가 있다고 잠간 보고 가야하겠다 하기에 같이 들어가서 人事하고 떡국을 끓여 와서 먹고 큰집으로 갔다. 큰아버님께 歲拜를 하고 亨宰 집에를 갔다. 아주머님을 뵈였다. 廷賢이와 廷孝를 보게 되였다. 둘이 다 老處女들이다. 康埈이 兄 宅에 가서 歲拜를 하고 조금 있으니 떡국을 끓여 와서 먹었다. 거기 있다가 起全이와 起翼이 아재를 맞나서 人事했다. 起翼이 아재는 몇 年만에 맞났다. 午後에 같이 歲拜를 다녔다. 이집 저집 해서 해가 지도록 다녔다. 그래도 갈 집에를 다 못 가고 말었다. 저녁에는 起翼이 아재 집에서 一村의 靑年들과 같이 놀았다. 靑年들이라고 해야 짓굿 우리 집 일가들이다. 밤늦도록 화토 치고 놀다 큰집에 가서 잤다. 오늘 하루는 재미있는 날이다. 내 故鄕!! 이 얼마나 幸福스럽고 多情多感한 데냐(1955.1.25.)." 즉, 부계혈족마을인 신기리에 가면 언제나 공동체의 일원이 된다.

아버지의 마을인 신기리에서는 각종 결혼이나 환갑과 같은 대소사에서나 잔치에서도 부계친족의 일원으로서 보다 주체적으로 참여할 수 있어 즐겁다. "陰 1月 22日에는 新基里 亨宰의 大事에 가서 놀았다. 亨宰의 집이라면 우리 집으로서는 私宗家이기 때문에 特히 가보았든 것이다. 新郞은 南原邑 竹항리에 사는 徐仁錫이라고 한 當 28歲의 老總角이었다. 나는 그때에 滋味있게 놀았다. 내가 三溪里에서 살기 때문에 故鄕에 가서 그와 같이 놀아보기는 처음이라 내 마음에는 大端히 유쾌하였다(1955.3.2.)."

아직 젊어서 그런지 시제참석은 한 번만 언급된다. 시제를 참석하고 후손으로서 도리를 다했다는 뿌듯함을 느낀다. "나로서는 生後 처음으로 參席하였다. 時祭에 參席한 분들은 모두 나의 大小가 어른들이시다. 나는 매우 기뻤엇다. 公務에 있는 몸이요 특히 他管[官] 生活을 하고 있는 나로서는 이러한 時祭에 參席할 機會가 없었든 것이다. 나 自身 생각해 볼 적에 오늘은 나도 子孫으로서의 道理를 다 했다는데 大端히 기뻤다(1956.11.20.)."

일상생활에서도 부계친족의 마을에서는 누구나 형, 동생, 누나, 아저씨, 대부, 대모 또는 조카이다. 그래서 모두가 가까운 혈연으로 느끼고 같은 집단이라고 생각한다. 그래서 같이 놀고 늦잠도 자고 헤어질 때 서로 뒤돌아보고 서로 헤어지기가 섭섭하게 생각한다. "어제밤 늦게까지 놀고 아침에 늦잠을 자는데 起文이 아저씨가 와서 깨워서 일어났다. 아침에 그 아저씨 집에서 朝飯을 먹었다. 午前 中에는 큰집에서 노는데 廷賢이가 와서 自己 집에 놀러가자 해서 거기 가서 놀았다. 亨宰 氏와 같이 놀다가 큰집에 와서 있는데 中食을 했다고 오라고 해서 거기서 점심을 먹고 午後에 늦게까지 놀다 왔다… 廷賢이는 幸福할 것이다. 좋은 男便을 맞나서 그와 反面에 仁錫이도 아내는 잘 어덧다. 늦게 떠나올여고 큰아버님에게 人事를 드리고 나오는데 從妹하고 廷賢이 하고 둘이서 탑골 洞內 앞 바위 있는 데까지 餞途하러 나왔다. 거기서 헤여지기가 매우 섭섭하였다. 내가 故鄕인 이 마을에 와서 살었드면 이러한 일도 없을 것이 아닌가. 헤여저 오다가 나는 두 번 세 번 보이지 않트락 돌아보았다. 그들도 가면서 나를 돌아보면서 간다. 나는 感謝하게 여겼다. 이와 같이 나와서 보내주니 感개無量하다. 나는 거기서 헤여저 오면서 '故鄕이 그리워도 못가는 身勢' 하면서 혼자서 노래를 부르며 왔다. 事實 헤여저서 오기가 섭섭했다(1955.4.6.)."

5. 나가는 말

『삼계일기』는 1950년대의 유교적 친족관계의 심성이 임실군에서 아주 강력하게 남아 있음을 보여주고 있다. 농촌에서 아버지를 중심으로 가족이 운영되고 아버지가 가족을 대표하며 혈통을 잇는 존재로 간주된다. 아버지는 법적으로 호주로서 가족을 통솔하며, 자녀는 부모에게 순종해야할 의무가 있다고 생각한다. 따라서 이강운의 일기에서도 가족에서 아버지는 가장 중요하며 아버지가 일찍 죽어 안계신 설움을 말로 표현할 수 없다고 했다. 아버지 얼굴도 모르는 처지는 한없이 애처롭다. 아버지를 잘 모시지 못하여 불효자식이며, 직접 아버지 묘소의 사초를 하고 봉분을 다시 세우니 마음이 기쁘고 감개무량하다. 아버지는 무덤에 있어도 집안의 가장이며 부계혈통을 잇는다. 어머니는 따뜻하게 가족을 돌보며 집안일을 수행하는 존재로 묘사된다. 어머니가 일찍 죽으면 자식들이 불쌍하다. 하지만 혈통의 영속성과 정체성에 아버지가 훨씬 중요한 존재이다. 따라서 죽은 아버지에 대한 언급이 살아있는 어머니보다 더 많이 이루어진다. 일기에서는 또한 아내에 대한 언급이 매우 제한되어 있다. 대체로 아이에 대한 언급, 특히 아팠을 때 함께 언급된다. 아내를 아이의 돌봄과 연관시켜 인식하고 있음을 보여준다. 또한 딸보다 아들이 귀하며 남녀는 유별하다고 생각한다.

 이강운은 자신이 태어난 관촌면 덕천리나 자신이 자란 삼계면 삼계리가 아니라 아버지와 선대가 대대로 살아왔던 오수면 신기리를 고향으로 생각하였다. 이강운의 아버지가 아들이 귀해 타지에 가서 아이를 낳아야 아들이 태어난다고 하여 잠시 아들을 낳기 위해 관촌면 덕천리에서 살면서 이강운을 낳았기 때문에 태어난 곳은 일시적으로 머문 장소에 불과하다. 또한 자신이 살아온 삼계리는 모계의 마을로 자신이 이들의 정식 구성원이 아니라고 생각하며 따라서 스스로를 소외된 주민으로 상상하였다.

큰집을 비롯하여 부계친족들이 살고 있고 조상의 산소들이 모여 있는 신기리가 자신의 정체성의 근거지이고 고향이라고 생각한다. 조상을 모시는 사당이 있고 차례와 제사를 지내는 큰집이 조상으로 연결되는 그리고 부계친족로 연결되는 핵심매개체이다. 그래서 가장 많이 언급되고 방문하고 들르는 곳이 큰집이다. 또한 큰집이 있는 신기리의 부계친족들은 언제나 만나고 같이 놀고 재워주고 식사를 제공하는 '서슴없이' 드나들 수 있는 곳이다. 그래서 친밀하고 재미있고 즐거운 곳이다. 공동체이다. 더 나아가 조상을 모시는 사당이 있고 주변에 산소가 있어 나의 혈통을 보여주고 지켜주는 곳이다. 그래서 나의 고향이다. 하지만 '서슴없이' 드나들고 같이 노는 재미있는 공동체가 아니라면 어떻게 될까? 일기에서는 친족에서 갈등이 나타나고 큰집과 소원해지면서 고향이라는 생각도 약화됨을 설명하고 있다. 이는 고향으로 생각하는 곳도 사회적 관계에 의해서 생겨나는 것임을 보여주고 있다.

관계에 따라 강화되기도 약해지기도 할 수 있지만, 이강운의 일기는 이강운의 정체성이 전체적으로 유교적 부계혈통의식에 의존하고 있음을 보여준다. 부계친족이 모여 사는 곳이 자신이 사는 마을에서 5km나 떨어져 있음에도 불구하고 일기는 자신의 마을인 삼계리보다 부계친족의 신기리를 훨씬 빈번하게 언급하고 애착을 표현하며 고향이라 부르고 있다. 이에 비해 모계친족에 대한 언급은 아주 간단하게 외할아버지와 이종사촌과 외종사촌까지만 언급되고 있다. 반면 부계친족에 대한 언급은 15대조 할아버지까지 올라가고 먼 친척인 대부와 대모와 아저씨까지 확장되며 언급되는 사람이나 양이 모계친족에 비하여 절대적으로 많다. 또한 부계친족의 차례, 시제, 성묘, 세배 등에는 열심히 참여하지만 모계친족의 차례, 시제, 성묘, 세배 등에는 거의 언급이 이루어지지 않고 있다. 이는 철저히 강한 부계혈통의식 가지고 살아가기 때문에 나타나는 모습이다.

하지만 부계혈통중심의 심성에도 변화의 씨앗들도 나타나고 있다. 부계친족들과의 갈등이나 소원해지는 상황이 나타나면서 부계친족과의 관계에 의문을 품는 모습이 나타나고 있다. 이전에는 부계친족관계를 '서슴없이' 드나들고 놀고 돕는 관계로 생각했는데 갈등이 생겨 소원해지면서 부계혈통이나 부계혈연공동체에 대해 의문을 제기하는 현상을 보이기 시작했다. 물론 이것이 직접적으로 모계친족이나 처가와의 더 빈번한 관계로 이어지는 것은 아니지만 부계혈족에 대한 귀속의식이 약해질 수 있다는 점을 보여준다. 이는 또한 상황변화에 따라 모계친족이나 처가와의 관계를 더 긍정적으로 생각하게 되고 더 빈번한 관계로도 발전할 수 있음을 시사한다. 이러한 상황은 조선후기부터 이어져온 강력한 부계혈통과 조상숭배가 상황과 경험을 매개로 의문을 제기하고 바꿔 나가는 것이 가능하다는 것을 보여준다. 실제 1960년대 이후 농촌에서 도시로의 이주가 크게 늘어나고 도시의 핵가족화 된 모습을 많이 경험하면서 농촌마을에서 강력한 문중조직과 조상숭배에 대한 의문도 나타나고 점점 참여가 줄어들면서 전통적인 부계문중의 역할이나 조상숭배가 약화되면서 동족마을도 약화되는 현상이 나타났다.

참고문헌

- 김미영
  2008, 『가족과 친족의 민속학』, 민속원.
- 김상준
  2003, "온나라가 양반되기: 조선후기 유교적 평등화 메커니즘", 『사회와 역사』, 63: 1-29.
- 김정운
  2019, "노상추 일가의 의례 활동과 친족 관계", 『민족문화논총』, 73: 49-97.
- 김필동
  2000, "한국 종족집단의 형성과 변동", 『한국농촌사회학회』, 10: 261-292.
- 도이힐러 저, 이훈상 역
  2003, 『한국사회의 유교적 변환』, 아카넷.
- 박미해
  2010, 『유교가부장제와 가족, 가신』, 아카넷.
- 박병호
  1986, "한국가부장권법제의 사적 고찰", 『한국여성학』, 2: 50-94.
- 박종천
  2014, "『계암일록』에 나타난 17세기 예안현 사족들의 의례생활", 『국학

연구』, 24: 261-309.
- 박지환

    2021, "약탈국가와 절량농가 사이에 끼인 면사무소 공무원", 이정덕 외, 2021a, 『국가와 농민 사이, 면서기의 경험과 심성』, 전북대출판문화원, pp. 11-29.

- 반 뒬멘, 리하르트 저, 최용찬 역

    2001, 『역사인류학이란 무엇인가』, 푸른역사.

- 페브르, 루시앵 저, 김응종 역

    1995, 『16세기의 무신앙 문제』, 문학과지성사.

- 송준호

    1990, 『조선사회사연구』, 일조각.

- 손현주, 차윤정, 이정덕 외

    2017, 『일기연구의 방법, 현황, 그리고 응용』, 지식과 교양.

- 심백섭

    2005, "한국 유교문화와 가족", 『종교학연구』, 24: 53-72.

- 알라제브스키, 앤디 저, 이정덕, 공은숙 역

    2017, 『일기연구방법론』, 정담미디어.

- 양선아

    2021, "고향과 타향살이: 1950년대 농촌사회에서 고향에 대한 감정의 기원과 변화", 이정덕 외, 2021a, 『국가와 농민 사이, 면서기의 경험과 심성』, 전북대출판문화원, pp. 121-133.

- 오창현

    2021, "근대화와 마을의 발명 ", 『2021년 한국문화인류학회 가을학술대회 발표문집』, pp. 223-229.

- 이광규

1997, 『한국의 가족과 종족』, 민음사.
- 이정덕, 박지환, 이성호 외

  2021a, 『1950년대, 공무원 이강운의 삼계일기』, 전북대출판문화원.
- 이정덕, 박지환, 이성호 외

  2021b, 『국가와 농민 사이, 면서기의 경험과 심성』, 전북대출판문화원.
- 이해준

  1996, 『조선시기 촌락사회사』, 민족문화사.
- 장경섭

  2009, 『가족·생애·정치경제 - 압축적 근대성의 미시적 기초』, 창비.
- 정승모

  2010, 『조선후기 지역사회구조 연구』, 민속원.
- 조정문

  1997. "한국사회 친족관계의 양계화 경향에 관한 연구", 『한국여성학』, 13(1): 87-114.
- 최우영

  2006, "종친회의 역사.문화와 현실", 『동양사회사상』, 13: 206-346.
- 최우영, 마즈다

  2013, "한국·일본 전통가족의 역사와 현재", 『한국학논집』, 50: 193-230.
- 최효진, 임진희

  2015, "개인 일기의 연구 자료로서의 가치와 전망", 『기록학연구』, 46: 95-152.

6장
단기심성체제 1
- 기시 노부스케, 박정희, 등소평의 압축성장의 심성

1. 들어가는 말

　이글에서는 한국과 일본과 중국에서 고도경제성장을 수출주도형 압축성장으로 구조화한 한국의 박정희와 일본의 기시 노부스케와 중국 등소평의 심성을 비교해서 이해하고자 한다. 이들은 만주에서 일본제국주의에 봉사하다가 일본의 패전 후 사형을 당할 상황에 처했거나(기시) 사형을 구형당했다(박정희). 또는 숙청을 당하였다가 부활하기도 하였다(등소평). 그러나 미소대립이 격화되면서 냉전체제가 형성되자 각자 살아남아 국가지도자가 되어 국가주도형 수출진흥정책을 이끌었고(강상중, 현무암, 2012), 소련과 중국의 갈등을 매개로 중국을 미국편으로 끌어들이고자 하는 미국의 접근을 매개로 중국의 개혁개방을 이끌었다(등소평).

박정희는 쿠테타에 따른 정당성의 취약성을 국가주의(개인보다 우월한 국가/민족), 고도성장(가난으로부터 해방, 조국근대화), 반공(미국의 냉전체제에의 편승)으로 극복하고자 하였다. 전두환도 박정희와 같은 수출주도형 성장전략을 따르며 비슷한 성장전략을 이어갔다. 기시 노부스케는 본인은 1957년-1960년 4년 정도를 통치했지만 후임총리들에 커다란 영향을 미쳤다. 소득배증 정책을 내세운 다음 총리 아케다 하야토도 기시 수상 밑에서 통산상 장관을 맡았으며, 친동생인 사토 에이사쿠는 기시 수상 밑에서 대장성장관을 지냈고 1964년-1972년 수상을 역임하며 고도성장정책을 주도하면서 일본의 전후 고도성장체제를 실천하였다. 등소평은 집체경제로는 한계가 있다고 생각하고 사회주의에 시장경제를 결합하고자 하였다. 자본과 기술의 한계로 개혁개방이 불가피하다고 보고 적극적으로 개혁개방정책을 밀고 나갔다.

산업혁명 이후 서구선진국을 제외하면 동아시아만이 유일하게 고도경제성장을 통하여 선진국에 도달했거나 도달해가고 있다. 다양한 고도경제성장이 가능하겠지만 한국과 일본과 중국의 고도경제성장에서 많은 유사점이 나타나고 있다. 이를 이끌어온 지도자들의 심성은 어떠한 측면에서 유사하고 차이가 날까? 수출주도형 압축경제성장을 이끈 한국과 일본과 중국의 세 지도자를 통하여 압축성장과 관련된 이들의 심성을 비교해보고자 한다. 이러한 심성이 고도경제성장을 가능하게 한 것은 아닐 수도 있지만 당시의 시대환경에서 어떠한 방향으로 국가를 이끌려고 했으며, 여러 상황에서 어떻게 대응하여 방향을 재설정하는지를 이해하는 데 도움이 될 것이다.

　이들의 심성연구를 바탕으로 다른 나라 지도자들의 발전심성과 비교해보면, 동아시아에서 고도경제성장을 이끌어 온 지도자들에서 일반적으로 나타나는 심성은 무엇이고, 차이점을 무엇인지를 이해해줄 수 있게 할 것이다. 물론 이는 국가마다의 상황과 당시의 국내외환경의 차이를 같이 고려하여야 이러한 심성이 경제발전으로 어떻게 이어질 수 있는가를 제대로 이해할 수 있을 것이다.

2. 자기나라의 상황에 대한 이해

　박정희는 자기 이전의 한국의 역사를 아주 부정적으로 생각하였다. 1963년에 출간된 『국가와 혁명과 나』(박정희, 2017c)의 서장에서 박정희는 "단군 성조 국기를 세운 지 5,000년, 이 민족은 겨우 3,000리의 좁은 변강 속에서 세계 최후의 순혈 동포이면서도 혹은 분방分邦 혹은 상잔을 거듭하면서 오랜 세월 동안 두터운 봉건 속에서 빈곤과 나락과 안일 무사주의의 악순환 속에서 분열, 파쟁만을 일삼아왔다."라며, "해방 후 19년간의 총결산은, 얻은 것보다는 잃은 것이 훨씬 더 많고, 그중에서 얻은 것이 있다면 그것은 모방을 통해 직수입된 절름발이 민주주의였다고 말할 수 있다. 지칠대로 지친 5천년의 역사, 왜곡된 절름발이 민주주의, 텅 빈 폐허 위에 서서 지금 우리는 무엇을 어떻게 해야 할 것인가?"라고 썼다. 1962년에 출간한 『우리 민족의 나갈 길』(박정희, 2017b)이나 『국가와 혁명과 나』(박정희, 2017c)에서 한국사는 퇴영과 침체가 계속된 역사라고 썼다.

박정희는 한국역사는 청산의 대상이지 계승의 대상이라고 생각하지 않았다. 따라서 "이 혼돈과 침체 속의 후진의 굴레에서 결연히 벗어나 우리의 조국을 근대화시켜야 한다는 원대한 목표를 설정하고 국민의 정신적 혁명을 기조로 정치적 정화운동, 사회적 청산운동, 경제적 검약증산운동을 내용으로 하는 대혁신운동"이 필요하다고 1964년 대통령 연두교서에서 주장했다.

이를 위하여 박정희는 국가를 새롭게 할 '민족의 영구혁명'(박정희, 2017c: 27)과 '민족의 산업혁명'과 '민족국가의 중흥 창업'이(박정희, 2017c: 259) 필요하며 이를 위하여 총칼로 나라를 바로 잡을 수밖에 없어 5·16 군사쿠테타를 일으켰다고 주장하였다.

과거와 철저한 단절은 그의 일본의 메이지유신에 대한 지속적인 관심에서도 나타나고 1972년 유신에서도 나타난다. 박정희는 1961년 11월 일본을 방문했을 때, 기시 노부스케(岸信介)를 만나 "나는 정치도 경제도 모르는 군인이지만 명치유신 당시 일본의 근대화에 앞장섰던 지사들의 나라를 위한 정열만큼은 잘 알고 있다"며 "그들 지사와 같은 기분으로 해볼 생각"이라고 말했다(한홍구, 2012). 그리고 1963년 박정희(2017c)에는 일본이 "명치유신이란 혁명과정을 겪고 난 지 10년 내외에는, 일약 극동의 강국으로 등장하지 않았던가. 실로 아시아의 경이요, 기적이 아닐 수 없다"고 이야기했다. 더 나아가 친구인 소설가 이병주에게 박정희는 "국수주의가 어째서 나쁜가…. 일본의 국수주의 장교들이 일본을 망쳤다고 했는데 일본이 망한 게 뭐냐. 지금 잘해나가고 있지 않나…. 국수주의자들의 기백이 일본 국민의 저변에 흐르고 있어. 그 기백이 오늘의 일본을 만든 거야…. 우리는 그 기백을 배워야 하네"라고 말했다(한홍구, 2012).

박정희는 한국이 "남의 민주주의를 미숙하게 모방만 하려했기 때문"에 "귀중한 우리의 국력을 부질없이 소모"하고 있다고 한국에 맞는 정치체제가 필요하다고 주장했다(대통령비서실, 1972: 334). 그의 이러한 생각은 독재를 통해 국가가 모든 것을 계획하고 실천하는 권위주의적 발전전략으로 이어졌다.

기시 노부스케는 1937년 만주국 산업부 차관 등으로 만주국 총동원체제의 산업개발5개년 계획을 주도하였고 1939년 일본국에 돌아와 상공차관과 장관을 역임했다. 이때 기시는 영미가 무역규제를 하면서 일본의 생존을 위협하여 대응차원에서 태평양전쟁을 했다고 생각했다. "동아시아의 영원한 평화와 보장을 위해 대동아공영권에 가하는 미국과 영국의 질곡으로부터 벗어나서 대동아 전체의 국방력을 비약적으로 확충시키고, 우리나라가 대동아경제권에서 지도적 지위를 확보하여야 한다… 종래에 우리나라는 외화획득을 위하여 수출진흥에 중점을 두었는데 작년 7월말 미국, 영국, 화란, 인도가 일본의 자산을 동결하여 그동안 무역에서 미국과 영국에 의존했던 것에서 벗어나야 하고, 따라서 대동아전쟁을 했던 결정적 성격을 변경하게 되었다. 현 상황에서 우리나라의 무역정책은 대동아공영권 경제의 자급자족체제를 확립하여…(岸信介, 矢次一夫, 伊藤隆 1981: 299, 301)" 한다고 생각했다.

전범으로 체포되어 옥중에서 쓴 『斷想錄』에 "우리는 일찍이 세계에서 유례가 없는 국민적 결속과 세계를 놀라게 한 진보발전을 이룩해왔다. 이러한 국민적 우수성은 여전히 우리이 피에 흐르고 있다."라고 썼다(岸信介, 1981). 일본이 세계를 놀라게 한 자랑스러운 역사와 제도를 가지고 있지만 원자폭탄에 굴복하여 어쩔 수 없이 미국이 만든 헌법과 체제를 받아들일 수밖에 없었지만 이를 바꿔야 한다고 생각했다. 그래서 그는 "자주헌법 제정, 자주군비 확립, 자주외교 전개를 슬로건으로 일본재건연합을 결성했으나 1952년 선거에서 패배"(原彬久 篇, 2003: 75)한 후, 자유당에 입당하여 중의원에 당선되었고 헌법개편을 위한 회장을 맡아, 1954년 "(1)일본의 역사와 전통 강조, (2)천황의 권한 강화, (3)군대의 보유, (4)국민 기본권의 광범위한 제한, (5)헌법개정 절차의 간소화를 특징으로" 하는 헌법개정안을 제안했다(노병호, 2018: 219).

패전 후 초기총리를 맡은 요시다 시게루(1947, 1948-1954)는 평화헌법옹호, 미일동맹, 자유주의적 경제의 친미노선을 택했다면 기시는 미국의 전범재판을 정치적 보복으로 생각하였고 미국의 민주주의를 가장된 민주주의라고 불렀고, 일본국수주의, 계획경제, 개헌/재군비의 노선을 취하였고, 이는 현재의 아베 신조와 일본 우익으로 이어지고 있다.

등소평은 중국 역사를 봉건적이라 생각하였고 중국공산당의 과거를 매우 부정적으로 평가하였다. 소련식 중앙계획경제로 현실반영도 어렵고 자원배분도 비효율적이고 관리가 비대해져 인민의 창의적 노력을 막아 지난 몇 십 년을 낭비했다고 생각했다(마이스너, 2004: 610). 그 결과 국민들은 굶주리고 있어 숨막히는 국가계획경제체제를 무너뜨리고 시장을 통해 생산력을 발전시키는 것이 시급하다고 생각하였다. 또한 그 동안 국가를 폐쇄해서 발전을 못했다. 경제발전은 모두 개방으로부터 시작한다. 명나라와 청나라도 쇄국으로 중국을 가난하고 우매한 국가로 만들었다(최경식, 2005: 147). 특히 1840년 아편전쟁 이후 제국주의가 침략하며 불평등 조약이 강요되고 중국은 반봉건 반식민지의 굴레에 떨어지게 되었다. 부패한 봉건군주의 잔혹한 억압과 착취로 인민은 도탄에 빠지고 생산력 발전은 정체되었다. 중국은 제국주의의 유린 대상이 될 수밖에 없었다(왕리, 2018: 29-30).

경제뿐만 아니라 정치 영역에서도 잘못되어 있다고 생각하였다. 문화대혁명 같은 '광포하고' '대중적인' 투쟁으로 사회가 마비되었다고 생각하였다. 중국은 너무 크고 인구도 많고 빈곤하고 서로 대립하여 불만이 높은 사회이다. 따라서 질서를 잘 유지하지 못하면 쉽게 무너질 수 있다. 따라서 등소평은 사회 안정을 매우 중요시하였다. 사회적 혼란을 가져온다고 생각하면 매우 강경하게 진압하였다. 그래서 1989년 6월 4일, 베이징시의 천안문에서 학생들이 민주화를 요구하며 단식투쟁 등을 하며 시위를 하고 있던 학생들을 최루가스와 총탄을 사용하여 진압하였다(마이스너, 2004: 610; 보걸, 2011: 345-355).

모택동이 혁명투쟁을 통해 사회주의를 쟁취했고 초기경제발전을 성취했다고 칭찬하였으나 속으로는 여러 잘못을 범했다고 보았다. 하지만 구체적인 정책들은 아주 잘못되었다고 비판하였다. 1982년 9월 제12차 당대회에서 모택동이 과도하게 좌경화되어 생산력 발전보다 계급투쟁에 집중하면서 '대약진운동'이나 '문화대혁명'을 통해 "당국과 인민에게 가장 큰 좌절과 손실을 가져다" 주었다고 봤다(마이스너, 2004: 623). 특히 10년이나 끌었고 전국에서 벌어져 그 피해가 막심했다고 생각하였다. 사회주의에서 나타나는 폐단을 전통가치의 악영향 때문이라고도 주장했다. 사회주의는 좋은데 봉건잔재 때문에 사회가 제대로 작동하지 못하고 사람들이 잘못된 방향으로 나가 문제가 생겼다고 주장했다. 이러한 봉건적 의식 때문에 잘못 판단하게 되었고 그 결과가 대약진운동이나 문화대혁명이라고 주장했다(마이스너, 2004: 632).

또한 모택동 기간 동안 사상을 억압하고, 공유제와 평등한 분배로 경제발전을 막았으며, 모택동에 너무 권력이 집중되었고 계급투쟁이 너무 강조되고, 너무 성급하게 자본주의를 넘어서야 한다고 생각하여 문제가 나타났다고 보고 실사구시로 장기적으로 선부론(부자가 될 사람은 먼저 부자가 되라)으로 민주화와 개혁개방으로 경제발전에 집중하여 이를 고치겠다고 생각하였다(최경식, 2005: 150-151). 초기 사회주의 단계이기 때문에 다음 단계로 넘어가려면 생산력 발전이 가장 중요하다고 생각하였다.

3. 반공주의와 미국관

미국은 2차 세계대전 직후 소련과의 경쟁이 심화되어 냉전체제가 심화되면서 일본의 전범처리와 개조노력을 약화시키고 "워싱턴 당국은 일본의 중공업을 부흥시키고 전쟁지도자의 공직추방을 철회

하는 이른바 '역코스' 정책을 결정하였다(강상중, 현무암, 2012:191-2)."
당시 남한에서 사회주의가 강했지만 미군정은 반공노선을 강화하고 친일청산을 멈추고 친일 경찰, 군인, 관리들을 적극 활용하였으며 이승만의 반공체제가 성립하도록 지원하였다. 미국의 냉전강화로 인하여 기시나 박정희는 전범으로 청산되지 않고 살아남을 수 있었으며, 기시와 박정희는 국가를 주도하게 된 다음에도 이러한 냉전체제에 편승하여 권력을 강화하고 미국시장으로의 수출을 통하여 경제를 발전시켰다. 미국이 조직하고 주도하는 냉전체제에 순응을 하면서도 미국에 대하여 일정한 반발심을 가지고 있었다. 미국이 남의 국가를 너무 좌지우지한다는 것이다.

"태평양전쟁을 통하여 미국당국은 일본군의 특공대가 상징하는 용감성과 상관의 명령에는 절대로 복종하는 높은 규율, 항복보다는 죽음을 택하는 무사도 정신 및 국민의 고통과 결핍을 참는 높은 도덕적 수준에 경악했다고 추측된다. 그 때문에 점령 초기의 기본 방침은 일본의 군사력, 공업력의 말살은 물론, 이러한 일본인의 정신구조의 변혁, 즉 일본국민의 기백과 도덕을 파괴하는 데에 주안점을 두었음에 틀림없다. 일본인의 복수심의 싹을 잘라내고, 일본인은 구미인종에 비해 열등하다고 세뇌시켜, 현재의 패배와 고통은 모두 일본인의 불법적이고 무책임한 침략에 의해 초래된 것이라는 것을 철저하게 인식시키기 위하여, 천황의 권위의 부정에서부터 전쟁법죄인의 체포, 신도 및 신사에 대한 공공자금을 통한 재정적 지원금지, 나아가 가부키 추신구라의 상연금지에 이르기까지, 일본의 국민생활의 전 분야에 걸쳐 강제, 간섭, 감시가 가차없이 실시되었다. 그리고 그 집대성이 현재의 일본 헌법이다(岸信介 1983: 27-28; 김준섭, 2002: 70-71에서 재인용).” 미국에 대한 반발심을 가지면서도 현실적으로 미국이 세계를 주도하고 있기 때문에 대체로 반미노선까지는 가지 않았으며 동시에 미국을 경제발전이나 반공에 있어서 최대한 활용하려고 하였다.

박정희도 기시와 마찬가지로 민족주의자이지만 현실적으로 미국을 경제발전이나 반공에 있어서 최대한 활용하려고 하였다. '5·16 혁명공약' 제1조에 반공을 국시로 제시한 것도 미국을 의식한 것이다. "박정희가 바라본 미국은 두려움과 경계 및 반감의 대상이었다."(류상영, 2020:131) 그렇지만 서구식 제도는 우리에 맞지 않는다고 계속 주장했다. "외국에서 들어온 주의, 사상, 정치제도를 우리의 체질과 체격에 맞추어야 한다. 우리식 민주주의, 즉 민족적 민주주의라는 옷을 만들어 입어야 한다(류상영, 2020:131-132).” 박정희에게 미국은 한국을 진정으로 생각하기보다는 자국의 이익에 집중하는 강대국일 뿐이다.

박정의 집권 이후 한국은 '미국의 동북아 반공통합전략'(이병천 2003: 42)에 부응하여 냉전체제의 미국 하위파트너로 적극적으로 참여하였다. 미국은 1960년대 동아시아 반공전선을 강화하기 위하여 일본을 압박하여 한국의 경제건설을 지원하게 만들었고 한국의 베트남 참전을 요구하였다. 박정희는 미국의 냉전체제에 적극 참여하여 한미일 삼각협력을 적극 강화하였으며 국내적으로 반공탄압을 강화하고 수출확대를 적극 도모하였다. 대부분의 나라들이 꺼리는 베트남전쟁에 참여하여 공업화에 필요한 달러를 확보하였고 또한 다양한 미국의 지원을 얻어냈다. 미국의 지원(자본+정치)과 시장 그리고 일본의 자본지원을 통해 수출주도형 공업화를 촉진하였다. 당시 한국은 미국이 주도하는 GATT가 제3세계에 덤핑, 수출보조금, 환율조작 허용하자 이를 적극 활용하였고, 또한 미국의 특혜관세정책 등으로 수출확대를 세계에서 가장 빠르게 성취하였다(이병천, 2003: 54-55). 미국의 베트남 철군이나 한국에서의 철군을 맞이하여 자주국방을 강화하여야 한다고 생각하여 이에 연결된 핵개발이나 중화학공업화를 무리하지만 적극적으로 추진하였다. 독재, 핵개발, 중화학공업화로 미국과의 여러 갈등이 있었다.

"박정희와 기시가 내면 깊숙이 미국에 대한 반발심을 품고 있으면서도, 동시에 대미의존도를 통해 자신들의 권력을 강화하고 있었다… 양면적인 대미관을 마치 밀교처럼 마음속에 감추고 있으면서 자유진영의 반소(반중, 반북)를 현교로 내세움으로써 자신들의 권력의 정당성을 확보하려" 했으며, "그들의 내면에 깃든 반미의 그림자는 평생 지워지지 않았다(강상중, 현무암, 2012:189)."

등소평은 중국을 제3세계의 하나로 개발도상국가인 약한 나라라고 생각하였다. 중국이 사회주의 주요 국가로 자처하면서 자본주의와 싸울 수밖에 없었다고 생각한다. 하지만 경제발전을 위해서는 흑묘백묘 가리지 않고 쥐를 잡을 수 있도록 해야 한다고 하였다. 즉, 시장경제를 통하여 경제를 발전시킬 수 있다면 좋은 것이다. 등소평은 특별히 반자본주의적 관점을 가지고 있지 않았다. 시장경제를 통해서 생산력이 높아져야 사회주의가 가능하기 때문에 사회주의를 위해서도 현 단계에서는 시장경제가 최선이라고 생각하였다. 오히려 국가계획경제를 생산성 향상에 도움이 안 되는 정책이라고 강하게 비판하였다. 그래서 중국을 실질적으로 자본주의에 가까운 시장경제체제로 변화시켰다.

등소평은 1984년 3단계전략을 제시했는데 이때 20세기말까지 소강(밥은 먹고 살 수 있는 사회)사회를 이루고 2050년까지 현대화를 이룩하여 중진국에 이르겠다고 제시하고 선진국은 그 이후에나 가능하다고 보았다. 등소평은 1992년 남순강화에서, 100년간의 노력으로 중진국에 들어선 후에 선진국이 가능하다고 말했다. 따라서 강대국 미국 등의 의심을 사지 않도록 빛을 숨기고(도광양회) 경제발전에 매진하여야 한다고 생각하였다.

미국은 강대국으로 시장, 자본, 기술로 중국을 도와줄 수 있고 또한 역으로 중국을 괴롭힐 수도 있는 나라라고 생각하였다. 조심하는 것이 상책이라고 생각하였다. 따라서 등소평은 매우 조심스럽게 미국에 접근했고 적극적인 개혁개방을 통하여 미국자본의 유입과 미국시장의 활용을 도모하였다. 미국을 자극하지 않기 위하여 노력하였다. 등소평은 개혁개방에 필요한 기술, 자본, 시장을 필요로 하였기 때문에 미국을 활용가능한 초강대국으로 생각하였다. 그러나 미국은 패권을 추구하기 때문에 매우 조심해야 한다. 그래서 등소평은 다극화를 통하여 미국의 패권을 억제해야 한다고 생각하였다. 이를 위하여 비동맹 자주외교로 제3세계와 협력을 강화하고 미국과 소련과의 관계도 개선하는 방향으로 나가고자 했다 (최경식, 2005: 138-146).

4. 국가관과 개인관

기시와 박정희는 일제시대에 만주에서 근무했던 고위관료이거나 장교였다. 그리고 이들은 정권을 잡은 후에도 일제 강점기에 대한 향수를 자주 표현하였다. 이들은 강한 국가가 엘리트 관료를 중심으로 강력하게 추진하는 경제가 효율성이 높다고 생각하였다. 제국주의 일본에서 국가가 모든 경제를 계획하고 동원하고 실행하는 경제참모본부라는 논의가 발전하여 만주국에는 1935년 기획처가 그리고 일본에서는 1943년 기획청이 설립되었다. 기시는 만주국의 계획경제를 주도하였다. 일본은 1949년 통상산업성을 설립하여 경제를 주도하였고 박정희는 쿠테타 직후인 1961년 7월 경제기획원을 설립하여 경제계획과 실행을 주도하였다(박성진, 2016).

기시는 만주체제의 연속선상에 있는 것으로도 볼 수 있는 강한 국가를 통한 강력한 계획경제를 실현하는 체제를 원하였다. 기시는 만주국에서 산업부 차관을 담당하였고 일본에서 패전 직전에 상공대신을 담당했다. 기시는 자유당과 민주당을 합당시켜 안정된 보수당을 만들어 국가가 국민을 강력하게 동원하여 국책을 실행하고 국민을 통합하는 체제를 만들고자 하였다(강상중, 현무암, 2012: 213).

기시는 일본에 대한 애국심과 민족적 자부심을 전전부터 계속 강조했다. 기시는 『斷想錄』에서 "패전한 일본의 최대 급선무는 국민적 긍지의 확립이다. 이 긍지의 상실은 도덕의 퇴폐를 의미하고 국민의 멸망을 초래한다. 전후 나라의 모습은 건국 이래 전에 없는 패전에 직면하여 망연자실 허탈해하고, 열등감에 철저히 압도되어 국민적 자각을 상실한 감이 있다. 일본적 장점, 일본인의 우수한 도덕성을 완전히 망각한 모습이다. 우리는 일찍이 세상에 비할 바 없는 국민적 결속과 세계를 깜짝 놀라게 할 자본 및 발전을 이루었다. 설령 일패도지한다 할지라도, 이 국민적 우수성은 변함없이 우리의 피에 흐르고 있다(강상중, 현무암 2012)."

기시는 철저한 반공주의자였지만 동시에 국가가 경제도 성장시키고 국민도 보호하여야 한다는 국가주의자였다. 그래서 여러 정책들이 "기시의 국가사회주의적 지향을 반영한다. 실제로 제2차 기시 내각 때, 최저임금법과 국민연금법이 성립되고, 사회보장제도의 내실이 다져지며, 중소 영세기업의 진흥이 추진된다(강상중, 현무암, 2012: 202-206)."

박정희도 기시와 마찬가지로 국가우선주의적 사고를 지니고 있었다. 동시에 민족주의 성향도 지니고 있었다. "미국 중앙정보국도 1963년 대통령 선거와 국회의원선거를 앞둔 한국 정세 비밀보고서에서 대선 주자의 하나인 군부 지도자 박정희를 민족주의자로 규정한 바 있다(류상영, 2020: 143)." 박정희는 쿠데타 이후에도 "천황제 국주의 파시즘사상을 숭상하였고, 메이지 유신의 일본이나 만주국을 한국 근대국가의 모델로 생각하고 있었다. 그리고 '히틀러도 국민을 위하여 일할 수 있는 인물'이라고 보고 있었다(이병천 편, 2003: 35)." 박정희는 "전후戰後 일본의 발전을 국수주의자들의 기백 때문이라고" 했다(구현우, 2019: 126). "그는 집권을 하기 전은 물론이고 집권을 한 이후에도 '국가'라는 유기체적인 실체에 집착하는 모습을 보였"다(구현우, 2019: 127).

한국이 처한 수치스러운 가난을 극복하고 떳떳한 세계의 일원이 되기 위해 국가가 국민을 총동원하여 경제를 발전시키고 국민을 돌보며 지도하여야 한다고 생각했다. 엘리트관료를 중심으로 국가가 자원을 총동원하는 계획경제를 세우고 주도하여 빠르게 조국근대화를 달성하여 한다고 생각하였다. 박정희에게 국가의 경제성장이 민족의 발전이며 개인들의 경제성장이고 복지이다. 따라서 국가와 민족이라는 대의를 위하여 개인이 희생하여야 한다. 이러한 체제에서는 국가구성원들은 국민이라는 명칭으로 호칭되며 국가의 목표를 달성하는 부속품으로 간주된다. 개인은 전체를 위해 봉사해야 한다. 이를 어기면 반국가적인 것이다. 박정희가 스스로 썼듯이, "'전체의 이익'은 '특수한 이익'에 우선하며, 개인의 사익이 국익보다 앞서는 일은 있을 수 없다(박정희, 2017b: 242)."

등소평은 "당의 모든 동지가 공적인 것을 위해서 개인을 희생하고, 명령에 순종하며, 어려움을 참고 견디고, 청렴결백하게 일하는 정신을 배우려면 공산주의 사상과 공산주의 도덕을 준수해야 한다"고 강조하였다. "동시에 자본주의에 대한 숭배와 부르주아 계급의 자유화를 반대하고, 부르주아 계급은 남에게는 손해를 보이면서 자기이익만을 추구하는 모든 것을 돈 중심으로 보는 부패된 사상이라고 지적하고, 무정부주의와 극단적인 개인주의를 반대해야 한다"고 주장했다(왕리, 2018: 33). 이는 등소평이 공적인 것, 공산주의, 국가를 중시하고 개인은 공적인 것을 위해 희생해야 한다는 생각을 가지고 있음을 보여준다. '남에게 손해', '자기이익', '극단적 개인주의'를 반대한다는 뜻이 그만큼 전체를 개인보다 더 중요하게 생각하고 있음을 보여준다.

사회주의 정신문명 건설은 "그들이[청소년] 뜻을 세워 조국과 인류를 위하여 공헌하며, 어릴 때부터 규율과 예의를 지키고 공공이익을 따르는 좋은 습관을 기르도록 노력"하는 데 있다고 하였다(왕리, 2018: 33-34). 즉, 문명은 개인주의가 아니라 공공, 조국, 인류에 기여하고 규율과 예의를 지키는(즉, 집단을 잘 따르고) 데 있다. 이는 공익, 조국, 인류를 추구하면 더 문명적이고 사익을 추구하면 덜 문명적이라는 뜻과 같다.

등소평은 '지나치게 많은' 자유를 허용하면 다시 문화대혁명 같은 무질서가 올 수 있다고 생각하였다. 등소평이 문화대혁명 때 하방을 당했고 여러 번 당직에서 쫓겨나는 경험을 해서 그런지 혼란, 무질서를 아주 싫어했다. 1991년 천안문사건도 질서를 깨뜨리는 것으로 사회혼란으로 이어질 수 있다고 보고 강경하게 진압하였다. 따라서 이들 3명의 지도자는 개인이 희생하더라도 국가전체의 발전에 집중해야 한다는 매우 국가주의적 사고를 가지고 있다.

5. 수출주도형 발전관

기시는 1926년부터 미국, 영국, 독일을 시찰하였는데, 미국의 대량생산-대량소비 경제체제를 따라잡을 수 없기 때문에 독일식 국가계획경제를 따라야 한다고 생각했다. 1929년의 대공황으로 일본경제가 큰 타격을 받자 소련의 5개년계획(1928-1933년)이나 1933년 시작한 나치 독일의 1차 4개년계획이 크게 성공하여 이를 성공사례로 모방하여 기시가 1936년 만주국의 산업부 차관으로 발령받자 국가가 자원을 총동원하여 경제발전을 도모하는 체제를 도입하였다. 특히 소련의 계획경제를 모방하여 1937년 만주산업개발5개년 계획을 세우고 관련 법령들을 제정하여 이를 추진하였다(노병호, 2019: 33).

기시는 중의원에 당선된 1953년 일본경제의 침체를 극복하기 위해 "중점적인 산업부문으로의 자원배분에 의한 자본축적과 중공업 진흥에 의한 수출산업의 육성을 중요한 과제로 제시하는 한편, 중소영세기업의 보호육성, 사회보장 및 사회정책의 충실화를 통한 민생의 향상을 주장"하였다(강상중, 현무암, 2012: 214). 기시는 1957년 총리를 취임하면서 전시기의 통제경제실험을 패전 후 부흥정책으로 도입하여 국가가 주도하는 수출진흥정책을 '일본적 경제시스템의 원형'으로 자리잡게 만들었다(고바야시 히데오 외, 1998). 기시는 부강한 국가를 만들기 위해 관료가 전체를 계획하고 총동원하여 실천하는 국가주도 성장체제를 일본에 부활시켰다. 박정희도 군사쿠테타 후 바로 1961년 7월 경제기획원을 만들어 한국을 국가주도형 발전국가로 만들었다.

박정희는 쿠테타 이후 정권정당성을 경제성장에서 찾고자 하였다. "박정희가 1962년에 설계한 제1차 경제개발 5개년 계획의 원안에 반영되었던 농업 발전과 농민들의 구매력 제고 중시, 수입대체 산업화 전략, 내자 중심의 자본 동원을 통한 자립경제 구축, 야심찬 공업화 전략과 과도한 성장률 목표, 강한 국가개입 등의 전략은 대체로 국가주의적이고 민족주의적인 경제관이 반영된 정책으로 평가된다(류상영, 2020:134-135)." 김정렴 비서실장에 따르면 박정희의 관심사는 "부국강병, 곧 경제발전과 자주국방이었다. 그것은 북한에 먹히지 않기 위한 방법이기도 했다… 그는 식자층에게 '조국근대화'와 '민족중흥'으로 설명하고, 국민들에게는 '잘살아보자'와 '하면된다'로 설득했다. 이 간결한 메시지를 되풀이해서 제시했다(홍하상, 2005: 226-227)."

박정희에게 있어 메이지 유신은 '불과 10여 년 만에 (일본을) 일약 극동의 강국'으로 등장하게 만든 '아시아의 경이요 기적'이었다(박정희, 2017c). 이의 표현이 박정희에게는 메이지 천황과 같은 절대군주가 지도하여 국가가 자원을 계획적으로 총동원하고 투자하여 빠르게 경제성장을 이룩하는 것이었다. 그래서 그는 결국 1972년 유신헌법과 유신체제를 만들었다. 박정희는 국가와 군을 장악한 강력한 리더십으로, 소수의 경제관료가 계획을 세우고 자원을 동원하고 적극적인 재정지출로 수출을 진흥하고 국가에 필요한 산업을 발전시키는 전략을 채택하였다.

일본의 경우에도 패전 후 경제를 소생시키기 위해 경공업 위주의 수출산업을 발전시켰다. "일본은 1955년 수출액이 20억 달러에 도달했다(중화학공업제품 41%, 경공업제품 59%). 1957년 일본이 중화학공업 정책을 선언했다. 그 10년 후인 1967년 기계제품과 철강제품이 수출주력상품이 되었고 100억 달러의 수출을 이룩했다(중화학공업제품 78%). 이후 일본경제는 중화학공업이 주도했다. [박정희 정부도] 100억 달러를 달성하기 위해서는 부처나 기업뿐만 아니라 모든 부분이 100억 달러 수출에 맞춰 총력집중해야 한다고 강조했다. 수출을 위한 총력동원체제를 만든 것이다(홍하상, 2005: 199-205)." 한국도 성공한 일본모델을 많이 차용하였다.

박정희는 경제개발을 최우선순위에 두었고 수출이 이를 이룩하는 지름길이라고 생각하여 수출액에 집중하는 정책을 펼쳐왔고, 국가와 사회의 모든 기구를 수출증가에 맞춰왔다. 이를 위해 국가가 직접 기업들을 만들고 기존의 재벌이나 자본도 이러한 체제로 적극 동원했다. 범정부적으로 매월 수출확대회의를 개최했다. 목표치의 제시도 국민소득과 수출액이 가장 중요시되었으며 국가와 시민사회는 모두 이를 위한 도구로 간주되었다. 지도자의 통솔 하에 소수 엘리트가 계획을 세우면 모든 국민과 국가기구가 이를 달성해야 하는 조직이 되었다. 이는 정치적으로 국가-재벌-은행의 파트너쉽과 노동운동의 강한 억압으로 나타났다.

박정희가 수출주도형 성장에 집중하면서 한국의 수출은 세계에서 가장 빠르게 증가했다. 1961년에서 1979년까지 "수출은 무려 368배 증가하였고, 연평균 성장률은 39%에 달했다… 매년 수출 목표를 책정하고 이것을 달성하기 위해 범국가적으로 노력했다는 점이다. 1965년 2월에 처음 도입된 이후 거의 매월 정기적으로 개최된 수출진흥확대회의는 정부가 책정한 수출 목표를 달성하는 데 있어 아주 효과적인 장치였다(국가기록원 홈페이지 수출증대 항목)."

등소평도 발전주의 국가관을 가지고 있다. 사회발전의 핵심은 생산력 발전이라고 생각하였다. 어떻게 생산력을 발전시켜 국민의 삶을 개선하느냐가 초미의 관심사였다. 기존의 사회주의 국가계획경제가 생산력 발전을 억압해왔다고 보고, 국가계획경제부터 제거하고, 대신 국민들의 창의성과 동기를 끌어낼 수 있는 시장경제를 도입하고자 하였다. 사회주의 시장경제라고 불리게 되는 이 체계는 결국 시장을 통하여 적극적으로 발전을 도모하겠다는 뜻으로 사회주의보다는 시장경제에 주안점이 주어진다. 사회주의의 임무는 생산력을 발전하여 더 나은 사회주의로 발전하는 것이라고 주장하여 시장경제가 사회주의발전을 위한 것이라고 주장하였다. 생산력을 발전시키기 위해서는 중국이 너무 뒤떨어져 있으므로 전면적인 개혁과 개방, 상품경제의 발전, 민주와 법치, 물질/정신문명의 발전을 통해 현대화를 이뤄야 한다고 주장하였다(왕리, 2018).

등소평에게는 개방이 발전에 있어 아주 중요한 요소이다. 전면적인 개방을 통하여 각국에서 받아들일 수 있는 진보적 요소를 받아들여야 세계 최고의 제도를 만들 수 있다. 또한 선진생산력을 대표하는 서방의 모든 문명성과를 대담하게 받아들일 것을 강조하였다. 중국이 뒤떨어져 있다는 것을 명확하게 인식하고 그 해결책으로 개방을 통한 발전된 외국의 것들을 수용하는 데 있다고 생각하였다. 또한 이러한 노력의 결과로서 무역확대의 중요성을 등소평은 1978년 집권을 할 때부터 강조하였다. 무역을 통하면 국외의 자원과 시장을 잘 활용할 수 있게 된다(왕리, 2018: 36-52).

경제발전을 잘 성취하려면 이에 맞추어 다른 모든 요인들을 조율하여야 한다. 강력한 국가가 할 수 있는 일이다. 한중일 3개국이 압축성장 기간 동안 경제발전에 최우선 목표를 두고 국가의 모든 역량에 여기에 결집하였다. 농민들에게 자가 생산을 허용하였고 농업생산물 가격을 높게 보상해주자 갑자기 농업생산이 크게 늘어났다. 경공업 생산에서도 비슷한 현상이 일어났다. 이들의 시장교환을 위하여 시장과 장터가 크게 늘어났고 이에 따라 개인기업도 빠르게 늘어나는 선순환이 이루어졌다. 그 결과 1980년대 초 중국인들이 생활수준이 크게 높아졌다(아이스너, 2004: 334). 이보다 더 극적인 영향을 미친 것은 남부해안의 4개 경제특구의 적극적인 대외개방으로 외국인 투자가 크게 늘어나면 무역이 증대하면서 일자리가 급속도로 늘어나기 시작한 것이다. 모택동 시절의 '자력갱생'의 이념은 바로 폐기되었다. 적극적인 기술과 자본유치에 집중적인 노력을 하였다. 1978년 개방을 시작한 후 10년 만에 무역이 16배로 늘어났으며 중국연안 전체와 내륙 일부를 개방하였다. 적극적인 대외개방정책은 기대한대로 거대한 외국자본 유립, 와환부족 완화, 선진기술도입, 노동자고용증가, 자본축적의 증가가 나타났다(마이스너, 2004: 633). 1994년 한 해에만 340억 달러의 해외자본이 투자되었다. '중국 특색 사회주의' 또는 '사회주의 시장경제'라고 불렀지만 자본주의적 산업생산이나 임노동이 일반화되었다. 자본주의와 다를 바가 없었다. 효율적으로 모든 자원을 동원해서 경제발전(현대화)을 이룩하겠다는 등소평의 계획대로 이루어진 셈이다. 등소평은 1992년 "사회주의의 진정한 본질은 생산력을 해방하는 것이며, 사회주의의 궁극적 목표는 공동의 번영을 이룩하는 것이다."며 자신의 사회주의의 길을 가고 있다고 주장했다(마이스너, 2004: 678에서 재인용). 사회주의 국가이기 때문에 자본주의 발전이라고 해도 괜찮겠지만 사회주의 초급단계의 경제발전이라는 식으로 사회주의라고 주장하였다.

  등소평은 1992년 1월 5주간 남부를 시찰하면서 지방관료들에게 시장경제발전을 가속화하라고 당부했다. 선전과 광동성의 시장경제는 전국이 모방해야 한다면서 칭찬했다. "느린 속도의 발전은 정체, 더 나아가 후퇴와 마찬가지"라고 덩샤오핑은 경고했다. 시장경제를 더 빠르고 더 철저하게 추진하라면서 중국 국가체제가 사회주의이기 때문에 이것이 자본주의가 아니라 사회주의 발전으로 이어질 것이라고 주장했다(마이스너, 2004: 712). 그 결과 1980-2000년 사이 경제를 4배 성장시킨다는 목표를 초과달성하였다. 그리고 년 10% 정도 성장이 40년간 이어지면서 세계사에 유래가 없는 초고속 성장을 이룩하였다. 개방을 시작한 1978년 중국 GDP가 2180억 달러였는데 2020년에는 14.6조 달러로 증가하였다. 42년 사이에 약 70배 증가하였다. 1인당 GDP는 1978년 229달러에서 2020년 10,413달러로 45배 증가하였다(위키피디아, Historical GDP of China 항목). 이들은 모두 내부 시장이 부족하기 때문에 수출을 적극적으로 지원하여야 부족한 외화를 취득할 수 있고 이를 통하여 해외자본과 발전된 기술을 빠르게 수용하여야 빠른 경제발전으로 서구를 따라잡든 근대화 또는 현대화가 가능하다고 생각하고 국가조직을 조직적으로 동원하여 이를 실천하고자 하였다.

6. 나가는 말

  기시와 박정희와 등소평은 여러 면에서 발전지향적인 심성을 가지고 있다. 국가/민족을 철저하게 중시하고 개인은 국가/민족을 위해 희생할 필요가 있다는 것이다. 국가가 엘리트중심으로 자원들을 계획을 세워 총동원하고 실천하여야 국가/민족의 경제가 빠르게 성장하여 세계로부터 존경받는 국가/민족이 될 수 있다는 것이다. 기시는 일본체제와 일본인의 우월성을 강조하며 미국으로부터 독립하여 이를 이룩하고자 하였고, 박정희는 한국체제와 한국문화의 열등성을 강조하며 이를 혁신하여 빠른 경제성장으로 한국이 떳떳한 세계의 일원이 되어야 한다고 생각하였고, 등소평도 고쳐야할 과거들이 많다며 이를 대폭 제거하고 새로운 개혁개방의 길로 가서 대국이 되겠다고 하였다. 자국의 과거 역사에 대하여서는 다르게 보고 있지만, 셋 다 국가를 강조하고 국가를 단위로 경쟁하흔 세상으로 국가의 모든 역량을 경제발전에 집중하여 빠르게 서양을 따라잡고자 하였다.

기시나 박정희나 등소평이나 국가가 중심이 되어 전체를 관리하면서 발전을 도모하는 것이 가장 효율적이라고 생각하였다. 계획경제와 자본주의를 적절히 결합하였다. 기시는 3년의 짧은 기간 정권을 장악했지만 국가주도형 수출성장에 의존하는 경제체제를 확립시켰고 미국으로부터 벗어난 체제를 만들기 위해 노력하고 지속적으로 일본의 우월성을 강조하였기 때문에 현재의 일본우익의 원형으로 인식된다. 박정희는 17년 동안 통치하며 초반부터 강력하게 국가를 장악하였고 독재적으로 수출주도형 국가발전에 집중하였다. 마치 수출액이 국가발전의 지표인 것처럼 매달렸다. 등소평은 1978년 정권을 장악하여 1997년 사망할 때까지 수출을 위한 개혁개방을 아주 강력하게 추진하였다. 결과적으로 중국과 한국과 일본은 세계사적인 고도성장을 하였다. 이는 미국의 반공냉전체제에서의 반공진영 강화를 위한 시장과 자본과 안보제공(중국에도 소련과 분리시키기 위해 특혜관세를 제공하였고 IMF 가입 등을 허용하였다. 결국 중국지원의 시작은 소련을 약화시키기 위한 것이었다), 동아시아의 경제 협력, 동아시아 국가들의 수출주도형 성장전략이 결합된 것이다. 이 과정에서 냉전체제에서 극심한 이념대결(한일은 반공, 중국은 문화대혁명)과 노동탄압으로 수 많은 사람들이 탄압되었고 희생되었다. 냉전체제 이후에는 각국이 각자도생하며 상당히 다른 모습을 보여주었지만, 미중의 신냉전체제로 앞으로도 많은 변화가 나타날 것이다.

기시와 박정희와 등소평은 국가중심 수출주도형 성장전략에서는 비슷하다. 자국 역사와 문화에 대한 평가, 국가체제의 운영과정, 이데올로기, 미래에 대한 전망 등에서 차이가 나타나고 있다. 하지만 이들은 미국이 주도하는 세계체제의 강력한 압력 하에서 수출주도형 발전국가를 상상해왔다. 국가의 지형과 지도자들의 성향에 따라 이들이 어떻게 세계를 상상하고 어떻게 적응하며 어떻게 미래를 기대하고 행동해왔는지에 조금씩 차이를 보여주고 있다.

참고문헌

- 강상중, 현무암 저, 이목 역
  2012, 『기시 노부스케와 박정희』, 책과함께.

- 고바야시 히데오 외, 김응렬 외 역

  1998, 『일본주식회사』, 일신사.

- 구현우

  2019, "박정희는 왜 산업화 정치에 몰입했는가?"『행정논총』, 57(3): 117~148.

- 김준섭

  2002, "기시 노부스케: 전후 일본의 우익 정치인의 原型",『일본연구논총』, 15: 51-81.

- 노병호

  2018, "아베 신조와 기시 노부스케 - 기시 노부스케의 계승자임을 참칭하는 과정 · 방식 · 의의",『일본사상』, 35: 201-232.

  2019, "기시 노부스케의 현실주의", 일본연구, 79: 29-52.

- 대통령비서실

  1972, 『박정희대통령연설문집』, 제9권. 대통령비서실.

  1979, 『박정희대통령연설문집』, 제16권. 대통령비서실.

- 류상영

  2020, "박정희의 통화개혁과 한국의 민족주의",『현대정치연구』. 13(3): 119-153.

- 박성진

  2016, "경제참모본부의 식민지적 유산과 제1공화국 기획처의 탄생", 『동아연구』, 71(2): 29-67.

- 박정희

  1971, 『민족의 저력』, 광명출판사.

  2017a[1961], 『지도자도』, 도서출판 기파랑.

  2017b[1962], 『우리 민족의 나갈 길』, 도서출판 기파랑

2017d[1963], 『국가와 혁명과 나』, 도서출판 기파랑.
- 보걸, 에즈라 저, 심규호, 유소영 역

  2012, 『덩샤오핑 평전』, 민음사.
- 마이스너, 모리스 저, 김수영 역

  2004, 『마오의 중국과 그 이후 2』, 이산.
- 왕리

  2018, "덩샤오핑 개혁개방 사상의 연구", 경북대 정치학과 석사학위논문.
- 이병천 편

  2003, 『개발독재와 박정희 시대』, 창비.
- 최경식

  2005, "현대 중국의 대전략 변화고찰", 『안보군사학연구』, 3: 121-167.
- 한홍구

  2012, "박정희 취임식서 일본 특사 '아들 경사 보러왔다'", 『한겨레』, 2012.03.09.
- 홍하상

  2005, 『주식회사 대한민국 CEO 박정희』, 국일미디어.

- 岸信介

  1983, 『岸信介回顧錄-保守合同と安保改定』, 廣濟堂.

  2016, 『最後の回想』, 加瀨英明 監修, 勉誠出版.
- 岸信介・矢次 一夫・伊藤隆

  1981, 『岸信介の回想』, 文藝春秋.
- 原彬久

  1995, 『岸信介―權勢の政治家』, 岩波新書.
- 原彬久 篇

2003, 『岸信介証録』, 毎日新聞社.

・ 李炯喆

2000, "岸信介の対外認識とアジア政策", 『県立長崎シーボルト大学国際情報学部紀要』, 1: 33-45.

위키피디아, Historical GDP of China 항목.

7장

단기심성체제 2
― 한 · 중 · 일의 상호혐오

1. 들어가는 말

　이글은 21세기에 들어서서 한중일 3국이 어떻게 서로 갈등관계에 형성하게 되었고 서로 부정적으로 인식하게 되었는가를 다루고자 한다. 이러한 3국 사이의 갈등과 부정은 단순히 3국 사이의 관계가 나빠져서 나타난 것이라고 보기 힘들다. 오히려 미국이 주도하는 동아시아 전략의 변화에 기인하는 바가 크다. 특히 냉전체제에서 미국이 중국을 공산권으로부터 빼내 관세우대정책으로 미국시장을 제공하며 미국편으로 끌어들였다가 중국이 미국을 위협할 정도의 G2로 성장하자 중국을 억압하는 맥락과 연결되어 있다.
　따라서 이글에서는 미국이 주도하는 세계체제의 변화가 어떻게 한중일 3국에 영향을 미치고 다시 이것이 한중일 국가의 전략과 국민의 심성에 영향을 미치고 있는지도 고려할 것이다. 물론 이러한 변화로만 3국 사이의 높은 부정적 인식과 갈등을 다 설명할 수는 없다. 이전부터 있었지만 잠재되어 있었던 3국 사이의 역사적 갈등이나, 각국이 현 상황에서 어떻게 국민을 결집하고 정권에 대한 지지를 강화할 것인가의 개별 국가의 전략이나. 이를 매개로 한 각 국민들의 3국 사이의 상호인식과 심성의 변화도 같이 고려하여야 한다.

즉, 동아시아(이곳에서는 한·중·일 3국)에서 미국이 주도하는 세계전략의 변화와 냉전 해체 이후 더욱 강해지고 있는 개별국가의 각자의 도생전략이 기존에 가지고 있는 다양한 요소들을 불러내고 자극하고, 한중일 혐오가 특히 인터넷을 통하여 서로 상호작용하며 영향을 미치고, 현재의 갈등과 배제의 심성으로 이어지는 점을 주목하여 이들의 전체적인 흐름을 제시하고자 한다.

국가의 언어, 기억, 서사, 의미는 국가에 의한 정보의 대량유통과 국가의 강력한 이데올로기 기구와 억압기구를 매개로 개인들에게 침투해 들어간다. 하지만 개인의 언어, 기억, 서사, 의미로 재해석되어 수용되거나 거부될 것이다. 얼마만큼 재해석되는지 또는 거부되는지는 이들 사이의 복합적인 상호과정을 살펴보아야 알 수 있을 것이다. 하지만 개인들은 언어, 기억, 서사, 의미를 자체적으로 만들기 보다는 기존에 유통되는 것을 차용하여 자기식으로 구성하는 경향을 보여준다. 따라서 이미 사회에 유포되어 있는(대체로 국가에 의해 학교나 대중매체를 통해 유포되는) 언어, 기억, 서사, 의미에 많은 영향을 받는다. 또한 심성이란 생각보다 고정된 것이 아니고 상황에 따라 바뀔 수도 있다. 특히 심성의 외피라고 볼 수 있는 사고체제는 더욱 그렇다. 심성이나 사고체제는 개인의 사회적 판단뿐만 아니라 억압, 배제, 공포, 소외, 사회적 동조, 외피적 순응, 생존, 저항 등의 여러 가지 사회적 과정을 통해 형성되고 표현될 것이다. 하지만 이곳에서는 이러한 과정을 자세히 논의하기보다는 전반적인 흐름을 보여주는 것에 집중하고자 한다.

2. 냉전체제에서의 배제와 심성

이러한 변화를 구조적인 맥락에서 이해하기 위하여서는 먼저 현재의 갈등과 배제의 심성이 나타나기 전의 상황을 이해할 필요가 있다. 그래야 어떤 구조적인 변화가 현재의 갈등과 배제의 심성의 바탕에서 작용하는지를 더 잘 이해할 수 있을 것이다.

1945년 제2차 세계대전이 끝난 후 소련이 크게 부상하면서 미국은 제국주의 전쟁을 일으킨 일본의 처벌보다 공산주의의 확산을 막는 데 집중하였다. 미국은 일본을 축으로 남한, 대만, 필리핀으로 이어지는 냉전체제의 방어전선을 구축하였다. 이를 위해 동아시아에서 제국주의 세력에 대한 청산을 제대로 하지 않았고 대신 친일세력이나 제국주의세력을 반공세력으로 포섭하여 냉전체제 구축에 동원하였다. 이에 따라 일본제국주의의 전쟁범죄에 대한 청산이 이루어지지 못했고 이후에 한국과 중국에서 계속 반일이 나타나게 되었다(Ching, 2019). 제국주의 세력은 반공세력으로서 한국과 일본에서 다시 주도적인 사회세력으로 등장하게 되었다. 그 결과 제국 침략에 대한 청산을 하지 못한 상태에서 이들은 미국의 주도하에 한국과 일본에서 정치권력을 장악하고 강력한 반공정책을 실시하였다. 특히 6·25 후 그러한 반공정책은 더욱 철저하게 이루어졌고 냉전 기간 내내 한국과 일본에서 좌파를 배제하고 중공과 북한을 악마화하여 중공 또는 괴뢰 등의 이미지로 국민들에게 각인시켰다.

이들 국가에서 초기에는 좌파세력이[1] 강력하게 항거하였지만 결국 점차 진압되고 해체되면서 반공을 핵심이념으로 하는 국가를 구축하는데 성공하였다. 한국의 경우 6·25를 치치며 좌파들은 철저히 제압당했다. 일본의 경우도 한때 거셌던 학생운동과 공산당의 반미 반제투쟁도 1970년대 말에 이르러서는 크게 약화되었다. 결과 공산당과 좌파세력은 무언가 애국적이지 못한, 국가에 부정적인 세력인, 또는 적성국가(소련, 중국, 북한)들과 연계된 국민이 아닌 사람처럼 인식되었다. 미국이 주도하는 한국과 일본에서 좌파세력들을 철저히 탄압하였다.

이에 대한 반작용으로 중국과 북한에서는 제국의 만행을 집중적으로 교육시키고 홍보하면서 일본과 미국에 대한 철저한 반감을 자극하여 반제국주의적 심성을 강화시켰다. 내부적으로 공산혁명을 수행하면서 부르조아들이나 매판자본가들이 외부세력에 우호적이라거나 또는 외부세력과 결탁하여 국가를 무너뜨리는 것처럼 만들어 숙청하면서 이들을 국민으로부터 분리하여 내부의 적으로 만들었다.

국가 사이에서도 미국, 일본, 한국, 대만은 소련, 중국, 북한과 철저히 적대적으로 대립하며 수시로 소규모 전쟁(중국과 대만의 금문도나 한국의 휴전선 등)이나 다양한 간첩이나 침투사건을 일으켜(실제적이건 조작으로 만든 사건이건) 또는 사상검열과 숙청을 통해 냉전적 폭력과 냉전적 심성을 강화시켜 왔다. 냉전대결과 폭력을 매개로 미국, 일본, 한국, 대만에서는 철저하게 반공을 외치는 심성을 중국과 북한에서는 반제와 반부르죠아를 외치는 심성을 만들어냈다. 이러한 심성의 정권차원에서의 활용은 1960년대 벌어졌던 중국의 문화대혁명 그리고 일본, 한국, 대만에서의 철저한 좌파탄압에서 잘 나타난다. 공산주의가 외부에서 침투하는 괴뢰, 빨갱이, 세균, 외계인으로 그려진다. 냉전은 끊임없이 공포스러운 적대세력이 우리를 위협하고 있다는 불안감을 조성해 내부정체성과 통합을 높이는 과정이었다. 무섭고 강력한 적대적 타자를 만들어 이외의 문제, 즉 제국/식민지 청산문제 등은 무관심의 영역으로 밀어 넣어 비가시화시킨다.[2)]

이러한 냉전체제에서 미국은 일본, 한국, 대만을 반공의 최일선 방파제로 사용하기 위해 이들 국가를 더욱 강화시킬 필요가 있었다. 군사적 지원이나 정치적 간섭/지원을 넘어 경제적 지원도 강화하였다. 미국은 이들에게 관세우대를 제공하며 미국시장을 적극 개방하였다. 일본, 한국, 대만은 미국에의 수출주도형 발전전략을 통해 30년 동안 년 10%에 가까운 고도성장을 이룩하며 제2차 세계대전 이후 세계에서 가장 빠른 경제성장을 이룩한 지역이 되었다. 미국의 주도 하에 일본, 한국, 타이완에서 냉전심성에서 쌍을 이루며 등장한 것이 발전심성이다. 발전을 국가의 가장 중요한 방향으로 생각하고 발전을 선호하는 심성은 일본, 한국, 타이완에 시장을 제공하고 자본과 기술에 도움을 준 미국에 우호적인 심성을 강화시켜왔다. 이러한 영향으로 지금까지 한국(친미가 반미보다 많은 퍼센티지 +35)과 일본(+32)의 국민들은 세계에서 가장 친미적인 성향을 지니고 있다(Silver, Devlin, and Huang, 2020b).3) 특히 냉전체제에서 오래 살아온 사람일수록 친미성향이 높다.

냉전체제는 동아시아에서도 서로 강력한 외부의 적을 만들어내고 외부의 적과 내통한다는 내부의 적을 만들어 제거하면서 국민들이 이들을 부정적으로 인식하게 만들었다. 냉전체제는 강력한 타자를 만들어내 무서운 적이라는 이미지를 씌우면서 자아/타자를 더욱 대립적으로 만들고 다양한 사건이나 조작을 통하여 국민들에게 심성체제를 침투시키고 강화하는 과정이었다.

지배층에 유리한 역사, 사건, 기억, 의미들이 소환되고 만들어져 교육과 대중매체를 통하여 사회에 대량으로 유포되기 때문에 이에 반하는 역사, 사건, 기억, 의미들은 사회적으로 제한된 영역에서만 유통이 되며 대중의 자발적 동의와 참여를 끌어내기가 어려운 상황이 된다.

물론 그렇다고 하여 대량으로 유통되는 냉전적 역사, 사건, 기억, 의미들이 냉전심성체제를 국민들에게 그대로 각인하는 데는 일정한 한계가 있다. 국가의 또는 주류의 힘과 공포가 작동하는 부분도 있다. 독재국가이든 대의민주주의국가이든 대부분의 국민들은 부분적으로 동의하고 또한 부분적으로 국가에 대항하기에는 힘이 부치기 때문에 순응과 침묵으로 대응하는 경향이 크다. 특히 독재나 권위주의 정권에서는 저항을 하는 용감한 소수를 제외하고는 당국이나 주류로부터 모욕당하고 창피당하거나 체포되거나 사회에서 배제될지도 모른다는 공포심에서 파편적이지만 순응하는 경우가 많다. 교육과 사회적 분위기에 영향을 받았기 때문이지만 또한 국가나 계급의 적이라고 낙인이 찍히면 평생 고통을 당해야 한다는 두려움 때문이기도 하다.[4] 이러한 공포심은 공산독재의 중국뿐만 아니라 한국에서도 독재시절 계속 나타났다. 자유롭게 발언을 할 수 있는 대의민주주의국가라 하더라도 사회로부터 소외될 수도 있다는 불안감에서 의식적으로 무의식적으로 주류의 심성을 따라가는 경우가 많다. 그러면서도 불만이 있는 경우 다른 생각을 공개적으로 말하지는 못하고 가족이나 가까운 사람끼리 속삭이기도 한다.

1990년대 소련이 와해되며 공산주의 블록이 해체되고 세계적인 냉전체제도 해체되면서 동아시아의 반공 냉전체제도 약화되었다. 이에 따라 동아시아에서도 반공심성은 계속 약화되고 있다. 시장경제를 받아들이지 않은 공산국가들은 전혀 경제성장을 이룩하지 못했지만, 중국이나 베트남이나 시장경제로의 개혁개방 후 경제성장이 높아졌기 때문에, 경제체제로서의 공산주의는 국민의 신뢰를 전혀 받지 못하는 상태가 되었다. 이제 반공은 주로 노장년층이나 극우파에서 나타나는 심성이 되었다. 동아시아에서 나타나는 극우파들도 이제 반공보다 반이민, 반외국, 자기국가나 자민족의 우월성이라는 정서에 의존하고 있다.

냉전체제가 와해되자 미국을 중심으로 한 미한일 삼각동맹도 점차 약화되었다. 대신 제2차 세계대전 이전에 행해졌던 일본제국주의 침략이 한국과 중국에서 점차 전면에 부각되기 시작하였고 한국과 중국의 일본비판은 계속 증가하였다. 이에 대한 반작용으로 일본에서의 한국과 중국에 대한 반감도 계속 증가하였다(조관자 2016).

3. 2010 중국 G2 등장 이후

1960년대 중국과 소련의 국경을 둘러싼 갈등이 심해지자 미국은 1972년 중국과 접촉을 시작하면서 공산블록에서 중국을 빼와 소련과의 대립을 통해 공산블록의 약화를 시도했다. 핑퐁외교를 거쳐 미국은 1979년 대만과의 국교를 단절하고 중국과 국교를 맺으면서 대만의 안보리 상임이사국 자리를 중국에게 넘겨주었다.

중국이 더욱 강력한 반소련 국가로서의 역할을 하도록 하기 위해 미국은 중국에도 관세우대정책을 제공하며 중국의 수출주도형 경제개발을 적극 지원하였다. 당시 미국 지도부는 이렇게 빠르게 중국이 G2로 성장하리라 생각하지 못했고, 또한 경제발전이 이루어지면 대의민주체제가 들어서 중국이 바뀔 것으로 생각하였다. 일본이 1980년대 미국경제를 추월하는 경향을 보이자 미국은 서구 국가들과 함께 1985년 플라자협약을 통해 일본의 환율을 크게 내리도록 하여 갑자기 엔화의 가치가 2배 올라가면서 결국 일본경제는 버블붕괴로 이어졌다. 소련도 미국과의 군비경쟁에 몰리고 석유가스 가격의 하락으로 경제난이 심해지자 고르바초프는 개혁을 시도했지만 내부 분열만 심화되다가 더 이상 버티지 못하고 소련 내 자치공화국들이 독립하면서 1991년 와해되었다. 미국에 도전하던 소련이 몰락하면서 동아시아에서도 냉전체제가 사라졌다. 서구와 일본이 성장하여 다극체제로 진입할 것이라는 예상도 있었지만 일본의 버블붕괴와 복잡한 유로체제로 미국이 일방적으로 주도하는 세계체제가 형성되었다.

중국은 1980년대부터 미국의 관세우대정책과 시장개방에 의존하여 세계사적인 경제성장을 이어오고 있다. 중국의 시장경제에의 적극적인 참여로 미국이나 한일과의 경제적 관계도 더욱 밀접해지고 미국과 한일에서 중국과 우호적인 분위기가 조성되었다. 한국도 1990년대부터 초고속성장은 꺾였지만 미국시장과 더불어 급속하게 성장하는 중국시장에 의존하여 중간 정도의 경제성장을 지속하고 있다. 이에 비하여 패전 후 초고속성장을 지속하던 일본은 1990년대 초 버블이 붕괴되면서 거의 성장이 멈춰버린 30년이 되어 국민들의 좌절과 불안이 나타났다.

1990년대 냉전이 해체되면서 동아시아에서 점차 반공대결정책도 약화되고 강력한 위협으로 인식되는 외부의 적을 만들고 내부의 적을 이와 연계시켜 제거하면서 성장해온 냉전심성도 점차 약화되었지만 어떻게든 발전을 추구하는 발전심성은 지금까지 계속되고 있다. 대만, 한국, 일본이 중국에 대거 투자하면서 경제적 관계가 더욱 밀접하게 되었고 경제성장도 어느 정도 유지되면서 중국과의 경제교류를 통한 기대가 높아지고 중국에 대한 우호적인 정서도 높아졌다. 이 기간 동안에는 국민정체성과 통합이 냉전과 반공을 통해서는 불가능하게 되어, 이념적으로 좀 더 자유로운 분위기가 형성되었고, 미국의 적극적인 주도역할이 후퇴하면서, 한·중·일 3국은 각자도생을 시도하는 경향이 커져왔다.

냉전체제 몰락 이후 중국과 한일 3국은 확대된 경제적 교류를 통해 보다 우호적인 관계가 증대되어 왔었다. 하지만 냉전체제가 무너지고 반공/반제가 호소력을 잃자 각국은 국민통합기제로 애국주의와 외부의 적(공산진영이 아닌 개별국가)을 적극적으로 소환하기 시작하였고 이에 따라 3국 사이의 식민/제국의 문제(위안부, 교과서, 역사, 친일청산, 영토문제)가 전면에 부상하게 되었다. 점점 경제가 상대적으로 약화되어가는 일본은 천황과 과거영광을 부추기고 헌법을 개정하고 경제성장을 다시 자극하자는 애국주의가 전면으로 소환되기 시작하였고, 한국과 중국은 일제식민이슈(일본 교과서, 위안부, 난징학살)와 영토문제(독도(일본명 竹島), 센가쿠열도(중국명 酌魚島))를 적극 부각시키기 시작했다. 냉전체제에서는 수면하에 있던 제국/식민의 가해/피해 그리고 관련된 윤리/책임 문제가 전면에 등장하게 되었다(한국의 역사청산, 중국의 勿忘百年國恥). 한국과 중국은 계속 경제적 발전심성이 유지되면서 선진국(선도국가, 한국)과 중국몽(중국)이라는 미래비전을 적극 발신하고 있다.

중국이 예상보다 매우 빠르게 경제성장을 하고 2010년 중국 총GDP가 일본 총GDP를 추월하여 G2로 성장하면서도 계속 중국이 고도성장을 이어가자 미국정부는 중국을 미국을 위협하는 국가로 인식하기 시작하였다. 오마바 정부에서 군사적으로 강력한 중국포위전략을 실행하면서 중국을 대상으로 사용할 수도 있는 사드

(THAAD, Terminal High Altitude Area Defense, 탄도미사일 방어시스템)를 2016년 한국에 설치하였다.5) 또한 태평양에서 중국을 제어하기 위해 일본의 주도로 중국 포위를 위한 쿼드가 형성되었다. 원래 한반도 주둔 미군이 한반도 내에서만 활동하게 되어 있었으나, 언제부터인가6) 한반도 밖에서도 군사 활동을 할 수 있게 되었고, 따라서 한반도 미군과 미군기지는 중국과 전쟁을 할 수 있는 상태가 되었다. 2015년 중국정부는 한국에의 사드배치에 대한 보복으로 중국인의 집단적인 한국관광을 금지하거나 한한령(중국내 한류금지 등)을 발동하면서 한국인과 중국인의 상대에 대한 정서도 급속도로 악화되었다.

 트럼프에 이어 바이든 행정부에서도 중국에 대한 정치적 경제적 압박이 노골화되었고, 결국 일본과 한국을 미국의 중국배제에 끌어들이고 있다. 일본은 보다 노골적으로 미국의 중국배제에 동참을 하고 있고, 한국은 피하려고 하지만 점차 끌려들어가고 있는 상황이다. 미국은 세계의 강국들을 연결하여 중국을 배제하는 체제를 강화하고 있다. 미국의 강력한 중국배제전략으로 중국과 미국은 곳곳에서 충돌하고 있다. 2020년 7월 1일 중국 공산당100주년 기념식에서 시진핑은 "중화민족이 지배당하고 괴롭힘을 당하는 시대는 끝났다"며 "중국을 괴롭히는 세력은 강철 만리장성에 머리를 부딪혀 피를 흘리게 될 것"이라고 했다(정인환 2021). 이는 미국에 대한 경고일 뿐만 아니라 미국편을 들고 일본이나 한국에 대한 경고이기도 하다. 중국인 대부분(86.2%)은 미중갈등은 미국의 잘못 때문이라고 보고 있다(The Genron NPO, 2020: 3).7)

 이제 미국의 블록화의 규정력이 냉전시기보다 크게 약화되었지만, 아직도 동아시아의 국가관계를 위한 프레임은 근본적으로 미국이 가장 강력한 영향력을 가지고 결정하고 있다. 미중 갈등이 격화되면서 전선이 재편성되어 한국과 일본은 미국의 편에 서면서, 미국한국일본의 중국과의 갈등전선은 점점 뚜렷해지는 방향으로 나아가고 있다. 하지만 냉전체제 시기보다 미국의 규정력이 크게 약해졌고, 오히려 중국의 힘은 크게 상승했다. 또한 냉전체제의 반공과 같은 명확한 이념적 갈라치기가 쉽지 않다. 둘 다 시장경제이기 때문이다. 그래서 미국은 인권과 민주를 전면에 내세우겠지만 이는 반공보다 호소력이 훨씬 약하다. 일본이나 한국도 이전처럼 미국을 추종하는 것은 아니기 때문에 큰 흐름에서는 한일이 미국과 한 편이겠지만 작은 것들에서는 중국과 우호적인 관계를 유지하려 노력하고 있다. 미중 갈등에 의한 국가관계의 재편과정에서 한일의 중국과는 점차 갈등의 강화로 한일 사이에는 점차 갈등의 약화로 진행될 것으로 보이며 이는 다시 국민들의 각국에 대한 심성을 재조정하는 데 영향을 미친다.

4. 한국

1990년대 냉전체제가 무너지고 한반도에서도 김대중, 노무현, 문재인의 민주당 대통령들이 탄생하면서 북한과 적극적인 화해노력을 해왔다. 이들은 북한 주석들과 정상회담을 하면서 남북긴장을 완화시켰고 이에 따라 한반도에서 반공심성이 크게 약화되었다. 노년층에서는 아직 반공이 강고한 심성으로 자리 잡고 있지만

50대 이하에서는 그렇지 않다. 냉전체제 하에서는 북한을 악마화하고 북한과 연결되었다는 간첩을 지속적으로 찾아내거나 만들어내 국가통합기제로 활용하였지만 이제 그러한 방법은 사용하기가 어려워졌다. 냉전체제의 와해로 반공으로 국민을 통합하게 만들고 정부를 지지하게 만드는 역할이 약화되었다.

통치수단이나 국민통합수단으로서 반공의 수명이 다하자 국민통합기제로서의 반일(일본과 싸우면 지지율 오른다)이 적극 부상하기 시작하였다. 한국은 일본의 비윤리적이고 부당한 침략에 당했으며, 일제강점기는 한국에게 수치스러운 역사이고 극복해야할 역사라는 인식은 대중에게 널리 퍼져 있었지만 독재정권은 이를 이슈화하지 않았다. 이러한 정서가 대중에게 이승만, 박정희 정권에서도 계속 있었기 때문에 박정희 정권이 1964년 한일협정을 체결하자 국민들은 굴욕적이라며 강하게 반발하였다. 미국을 중심으로 한 한일동맹 관계가 형성되고 한국의 경제발전에 일본의 자본과 기술이 중요한 역할을 하기 때문에 정부는 일본의 식민지 침탈문제를 이슈화하지 않았다. 그렇다고 하여도 일본의 식민지 침탈문제, 역사문제, 영토문제는 언제든지 폭발할 수 있는 문제이다. 한국사람들은 일본이, 독일과 달리, 그러한 책임을 제대로 인정하고 사과를 한 적이 없고, 오히려 일본이 적반하장으로 침탈이나 위안부의 불법성을 인정하지 않고, 교과서로 역사를 왜곡하고, 독도를 일본영토라고 한다고 배우고 또한 그렇게 생각하기 때문에 한국인들의 일본에 대한 불만은 항시 높았고 조금만 자극하면 폭발할 수 있는 상태로 남아있다. 대부분 식민지역사, 위안부, 교과서, 강제징용, 독도 등의 역사와 관련된 문제들이 이유로 언급된다. 소수가 국민성이 이유로 언급된다. 2001년 일본에 대한 부정적 인식이 69%에서 2019년 77%로 이어지고 있다. 위 기간 동안 대부분 한국인들은 일본을 60%이상 부정적으로 인식했다(Yoon, 2021). 일본이나 한국 모두 연령이 높을수록 상대국가를 더 부정적으로 인식한다(Yamamoto, 2019).

냉전의 해체 이후 점차 이러한 심성을 자극하는 경향이 점점 드러났다. 2001년 일본 후소샤(扶桑社)가 임나일본부설, 위안부 왜곡, 일본의 침략전쟁을 아시아 해방전쟁으로 묘사한 역사교과서를 출간하자 이에 대한 반발이 크게 나타났다. 이 문제를 해결하기 위해 김대중 대통령과 고이즈미 총리는 공동연구를 지원하기로 하였고 아시아평화와역사교육연대가 구성되고 양국의 역사학자들의 공동연구가 진행되었다. 하지만 해결은 지지부진하였다. 그동안 상호간 언급하지 않았던 독도에 대해 2005년 주한일본 대사가 "다케시마(竹島)는 일본 땅"이라고 공개적으로 발언하자 노무현 대통령은 '외교전쟁불사'를 외쳤다. 이후 일본은 정부, 정치인, 의원, 언론이 나서서 빈번하게 주장하고 교과서에도 한국이 불법점령한다고 실었다(함영준, 2014). 일본은 일본의 애국주의를 강화하려고 이제까지 거의 언급하지 않았던 영토문제를 공개적으로 들고 나왔고, 한국도 이에 강력하게 대응하며 국민의 분노를 자극하여 결집시켰다. 이후 독도는 양국의 자국민들을 자극하고 동원하는 중요한 기제가 되었다.

이러한 상황은 반공은 국민결집기제로서의 효력이 약화되었기 때문에 국민을 결집시키기에 유리한 영토문제를 들고 나와 생긴 것이다. 일본의 경우도 자신의 영토를 빼앗겼다며 피해자로서의 국민 분노를 일으킬 수 있고 한국도 자신의 영토를 빼앗아 가려 한다며 피해자로서의 국민 분노를 일으킬 수 있다. 미국이 한국과 일본을 중재하거나 냉전으로 억누르는 힘이 약화되었고, 따라서 독도와 같은 여러 가지 역사나 식민문제들이 자꾸 전면에 부각되어 갈등을 자극하게 되었다. 대체로 미국의 억제력이 약화되고 일본이 우익화되면서 식민지였던 한국으로서는 받아들일 수 없는 현상변경을 시도하면서 나타난 것이라고 한국사람들은 생각한다. 식민침략을 했던 일본이 전혀 반성을 하지 않고 오히려 제국주의 침략과정에서 빼앗아 갔던 우리의 영토(독도)를 계속 자기 것이라고 억지를 부리고, 위안부나 강제징용이나 역사왜곡을 인정하지 않는, 그러고는 오히려 안보가 이유라는 거짓말로 무역제재(2019)를 가하는 나쁜 일본이라고 생각한다.

일본에 대해 이러한 심성을 가지고 있기 때문에 일본과 이와 관련된 문제가 나타나면 강력하게 대응하는 상황이 되었다. 냉전시대에는 이렇게까지 비화되지 않았지만, 지금은 이러한 문제가 나타날 때 더욱 강력하게 대응하여 일제의 피해자로서의 민족주의와 애국주의를 자극한다. 다시는 일본에 그러한 치욕을 당하지 않아야 한다는 생각과 식민지 치욕에 대한 인식은 국민통합에 대한 강력한 심적 엔진역할을 한다. 식민역사는 한국인 심성에 제국(일본)의 비윤리성(반성을 하지 않는)을 소환하고 피해자로서의 한국의 정당성을 각인한다. 한국이 고대로부터 일본을 도와줬는데 일본은 적반하장으로 침략을 해왔으며(임진왜란, 일제침탈), 역사도 왜곡하여 (임나일본부, 독도, 식민지 역사 등) 거짓말 하고, 침략과 식민지배도 반성하지 않는 나쁜 나라로 인식된다. 물론 일본국가가 그렇다는 것인지 개별 일본인을 그렇게 생각하는 것은 아니다.

삼성이 소니를 넘어서고 세계적으로 한류가 일류를 넘어서고 한국이 1인당 구매력 GDP가 일본을 넘어서는 경우도 나타나고 2019년 일본의 무역제재를 별 문제없이 극복하고 2020년 일본보다 코로나19 잘 대응을 잘하였고 앞으로 한국 GDP가 일본을 넘어설 것이라며 한국이 일본과 같은 편이어야 할 이유가 없다고 생각하는 사람들도 크게 늘어나고 있다.

한국은 1992년 중국과 수교 이후 빠르게 무역과 투자를 확대하며 2004년 중국과의 교역이 미국을 넘어섰다. 한국이 중국에 빠르게 진출하면서 중국에 대한 우호적인 정서가 증가하였다. 물론 강릉단오제의 유네스코 등재로 갈등이 나타나는 작은 소동들이 있었으나 2010년대 초까지 전반적으로 우호적인 정서를 유지했다(2013년 긍정적 인식 44%, 부정적 인식 28%). 그러나 2016년 미국이 한국에 사드를 배치하며 중국에서 롯데마트가 문을 닫고 현대차나 삼성폰이 거의 판매되지 않고 한한령限韓令으로 한류가 중국에서 방송/공연 금지되고 중국관광객이 한국에 오지 않자 서로의 정서가 크게 악화되었다. 2020년 코로나19로 정서가 더욱 악화되면서 한국에서의 반중국 정서가 크게 높아졌다. 현재 북한이 아니라 중국이 한국에 가장 위협이 되는 국가로 인식되고 있다. 중국에 대한 부정적 인식이 2002년 31%였으나, 2017년 61%, 2020년 75%로 증가하였다. 한국(-51, 긍정 24% 부정 75%)은 중국에 세계적으로 아주 부정적인 인식을 지닌 나라 중의 하나이다(Silver, Devlin, and Huang, 2020a).

매경이코노미(류지민, 박진욱 2021)의 설문조사(300명 참여, 오픈서베이 여론조사)에 따르면 중국에 반감을 가지게 된 이유(복수응답)는 '한국 고유의 문화·역사를 중국의 일부라고 주장하는 동북공정'(76%), '미세먼지와 황사'(60%), '중국에서 시작한 코로나19 바이러스'(46%), '중국기업의 기술표절'(23%)로 나타났다. 내용을 보면 대체로 언론들이 많이 보도한 내용을 따라가고 있음을 알 수 있다. 중국사람들은 대부분 동북공정에 대해 알지도 못하는데도 한국에서는 대부분이 이를 알고 있다. 언론에서 빈번하게 부정적으로 보도하면서, 그리고 인터넷으로 중국네티즌들과 동북공정, 김치, 한복 등으로 직접 싸우고 그것이 이슈가 되면서, 젊은층에서 반중국 감정이 더욱 확산되고 있다. 특히 2016년 중국의 사드보복 이후 반중감정은 수그러들지 않고 있다. 한국인들은 젊을수록 반중정서가 높고, 나이가 들수록 반일정서가 높았다. 중국에 대해서는 진보 보수할 것 없이 안 좋게 나온다. 이는 중국이 대국으로 성장하여 위협으로 생각하며, 민주주의와 인권이 부족한 독재국가로 생각하는 경향 때문으로 보인다. 일본에 대해서는 진보가 보수보다 훨씬 약한 반일감정을 가지고 있다(이오성, 2021). 진보가 애국주의적 호소에 덜 영향을 받기 때문으로 보인다.

최고 경제파트너 중국과 안전보장자 미국 사이에 끼어 있는 한국인들은 미국에 대해 우호적인 심성을 유지하고 있지만 중국에 대한 부정적 생각이 크게 높아지고 있다. 미·중 갈등이 격화되면서 중국에 대한 부정적인 생각이 늘어나고 있어, 한국인들이 미국에 더 우호적이다. 친미적이지만 중국과의 관계도 유지해야 한다고 생각한다. 미국과 중국의 대립으로 친미적인 의견 '미국과 협력하되 외교적인 선을 넘지 않도록 중국과 관계를 유지해야 한다'에 46%가 지지하고, 중립적인 의견 '미국과 중국 사이에서 중립을 지켜야 한다'에 29%가 지지했다(반진욱 2021). 2016년 사드보복 이후 한국 진보, 중도, 보수 모두 중국을 걱정스럽게 바라보고 있다. 진보진영이 이전에는 중국을 미국패권주의에 대항할 균형추로 보았지만 그러한 기대는 대부분 사라진 것으로 보인다. 중국을 악에 가깝다고 보는 의견(58.1%)이 선에 가깝다고 보는 의견(4.5%)보다 압도적으로 높았다(이오성, 2021). 중국의 사드보복이나 강압적 외교 등이 한국인들에게 공포심을 주기 때문인 것으로 보인다.

5. 일본

일본이 2차 세계대전에서의 패전을 종전이라는 말로 사용하여 패전을 제대로 인정하지 않고 있다. 또한 원폭의 피해자임을 강조하면서 동아시아에 대한 가해자임을 제대로 반성하지도 않고 일본인들 스스로가 가해국이라는 사실을 제대로 느끼지 않는다. 그러나 냉전해체 이후 보다 진보적인 분위기가 일정부분 나타났다. 1992년에 미야자와(宮沢) 수상은 위안부문제를 공식적으로 조사하겠다고 하였고, 1993년에는 위안부동원에의 일본군의 관여를 인정한 고노담화를 발표했다. 호소카와(細川) 수상은 "잘못된 침략전쟁"

을 인정했고, 1995년 무라야마[村山] 수상은 "식민지지배와 침략으로… 커다란 손해와 고통"을 주었으며 이에 대해 "통렬한 반성"과 "마음속으로부터 사죄"를 한다는 담화를 발표했다. 이러한 분위기에서 제국 피해자들의 기억투쟁도 활성화되었다. 1996년 중학교 역사교과서에 위안부와 난징대학살이 들어간 상태로 검증을 통과하였다. 이러한 경향에 대한 반발이 곧 나타났다. 1997년 후지오카 노부카츠[藤岡信勝] 등은 '새로운 역사교과서를 만드는 모임'(새역모)을 조직하여 위안부 등의 내용이 일본을 왜곡하는 '자학사관'이라며 이의 삭제를 요구하는 캠페인을 벌였다. 이후 위안부 문제는 교과서에서 사라졌다. 대동아전쟁을 서구식민화를 막기 위한 진출로 묘사하고, 일본의 연속성을 담보하는 천황제를 강조하였다. 또한 1993년도부터 정치인들도 '올바른' 역사를 위한 모임이 급증했다. 현재 일본정치인의 주류를 형성하는 '일본회의'가 '일본을 지키는 모임[日本を守る會]'과 '일본을 지키는 국민회의[日本を守る國民會議]'이 결합하여 1997년 형성되었다. '새역모'와 '일본회의'는 2006년 교육기본법을 개정하여 "전통의 존중" "우리나라의 향토를 사랑" "공공의 정신" 등이 추가하여 교육의 애국주의적 성향을 더욱 강화하였다(조경희, 2019).

현재 자민당 정치인의 주류를 형성하고 있는 "'일본회의'는 활동목적을 1) 아름다운 전통(=황실)의 중시, 2) 신헌법 제정, 3) 진정한 보수정치의 실현, 4) 도덕적 교육환경 실현, 5) 나라의 안전과 세계의 평화공존, 6) 국제이해와 우호친선 등으로 정리하고 있다. 여기에는 종교적인 내용은 물론 '천황제'나 '개헌' 같은 노골적인 정치적 단어가 등장하지 않고, '아름다운 일본', '전통문화', '긍지 높은 나라 만들기' 같은 추상적이고 소박한 말들이 넘친다. 한편 흥미로운 것은 예컨대 4)의 교육항목에서는 "특히 지나친 권리편중교육, 우리나라 역사를 나쁘게 단죄하는 자학적 역사교육, 젠더프리 교육의 횡행이 차세대를 담당하는 아이들의 신선한 감성을 마비시켜 나라에 대한 긍지와 책임감을 뺏고 있다"는 등"(조경희, 2019: 114) 반동적인 애국주의를 잘 드러내고 있다.

1990년대 초 경제버블이 폭파되어 일본 경제 상황이 나빠지고, 파견사원(격차사회로 진입)과 워킹푸어가 급증하면서 혼란스러운 상황이 되었다. 냉전체제가 무너지며 식민지 침탈을 인정하고 사과하는 일이 늘어나고 피해자들도 기억투쟁을 강화하자 이에 대한 반작용으로 일본의 아름다움과 우월성을 드러내는 애국주의적 조직들이 크게 늘어나고 이는 시대적 불안을 타고 빠르게 확산되었다. 이에 따라 현재의 자민당 정치인들은 한국과 중국이 식민지 기간에 벌어진 일로 일본을 비판하면 또 옛날 일로 시비를 건다고 생각하는 경향이 있다. 대부분의 일본인들은 한국과의 식민지 보상 문제는 1965년 한일협정으로 끝난 것으로 생각한다. 기업의 강제징용자에 대한 보상이나 위안부 문제 해결 요구에 대해 한국이 끝난 문제에 대해 자꾸 시비를 건다고 생각한다. 중국의 난징학살에 대한 문제제기에는 중국의 피해가 과장되었다고 생각한다. 주전장 다큐멘터리에서 자민당 정치인 스기타 미오[杉田水脈]는 "일본사람들 중 이 문제[일본군 '위안부']를 믿는 사람은 이제 거의 없어요. 강제연행 따위요."라고 말하고, 카세 히데아키[加瀨英明]는 "한국은 못난

꼬마가 시끄럽게 구는 것 같아 귀엽지 않나요"라고 말하였다(조경휘, 2019: 99-100). 이들은 한국과 중국이 일본을 괴롭힌다고 생각하고, 한국과 중국은 이러한 일본이 역사를 왜곡하고 반성하지 않는다고 본다.

2005년 『マンガ 嫌韓流(만화 혐한류)』가 출판되어 30만권 이상 팔렸다. 만화 속에서 "지금의 한국이 이렇게 발전한 것은 모두 일본의 덕분이고 한국문화는 프라이드를 가질 내용이 하나도 없다"고 발언하고 있다. "산케이신문은 '한일합병, 강제연행, 전후보상, 외국인 참정권, 한글의 역사, (한국문화는) 일본문화의 흉내, 한일 월드컵의 속사정, 독도문제 등 한일관계의 중요한 정치·문화의 문제에 대한 진실이 균형을 잃지 않고 냉정하게 그려져 있다'고 높게 평가하고 있다"(이홍천, 김미링, 이경은, 황선혜, 2017: 6). 일본에는 표절국가 한국, 뇌물국가 한국, 사기천국 한국, 편법천국 한국이라는 이미지가 상당히 널리 퍼져 있다. 그래서 OINK라는 용어도 쓰인다. 온리 인 코리아(Only In Korea)'의 약어인 OINK는 "오직 한국에서만 있을 수 있는 일"이라는 뜻이다(이계덕, 2013). 따라서 한국은 일본군국주의 피해자라기보다는 도덕적으로 열등한 국가라는 인식은 퍼져있다. 일본은 도덕적이고 우월하며 한국과 중국은 더럽고 열등하다는 담론이 확산되면서 한국과 중국이 역사를 왜곡하고 있다고 생각하는 사람이 많아졌다.

냉전 해체 이후 일본은 동시에 잃어버린 30년에 들어갔는데, 한국은 일본보다 빠르게 성장하며 일본의 일부 산업이 몰락하고 일본과 부딪히는 모습을 보여 이에 대한 일본인의 반감이 더 증폭되는 것으로 보인다. 냉전 해체 이전에는 주로 한국의 독재를 비판하였는데, 냉전 해체 이후에는 일본의 신민족주의-애국주의를 매개로 한국을 인종적으로 비하하는 경향이 크게 늘어났다. 이는 일본의 애국주의의 타자로서 한국이 소비되고 있기 때문에 나타나는 현상이다.

일본은 2010년 중국이 일본이 실효지배하는 센카쿠(尖閣, 중국명 댜오위다오)에 진입한 중국선장을 구속하자 중국은 일본으로의 희토류 수출을 중지하였고 이에 놀란 일본은 선장을 석방하였다. 중국인들이 계속 센카쿠에 상륙하면서 일중간 영토분쟁이 지속되고 있다. 일본은 2010년 총GDP 2위 자리를 중국에 내주었다. 2011년에는 동일본대지진과 원전사고가 있었다. 사망자와 실종자가 2만 명에 이르는 충격적인 사고였다. 2012년 8월 12일 이명박 대통령의 독도방문과 14일 일황의 사과요구로 혐한감정이 널리 확산되었다 (산케이 2014.01.11., 이홍천 외, 2017: 19에서 재인용). 기자의 질문에 이명박 대통령이 "일왕이 통념의 석이라는 이해하기 힘든 말을 할 것이라면 한국을 방문할 필요가 없다. [중략] 한국에 오고 싶으면 독립운동가들에게 고개를 숙여서 사죄해야 한다"라고 답변하면서 일황을 신성시하는 일본인들에게 커다란 충격을 주면서 혐한이 사회전체로 퍼지고 더욱 노골화되었다. 이러한 일련의 사태가 이어지면서 일본의 민주당도 분열되고 탈당이 이어졌으며, 여러 상황이 연결되어 있지만, 결국 총선에서 져서 정권을 내놓아야 했다. 극우 아베가 주도하는 자민당으로 정권 바뀌면서 불안한 일반인들이 더욱 강력한 지도력을 원하게 되었고 자민당은 이에 부응하여 아베

정권 이후 자민당정권은 애국주의적 색채를 강하게 띄고 있다.

일본에 의존하고 배우고 표절하고 자기들의 지원을 받아 성장한 한국이 일본의 은혜를 잊고 일본을 70년도 지난 옛날 일로 이미 사과도 하고 보상을 했는데 계속 사과를 요구하며 세계에서 일본의 체면에 먹칠하는 배은망덕한 한국이라는 이미지가 일본에 있다. 일본인들은 2019년 63.5%가 2020년 54.7%가 한국과의 관계가 나쁘다고 대답했다. 일본인들은 2019년 49.9%, 2020년 46.3%가 한국에 대해 부정적 인식을 가지고 있다(Yasushi 2020).

일본도 초기에는 중국에 대해 우호적인 생각을 가졌지만, 중국이 일본교과서가 중국침략이나 난징학살을 제대로 언급하지 않았다고 비판하였다. 일본이 UN상임이사국을 신청하려고 하자 중국과 한국은 침략자인 일본이 반성도 제대로 하지 않는데 그러한 자리를 주면 안 된다고 비판하였다. 일본은 중국이 내부정치를 위해 역사를 활용한다고 생각하면서 중국에 대한 비호감이 증가하였다. 특히 2005년 3월 난징학살 사건 등의 역사를 왜곡한 일본교과서에 대해 분노해 중국의 많은 도시에서 반일 데모가 있었고 일본기업이나 친일기업에 대한 공격이 있었다. 중국 내 일본인에 대한 공격도 벌어져 일본인이 다치기도 하였다. 이에 대한 역작용으로 많은 일본인들은 중국으로의 여행을 취소하며 중국을 싫어하게 되었다.

일본은 중국에 G2 지위를 빼앗아 갔으며 중국의 세계적인 발언권이 커지면서 아시아에서 유일한 선진강대국 지위를 누려온 일본의 지위에 결정적인 타격을 주었다. 중국이 일본경제의 많은 부분을 표절하고 기술을 훔쳐 일본의 많은 산업을 어렵게 만들었다고 생각한다. 한국이나 중국이 일본 경제발전 전략과 기술을 배우거나 훔쳐갔지만 고마워하지 않는다고 본다. 중국에 대해 2002년 호감 55% 비호감 42%였는데 2012년 작어도 충돌 사건 이후 중국 비호감이 크게 증가했다. 2012년도 호감 15%, 비호감 84%, 2013년도 호감 5%, 비호감 93%로 급증, 2020년 호감 9%, 비호감 87%로 계속 중국을 가장 싫어하는 나라에 속한다(Silver, Devlin, and Huang, 2020a). 일본은 중국이 난징대학살을 과장한다고 생각한다. 중국은 오히려 일본이 중국침략으로 중국에 가장 커다란 수치를 준 나라로 보며, 이를 잊지 말자며 항일드라마를 지속적으로 방송하고 있다.

일본의 혐중 성향은 2010년대 들어 과거보다 더 심해졌는데, 중국과 센카쿠 열도(중국명 댜오위다오) 영토 문제에서 경제보복을 당했고, 희토류 수출 제한 보복에서 일본이 중국에게 굴복해 어선과 선원을 석방했기 때문에 일본 내에서 중국에 적대적인 여론이 크게 높아졌다. 집권 민주당이 선거에서 패배한 하나의 원인이 되었다.

일본의 혐한 혐중이 지속되면서 관련 책들이 지속적으로 출간되었다. 2017년에는 고단샤 출판사가 미국인 변호사 길버트에 저술을 부탁해 『儒教に支配された中国人と韓国人の悲劇 유교에 지배된 중국인과 한국인의 비극』(코단샤)을 출판하였는데 2017년 47만 권이 팔려 논픽션 부문 최다 판매부수를 기록했다. 책에선 "일본인에겐 이타利他정신이 있다"는 반면, 한국과 중국인에 대해서는 '자기중심주의가 핵심인, 유교정신으로부터 도덕심과 윤리관을 잃어버렸다'고 공격한다. 또 한국인을 "자존심을 지키기 위해 태연하게 거짓말한다"고 썼다. 또한 일본인의 "높은 도덕규범"을 가지고 있

지만, 한국인과 중국인을 "금수(禽獸·짐승) 이하의 사회 도덕"을 가지고 있다고 비하한다(박석원, 2018). 대체로 중국과 한국에 대하여 독재적이다, 지저분하다, 시끄럽다, 예의가 없다, 문명수준이 낮다, 고마워할 줄 모른다와 같은 내용을 담은 혐한 혐중 서적들이 많이 팔리고 있다.

이러한 일본의 혐한 혐중은 특히 인터넷에서 더욱 심하다. 노골적으로 "혐한을 주장하는 사람들의 대부분이 넷우익/재특회(재일 특권을 용납하지 않는 시민모임)와 겹친다. 재특회는 2006년 '주권회복을 바라는 모임'의 니시무라(西村修平)가 주도한 '고노담화 백지 철회를 요구하는 서명활동'에서 시작된다. 재특회는 "재일 한국인에 대한 복지 정책을 철폐해서 재정을 건전화 하고 이를 일본인을 위해서 사용하는 것"이라며, 이들은 냉전 후 좌익 이데올로기에 대한 반작용이라고 주장하고 있다."(이홍천 외, 2017: 39에서 재인용). 현재도 일본은 중국에 외교군사적으로 적대적인 노선을 취하고 있다. 2020년 코로나가 퍼지면서 중국에 대한 혐오가 더욱 크게 증가하였다. 일본(-77, 긍정 9% 부정 86%)은 중국을 세계에서 가장 부정적으로 인식하는 국가이다(Silver, Devlin, and Huang, 2020a). 중국을 군사적으로도 위협적인 국가로 간주하지만 동시에 경제적으로도 이미 2010년 일본은 G2의 지위를 중국에 넘겨주며 계속 GDP경제격차가 커지고 있고, 중국의 세계적인 발언권도 일본보다 커지면서, 일본의 자민당 정권이 중국의 위협론을 지속적으로 강조하며 미국과 연합하여 중국을 압박하면서 대결국면을 조성하여 자민당의 지지율을 높이고자 하고 있어 상호간의 반감이 계속 높은 상태를 유지할 것이다.

이렇게 이들이 중국과 한국을 비난하는 것은 상대적으로 일본의 위치가 우월하다고 대중을 생각하게 만들고자 하기 때문이다. 또한 잃어버린 30년으로 많은 사람들에게 불안과 불만이 쌓여있는데 이를 해소하는 카타르시스의 기제로 활용한다. 아시아 최고의 위치에 있던 일본이 경제성장이 멈춰 지위가 내려가자 불안해서 도전자인 한국과 중국을 비난하는 측면도 있다. 이런 혐오정서는 19세기말 후쿠자와 유키치가 주창한 '탈아입구脫亞入歐' 사상과 유사하다. '탈아입구'는 동아시아로부터 떨어져 서양문물을 습득하여 아시아를 점령해 동아시아 공영권을 만들겠다는 생각과 연결되어 있다. 지금도 일본인들은 자신들이 한국이나 중국과 똑같이 보이는 것은 일본에 수치라고 생각하는 경향이 있다. 어떻게든 자신들이 한국과 중국보다 우월하다고 생각하려고 한다. 그래서『만화 혐한류』의 일본인은 서양인에 가까운 얼굴을 하고 있으며, 이는 일본인들 속에 내재된 '탈아입구' 욕구라고 오니쉬는 설명하고 있다(Onishi, 2005). 일본의 애국주의는 다른 아시아 민족을 밑에 두고 일본이 한때 가졌던 옛날의 영광을 되찾자는 애국주의로 나타나고 있다.

6. 중국

개혁개방 이후 문화대혁명이나 홍위병을 추동하던 계급적 적대감에 의존하는 심성은 급격하게 약화되었다. 보시라이(2012년 몰락)처럼 가끔 唱紅이라는 인민을 중심으로 한다는 계급적 정책이 나타나서 하층의 지지를 받기도 하지만 성공하지 못하고 있다. 개혁개방으로 자유와 민주에 대한 열망이 커지면서 나타난 1989년 천안문 사태 이후 중국정부는 이를 극복하기 위한 노력의 일환으로 국민의 심성을 애국으로 유도하기 시작했다. 1991년 국가교육위원회는 애국주의를 고취하기 위한 칙령을 발표하고 중국이 아편전쟁 시기부터 제국(서구와 일본)에 의해 수모를 당해온 내용을 적극적으로 가르치고 있다. 이와 관련된 기념물들도 적극 만들었다. TV에서도 일본제국의 침략에 대한 저항드라마나 영화가 적극 방송되었다. 중국은 아편전쟁 이후 100년 넘게 제국들에 의해 무자비하게 침탈당한 희생자로 묘사된 내용으로 교육과 전국을 뒤덮기 시작했다(Wang, 2014). 이 서사에 따르면 제국의 끝없는 탐욕과 무자비한 침략으로 나락으로 떨어진 부당한 제국침략의 희생자가 중국이다.

이러한 치욕을 아편전쟁이 일어난 1840년부터 공산당이 중국을 건국한 1949년까지의 '100년의 수치[百年國恥]'로 표현하고 있다. 이 기간이 얼마만큼 치욕적이었는지, 민중이 이를 극복하기 위해 얼마나 노력했는지, 그리고 공산당이 이러한 노력을 결집하여 나라를 구하고 압축현대화를 성공적으로 이끌어 오고 있는지를 학교에서나 사회적으로 적극 교육시키고 있다. 비참한 치욕을 다시 반복하지 않기 위해서는 공산당의 계속된 집권이 필요하며 계속 단결하여 부국강병(경제발전, 과학기술발전, 강한 군사력)에 집중하여 옛날의 영광을 되찾아 한다는 이데올로기 교육이다. 아편전쟁으로 치욕을 당하기 이전에는 중국이 세계에서 가장 오래 지속된 문명이며, 가장 발전했던 문명으로 세계를 선도해왔으며, 윤리적으로 올바른 문명이라고 배운다.

공산당이 새로운 건국을 통해 백년치욕을 극복해오고 있으며 선진국의 과학과 기술과 문화를 배우고 흡수하되 식민화나 식민주의적 심리는 적극 배제하며 주체적으로 발전하여 곧 현대화된 사회주의 강국(중국몽)을 성취할 것이라고 선전하고 있다. 100년 치욕 담론은 다시는 이를 당하지 않겠다는 노력을 하게 만들고 이러한 경향이 중국정부와 중국인의 심성에 각인되어 있다.

하지만 1980년대까지 항일은 아직 중국에서 중요한 주제로 부상하지 않았다. 냉전체제가 약화되면서 이데올로기보다 역사에서 적을 찾기 시작했고 1980년대 말부터 난징학살(1937년)이 중요하게 부각되어 100년 수치의 상징이 되었다. 1990년대 이후 이러한 수치를 당하지 말아야 한다는 부국강병의 논리가 현대화라는 포장으로 이어졌다. 특히, 1990년대 이후 교육을 받은 젊은층들이 유치원에서부터 애국주의 교육을 철저히 받기 때문에 이러한 애국주의심성으로 가득 차 있다(정용환, 2021). 이들은 해외대학에 유학을 가서도 중국에 대한 모욕이라고 느끼면(예를 들어 홍콩민주화, 위구르 인권탄압 포스터를 보면) 이를 중국에 수치를 가하는 것으로 생각하여 매우 예민하게 반응한다.

중국인들이 피해와 모욕을 당하는 희생자로서의 "역사를 배우면서 민족주의 감정을 분출하고 응집돼 강력한 애국심을 구축"하게 되며, 중국의 아편전쟁 이후 수치의 역사에 대한 강력한 분노심을 가지게 되었다. "이렇게 배양된 애국심리가 중국공산당의 가장 강력한 지지기반"이 되었다(정용환, 2021). 계급투쟁의 심성은 점차적으로 외세저항, 애국주의, 압축발전의 심성으로 교체되었다. 이러한 심성이 확산되면서 민주화 열망의 분출이 줄어들고 공산당과 압축성장과 중국몽에 대한 지지를 높이는데 기여했다.

또 한편으로는 자신들이 세계사적인 경제성장을 해왔고 앞으로도 그렇게 될 것으로 생각한다. 이를 위하여서는 국가의 안정이 중요하니 생각이나 행동에서 이를 벗어나지 말자는 생각이 많이 퍼져 있고 또한 시장경제를 잘 활용해야 계속 고도성장할 수 있다는 것이다. 이는 개인에게 정치적으로는 국가를 우선으로 하는 집단주의적 심성, 경제적으로는 개인이익을 최우선으로 하는 개인주의적 심성으로 나타난다. 정치적으로는 공산독재에 대한 협력자이거나 방관자가 되고, 경제적으로는 각자 최선을 다하여 사익을 추구하는 행동으로 나타나고 있다.

이에 따라 반정부보다 반제국(반일, 반서구)에 대한 감정이 분출하게 되었고, 점차 반미, 반일, 반한의 감정이 증가했다. 외부 국가들이 중국의 자존심을 조금만 건들어도 이를 수모로 생각하고 공격적으로 대응하는 분위기가 조성되었다. 2005년 고이즈미 총리가 야스쿠니 신사를 참배하자 중국은 정상회담을 거부하고 강력하게 반발하였으며, 또한 같은 해 3월 한국에서 교과서에 일본영토로 기재한 내용을 반대하는 시위가 확산되자 중국에서도 일본의 왜곡된 역사교과서와 유엔상임이사회 진출을 반대는 시위가 크게 확산되었다. 2010년에 센카쿠열도에 들어간 선장이 구속되자 '댜오위다오는 중국 영토'라며 대규모 반일시위가 벌어졌다. 2012년 일본이 댜오위다오를 국유화하자 전국적으로 최대규모의 반일시위가 벌어지며 많은 일본가게가 약탈되었다. 이러한 일련의 과정을 거쳐 일본과 중국은 서로 매우 싫어하는 국가가 되었다.

일본이 주도해서 미국, 호주, 뉴질랜드와 함께 중국을 방어하는 쿼드를 만들자 중국이 직접 피해를 주지 않는데도 일본이 미국편을 들어(태평양협약, 쿼드, 주일 미군기지들 등) 중국을 포위하고 있다고 본다.

중국은 한국이 중국의 문명을 배워서 종속국으로 살아왔는데 미국에 종속하며 부자가 되어 중국을 무시한다고 생각한다. 시진평도 트럼프와의 2017년 회동에서 "역사적으로 한반도는 중국의 일부였다"라고 발언한 적이 있다. 천안문사태 이후 애국주의 교육이 강화되면서 한국의 강릉단오제(2005년)나 동의보감(2009년)의 유네스코 등재가 마치 중국의 단오나 중의학을 빼앗아 가는 것으로 주장되었다. 특히 강릉단오제의 등재에 중국정부는 한국이 중국문화를 침탈하는 것으로 항의하면서 한국이 중국문화를 빼앗아간다는 분노가 크게 확산되었고 지금까지 한국이 중국의 문화나 역사를 도둑질해간다는 의견이 인터넷상에 자주 회자되고 있다. 2016년 한국 사드 배치는 미국이 중국을 공격하는 데 사용할 수 있다며 혐한 정서가 크게 상승했다. 한국이 미국의 종속국가로서 결국 중국을 견제하는 미국의 앞잡이 노릇을 할 것이라는 걱정이 담겨 있다.

이러한 대립적인 상황과 공격적 전랑외교가 지속되면서 한국과 일본의 중국에 대한 부정적 인식이 세계적으로 높으며 중국의 일본과 한국에 대한 인식도 매우 나빠졌다. 2000년대에 들어서 계속 일본은 중국을 가장 싫어하는 국가에 속한다. 2010년 중국 GDP가 일본을 넘어섰고 여러 번 역사교과서나 난징학살이나 센카쿠열도

문제로 맞붙어서 일본과 중국 상호간 부정적 인식이 매우 높아졌다. 일본의 중국에 대한 부정적 인식이 2002년 42%였으나 2020년 86%로 2021년 88%로 증가하였다. 한국은 2002년 31%였으나 2020년 75%, 2021년 77%로 증가하였다(Silver, Devlin, and Huang, 2020 and 2021).

중국은 세계적으로도 가장 부정적으로 인식되는 나라이다. 2013년 시진핑이 주석이 되면서 도광양회 등의 소극적 전략에서 대국굴기, 중국몽처럼 건국 100주년인 2049년까지 중화민족의 위대한 부흥을, 즉 세계최고의 국가가 되겠다고 드러내놓고 선전하고 있다. 이웃나라인 한국과 일본도 이를 매우 불안한 눈으로 지켜보고 있다. 한국과 일본은 중국을 군사적으로도 매우 위협적인 나라로 인식한다. 민주체제가 아니라 독재체제이기 때문에 언제 어떤 일을 벌일지 알 수 없다고 생각하기 때문이다.

중국인들은 자신들이 잘 해나가고 있고, 공산당이 나라를 잘 이끌어왔으며, 자신들에게 사회주의 시장경제가 잘 맞으며, 외부에 피해를 주는 것도 아닌데, 왜 세계사람들이 중국을 그렇게 부정적으로 보는지를 잘 납득하지 못한다. 아무리 잘 하고 있는데, 서방은 늘 중국을 경계하고 다른 한편으로는 홀대하고 무시한다고 생각한다. 대체로 이는 중국인들의 공통된 인식이다. 힘이 G2 수준으로 커졌기 때문에 세계가 중국에게 그에 걸맞는 대우를 해줘야 한다고 생각한다. 인정해주지 않고 무시하니 스스로 보다 적극적으로 중국의 위상을 주장하고 쟁취하는 것이라고 생각한다. 그래서 일대일로와 같은 대안을 찾는 것이라고 생각한다. 중국 여론조사에서 국력을 과시하며 공격적인 외교, 이른바 '전랑(戰狼·늑대 전사) 외교'를 지속해야 한다는 응답은 71%에 달했다. 중국이 강해진 만큼 다른 국가를 압박하고 입김을 행사하는 게 당연하다는 인식이다(이재호 2021.6.29.).

중국에는 아편전쟁 이후 몰락하면서 이에 대한 강한 트라우마와 보상심리가 존재한다. 또한 문화대혁명과 같은 극심한 사회혼란에 대한 불안도 존재한다. 이러한 불안이 애국주의와 고도성장을 강하게 추동하고 있다. 다시는 그러한 수치와 혼란을 당하지 않겠다는 것이다. 모두가 중국을 무시한다는 생각과 결합되어 보다 공격적인 성향을 보여주고 있다. 아직 도덕적 리더쉽을 가지고 공조를 통해 같이 가겠다는 유교적 덕치의 모습은 보여주지 못하고 있다. 그만큼 다른 국가들이 따라올 만한 세계적 보편성을 쌓지 못했다는 뜻이기도 하다. 그래서 주변국들의 시선도 불안하다.

7. 나가는 말

제2차 세계대전 이후 미국이 프레임을 짠 냉전체제, 냉전 이후 체제, 미중대결체제는 동아시아 국가의 관계, 갈등, 심성에 심각한 영향을 미쳐왔다. 미국의 강력한 냉전체제 하에서는 한국, 일본, 대만에서 강력했던 좌파세력과 좌파적 심성을 제거하였고 반공세력과 반공심성으로 만들어 놨다. 좌파세력은 비국민이거나 불온한 타자가 되었다. 반공의 선도세력인 남성의 지배력은 높아졌다. 공산권에서는 그 반대가 관철되었다. 경제에 있어서는 미국이 시장과 우대관세를 제공하고 기술과 자본을 투입한 동아시아 지역에서 세계사적인 경제성장이 나타났다. 버블파괴로 잃어버린 30년을 경험한 일본을 제외하고 고도성장의 심성이 지금까지 이어져 오고 있다.

냉전이 해체되면서 극심했던 반공심성은 점차 약화되고 있다. 공산권에서도 계급혁명이나 반제를 외치던 심성이 약화되었다. 그 자리에 더욱 강력한 시장경제와 발전주의가 들어섰다. 중국적 특색의 사회주의 시장경제라는 말로 공산독재와 사회주의가 교묘하게 결합하게 되었고, 자본주의 진영에서는 더 강한 시장경제를 추동하고 있다.

냉전이 해체되면서 냉전시기보다 개별국가의 여지가 더 넓어졌고 상당한 자율성을 가지고 국민통합과 경제발전을 도모했다. 반공과 반제의 틀이 사라진 자리에 각국의 애국주의가 득세하였다. 개별국가의 역사와 상황에 따라 조금씩 다른 애국주의체제가 작동하고 있다. 애국주의가 더 잘 작동하려면 외부의 적을 필요로 한다. 동아시아에서 서로를 (일정한) 외부의 적으로 만들어 내부를 더욱 공고하게 만들고자 한다.

일본은 제국의 후예로서 제국침략의 책임은 회피하고 미국의 편에서 잃어버린 30년을 극복할 방안을 모색한다. 아름답고 강한 일본을 재구성하기 위해, 타자로서 한국과 중국을 배제하고 낙인찍어 자신들의 우월성의 왕국으로 성을 쌓는다. 중국은 세계최고문명의 후예로서 초고속성장으로 옛 영광을 빨리 회복할 중국몽을 꿈꾸고 있다. 한국은 식민지로서는 유일하게 선진국에 진입하여 일본을 추월할 꿈을 꾸고 있다. 나머지는 어떻게 해야 할지 선례가 없어 아직 미궁이다. 중국과 한국은 일본제국의 침탈을 당한자로서 역사의 정화의례를 요구한다. 하지만 이는 일본에게는 매우 불편한 현실이어 참여할 생각이 없다. 각자 다른 곳을 바라보고 다른 꿈을 꾸고 있어 서로 의심을 하고 불안해한다.

참고문헌

- 류지민, 반진욱
  2021, "반중감정 어느 정도이길래… 66%는 '中 싫다.'" 『매일경제』, 2021.05.05.
- 박석원
  2018, "일본, 한국 중국 비하한 책이 베스트셀러…" 『한국일보』, 2018.03.18.
- 서정보, 강수진
  2005, "강정구교수 '국민 다수가 공산주의지지' 발언 진위 검증", 『동아일보』, 2005.10.03.
- 이계덕
  2013, "日 언론 '한국은 사기꾼의 천국' 보도", 『프레스 바이플』, 2013.08.02.
- 이오성
  2021, "중국의 모든 것을 싫어하는 핵심 집단, 누굴까?" 『시사인』, 717호, 2021.06.17.

- 이재호

  2021, "'왜 모두 우리를 싫어하나' …중국의 자문자답"『아주경제』, 2021.06.29

- 이홍천, 김미링, 이경은, 황선혜

  2017 "일본 출판 미디어의 혐한의 현황과 비판적 고찰" (저장 파일 참조)

- 정용환

  2021, "애국주의 세뇌한 30년 역사교육, 中 '늑대외교'의 뿌리"『JTBC』, 2021.06.26.

- 정인환

  2021 "시진핑 '중국 괴롭히면 만리장성에 머리 깨져 피 볼 것'"『한겨레』, 2021.07.01

- 조경희

  2019 "일본의 역사수정주의·국가주의·백래시의 연동 : '새역모'와 '일본회의'를 중심으로",『황해문화』, 2019 가을: 98-119.

- 조관자

  2016, "일본인의 혐한의식 - '반일'의 메아리로 울리는 '혐한'"『아세아연구』, 163: 250-281.

- 파이지스, 올랜도 저, 김남섭 역

  2013,『속삭이는 사회-스탈린 시대 보통 사람들의 삶, 내면, 기억(The Whisperers) I, II』, 교양인.

- 함영준

  2014, "일본에 선의로 접근한 노무현, 독도로 뒤통수 친 일본",『조선일보』, 2014.08.10.

- 허윤

  2016, "냉전 아시아적 질서와 1950년대 한국의 여성혐오",『역사문제

연구』, 20(1): 79-115.

- Ching, Leo T. S.

  2019, *Anti-Japan*. London: Duke Univ. Press.

- The Genron NPO

  2020, "Japan-China Public Opinion Survey 2020", 보고서.

- Onishi, Norimitsu

  2005, "Ugly Images of Asian Rivals Become Best Sellers in Japan" NYT, 2005.11.19.

- Silver, Laura, Devlin, Kat and Huang, Christine

  2020a "Unfavorable Views of China Reach Historic Highs in Many Countries", Pew Research Center 보고서.

  2020b "Negative views of both U.S. and China abound across advanced economies amid COVID-19." Pew Research Center 보고서.

  2021 "Large Majorities Say China Does Not Respect the Personal Freedoms of Its People", Pew Research Center 보고서.

- Wang, Zheng

  2014, *Never Forget National Humiliation*, NY: Columbia Univ. Press.

- Yamamoto, Satohsi

  019, "The state of Japan-South Korea relations", *NHK World-Japan*, 2019.06.26.

- Yasushi, Kudo

  2020, "South Korean attitudes toward Japan have worsened dramatically, annual survey finds", 인터넷 보고서.

* Yoon, T. I.

2021 "South Koreans' view of Japan 1991-2019", (2021.05.12.)
https://www.statista.com/statistics/1058041/south-korea-view-of-japan/

미주

1) 해방 직후인 1946년 7월 미군정이 실시한 남한의 여론조사에서 경제체제로 자본주의의 지지율은 14%에 불과하고 사회주의(70%)와 공산주의(10%)를 지지하여 압도적으로 사회주의를 지지하였으며, 원하는 정부형태로는 대의민주주의 85%, 계급지배 5%, 과두제 4%로 나와 대의민주주의를 가장 선호하였다(서정보, 강수진, 2005).

2) 냉전은 또한 냉전을 주도하는 군인상을 부각시키고 호전적 남성성을 우대하고 애국심과 결합한 남성연대를 통해 여성을 타자로 구성하여 배제하고 혐오하는 심성도 확산시킨다. 이때 조선인 위안부 문제는 미군과 자유당 정권에 의해 검열되고 제거되어 비가시화되며 "아내와 여동생을 성적으로 위협하는 대상은 북한의 '괴뢰군'이지 일본군이 아니다"(허윤, 2016: 105). 냉전 이후에야 위안부문제가 일제 만행의 징표로서 이슈화된다.

3) 2020년 Pew Research Center가 실시한 세계여론조사에 따르면 미국에 대한 긍정적 인식과 부정적 인식의 차이는 한국이 +35, 일본이 +32로 세계에서 가장 친미적인 성향을 보여주고 있다. 하지만 한국에 자본과 기술을 제공하고 중간재를 공급해 수출주도형 경제의 발전에 커다란 도움을 준 일본에 대한 언급은 별로 이루어지지 않고 친일적인 심성도 소수를 제외하고는 생겨나지 않았다.

4) 이러한 입장에서 소련을 분석한 책인 파이지스(2013)의 『속삭이는 사회(The Whisperers)』의 아이디어를 많이 참고하였다. 입을 잘못 놀려 사회에서 소외당하거나 또는 독재국가의 경우 체포될 수도 있기 때문에, 즉 '공포와 수치심' 때문에, 생각을 숨기고 믿을 수 있는 사람에게만 자신의 솔직한 생각을 그것도 일부만 속삭인다. 자유롭게 자기 의사표현을 할 수 있다는 한국이나 일본 같은 대의민주사회에서도 불안과 소외 가능성 때문에 대세를 따라가는 경향이 크다.

5) 미국의 압력으로 2016년 북한의 핵과 미사일 위협에 대응한다며 한국에 설치되었다. 중국은 사드가 중국을 향할 수 있다고 보고 이의 배치를 강하게 반대하였고 사드를 배치한 후에는 한국에 대한 강력한 경제보복을 실행하였다.

6) 비밀협약이고 한국정권들이 서로 다른 말을 하고 있어 시작년도가 뚜렷하지 않다.

7) 중국인들은 1.2%만 중국의 잘못이라고 보고 있고 7%는 양쪽 잘못으로 보고 있다. 일본인들은 양쪽 잘못이 54.8%, 중국 잘못 32%, 미국 잘못 4.4%으로 보고 있다(The Genron NPO, 2020: 3).

8장

단기심성체제 3
- 한 농촌의 유교심성의 쇠퇴와 기독교심성의 부상

1. 들어가는 말

민중의 심성도 계속 변한다. 한국농촌에서 지난 100여 년간 유교가 쇠퇴하였고 서구화가 진행되어 생활양식과 심성에도 많은 변화가 있었고, 이제 자본주의적 생활양식과 심성이 뿌리를 내리고 있다. 1880년대부터 서구문물이 들어오기 시작했고, 갑신정변이나 동학혁명의 소용돌이를 경험했고, 일제의 미신타파를 거치면서 민간신앙이 빠르게 약화되었으며, 이제 의무교육, 미신타파, 산업화, 도시화를 거치면서 전통적인 유교심성이 아직 남아 있지만 농촌의 심성에도 전반적인 변화가 계속되고 있다. 종교생활 영역에서 유교심성의 쇠퇴, 민속신앙의 약화, 그리고 일부 지역에서 기독교심성의 부상이 나타나고 있다. 이 글에서는 유교와 기독교에 집중하여 일상생활에서 행해지는 종교적 의례적 활동들이 어떻게 변하는지를 통해 심성의 변화를 살펴보고자 한다.

전북지역에서도 1700년대 말 천주교가 들어왔고 개신교는 1893년 미국 선교사 데이트와 전킨이 전주를 방문하여 호남 최초로 서문교회가 시작하였고 1895년부터 전주에 거주하기 시작했고 1897년 5명에게 세례를 주면서 기독교가 퍼지기 시작했다. 처음에는 성리학, 위정척사운동, 동학 등으로 개신교가 정착할 수 있을지 의문이었지만 선교사들이 의료사업과 교육과 봉사활동이라는 간접적인 방법을 통하여 어느 정도 성공적인 선교를 할 수 있었다. 호남의 최초 근대병원인 예수병원을 1898년 설립하고 1900년 호남 최초의 여성학교를 설립하여 의료와 교육을 통한 선교사업을 실시하여 성공적으로 선교사업이 정착하게 되었다(김종현, 2002; 류대영, 2012). 특히 1905년에서 1910년 사이에 교회가 빠르게 증가하여 유교의 몰락과 기독교의 확산이 서로 관련되어 있음을 보여준다(송현숙, 2005).

전북지역에서 1970년대부터 농어촌에서 급속하게 기독교가 팽창하기 시작했다. 뒤에서도 언급하겠지만 이는 전국적인 현상이었다. 전북의 여러 농촌이나 어촌에서도 전통민간신앙과 유교가 약화되고 기독교가 정착되는 현상이 나타나고 있었다. 예를 들어 위도 띠뱃놀이가 지금까지 행해지는 위도 대리에서도 교회가 정착하면서 교인들은 띠뱃놀이에 참여하지 않고 띠뱃놀이를 미신으로 비판하면서 마을이 두 편으로 나뉘게 되었고 따라서 띠뱃놀이가 공동체행사로서의 의미를 가지기 어렵게 되었다(이정덕, 1995).

한국의 많은 농촌지역에서는 이미 기독교가 뿌리를 내려 일상생활의 일부가 되었고 주민의 일상생활에서의 영향력도 커지고 있다. 이정덕, 홍성흡, 서영선(1996)은 전북의 마을을 조사하면서 얻은 자료로 유교와 기독교의 갈등과정을 문화투쟁이라는 명칭으로 정리한 적이 있다. 기독교 신도들은 전통적인 민간신앙을 미신으로 간주하면서 그러한 조사를 왜 하는지, 조사할만한 가치가 있는지 의문을 제기했고, 미신이어 빨리 사라져야 한다며 이를 강하게 배척하고 또한 언급하지 못하게 하고 있었다(강길원, 윤덕향, 이정덕, 1996 등 1990년대 필자의 민간신앙 조사과정에 대하여 미신을 왜 조사하는지 모르겠다는 기독교인들이 상당히 있었다). 필자가 위도의 띠뱃놀이 현장을 조사했을 때도 그 지역 교회의 신도들은 미신을 왜 조사하는지, 도시 사람들이 왜 미신행사인 띠뱃놀이에 대거 참여하러 오는지, 우상을 지금도 왜 모시는지에 대해 아주 비판적으로 발언하였다. 일부 마을에서 기독교가 주도하게 되면서 민간신앙이 우상이라며 장승이나 당집을 파괴하는 사례가 있었다. 특히 기독교 청년들이 당집을 파괴하거나 목장승을 베어버리는 경우가 많았다.

어떻게 하여 유교가 주도하던 많은 마을에서 신앙관이 기독교로 대체되는 현상이 나타났을까? 유교의 민속은 어떻게 바뀌어 일상생활에서 어느 정도의 영향을 미치고 있고, 기독교는 어떻게 일상생활에 정착되어 일상적인 생활민속의 하나로 정착하게 되었는가? 이 논문은 전북 완주군의 한 농촌마을을 중심으로 어떻게 기독교가 들어와 마을의 중요한 요소로 정착하게 되었고 기독교가 일부 주민들의 일상민속으로서 어떻게 정착되고 있는가. 그리고 유교민속은 어떠한 모습을 하고 어느 정도나 일상민속으로서 작동하고 있는가를 고찰하고자 한다. 조사 대상 마을은 전통적으로 유교가 주도하는 마을이었고 민간신앙은 유교와 공존하면서 각 집안이나 개별적으로 행하다가 1960년대 대부분 사라졌다. 당산제와 같은 공동체신앙은 일제시대에 이미 사라졌다. 조선시대부터 무당이 있었으나 1945년 해방 후 이주해나갔다. 1990년대 옆 마을에서 다시 들어와 2000년대 중반 도시로 이주하였다. 이 마을의 서원에서는 공자, 안자, 주자 등을 모시는 춘제를 소수가 참여하여 매년 지내고 있으며, 각 문중의 시제는 제사행위는 회수와 참여숫자가 줄었지만 계속되고 있다. 사망한 후 명당을 찾는 행위는 지금도 계속되고 있다. 전통적으로 유교적 조상숭배가 이 마을의 가장 중요한 종교영역의 생활민속이었다. 1540년대 입향한 조상을 중심으로 강력한 동족마을을 형성하고 있어 이들 조상신을 모시면서 양반가문으로서의 자부심을 느끼고 있었다. 이 마을에서 불교는 일부 여성이 절에 찾아가는 경우가 있었지만 극소수이어서 중요하지 않았다. 대체로 여성들이 가신신앙에 많이 참여했으나 새마을운동과 기독교의 도입으로 대부분 사라졌다.

이글은 유교나 유교심성이 현재의 생활민속으로 남아 있는 모습과 처음 기독교가 들어와서 정착하여 어느 정도나 일상적인 생활민속으로 정착되어 있는지를 살펴보고자 한다. 마을에서 주로 유교, 기독교와 관련된 사람들과 면접을 통하여 인간관계의 변화, 유교의 생활민속, 기독교의 생활민속을 파악하고자 하였고, 시제, 제사, 예배, 추도예배 등에 참여하여 실제의 생활모습을 관찰하였다. 또한 노인들의 기억을 통해 기독교의 정착과정과 부상을 살펴보았다.

2. 조사지역의 배경

조사지역은 산으로 둘러싸인 분지로서 전주까지 걸어서 2시간 걸리는 곳으로 1975년부터 전주까지 시내버스가 다니기 시작했다. 군산, 김제, 익산, 전주로 이어지는 평야지대보다 늦게까지 다양한 민간신앙이 남아 있었지만 마을공동체 당산신앙도 해방 이전에 사라졌고, 가신신앙들도 대체로 60년대를 지나면서 사라졌다. 개발이 더디어 과거 신앙체계가 전주 주변의 다른 지역에 비교해서 늦게까지 남아 있던 곳이다. 또한 그린벨트로 묶여 있어 개발이 불가능하였기 때문에 개발세력이 진입하기 어려워서 전주라는 큰 도시가 옆에 있으면서도 늦게까지 전통민간신앙과 생활들이 남아 있었다. 물론 전북의 산촌이나 어촌에서는 이곳보다 더 늦게까지 마을공동체 신앙과 가신신앙이 남아 있었다.

다른 한국의 농촌과 마찬가지로 이곳에서도 1960년대부터 급속하게 젊은이들이 도시로 떠나가서 점차 고령화되어 현재 50대가 가장 어린 나이에 속한다. 전주가 차로 30분정도 걸려서 전주로 출퇴근하는 사람들이 들어와서 살고 있다. 그래도 마을 전체 인구수는 계속 줄고 있다. 이 마을은 현재까지도 연안 이씨가 가장 많이 사는 동족부락으로 가구수가 20가구를 조금 넘으나 주민들의 인구이동이 자주 있어 고정되어 있지 않다. 가구원들은 대체로 노인 또는 장년부부나 배우자가 죽고 한 명만 남아 있는 가족이 대부분이며 아기를 지닌 젊은 부부는 없다. 1940년대까지 타성으로는 사위나 목수, 산지기, 서원지기, 하인, 무당이 마을에 살고 있었으나 이들은 1960년대까지 대부분 이사 나갔고, 이후 타성들이 많이 들어와 거주하면서 타성들의 비율이 높아지고 있다. 특히 전주에서 이 마을의 전원주택으로 이사 오는 집들이 늘어 현재 4집이 양옥으로 된 전원주택이다. 이들은 마을일에 거의 참여하지 않고 있다. 인구는 1970년에 240여 명이었으나, 1981년 170여 명, 1996년 100여 명, 그리고 2014년 현재는 40여 명으로 줄었고, 가구수는 1970년 40여 가구에서 1980년대 30여 가구로 그리고 현재는 20여 가구로 줄었다(이정덕, 1984; 이정만, 1983; 2014년 현지조사 자료).

논 및 밭이 총 10만여 평에 이르러 가구당 약 1ha정도의 토지를 가지고 있지만 도시친족들이 토지를 소유한 경우가 많다. 따라서 타인에게 위임하여 경작을 하는 경우가 아주 많다. 점차 쌀농사가 줄어들고 각종 원예작물이 증가하고 있다. 논에 각종 야채류나 관상수를 심고 있는 집이 늘어나고 있다. 기계의 임차나 임노동에 의한 작업과 소작을 주는 것이 주도적인 관행으로 굳어져 있다. 마을 내에 인력이 부족하기 때문에 전주에서 노동력을 공급받고 있다.

조사지역의 전통적인 종교 및 신앙생활은 유교와 민간신앙이 섞여 있어 대체로 다른 한국의 마을들과 비슷하나 동족마을로 문중의 영향력이 강하며 마을에 서원이 있어 유교적인 전통이 매우 강했다. 마을의 중앙에 있는 서원은 이 마을이 지역에서 강력한 유교 중심지였고, 유교적 관계를 중심으로 다른 지역보다 우월한 지위에 있었음을 상징적으로 보여준다. 서원에서는 학생들을 가르쳤을 뿐만 아니라 신당에서는 공자, 안자, 증자, 주자 등을 비롯한 유교 성현들의 영정과 위패를 모시고 있으며 지금도 음력 2월 중순경에 공자를 모시는 춘제를 지낸다.

　여자들은 집안에서 성주신, 조왕신, 용왕신 등을 모시고 굿을 하거나, 애기를 낳으면 금줄을 치고, 동네의 당산나무, 당바위, 정자나무에 가서 제상을 차리고 고사를 지내는 등의 민간신앙이 1960년대까지 행해졌다. 마을 내에 당골(무당)이 거주하고 있어 아프거나 재수 나쁜 일이 벌어지면 무당을 불러 굿을 하였다. 마을 가까이에 절이 있지 않아 절을 찾기 위해서는 몇 시간을 걸어가야 했다. 또한 이곳의 연안이씨 족보에 절은 미신이기 때문에 절대 가지말라고 쓰여져 있어 문중에서 이를 지켜왔다. 그래서 절을 찾는 사람들은 많지 않았다. 소수의 여자들이 절에 가는 경우도 있으나 불교신앙은 보통 민간신앙과 같이 미신에 가까운 것으로 간주되었고, 이 마을 입향조인 연안이씨 중시조가 족보에 미신을 믿지 말라고 하였다고 적혀 있고 또한 절에 가지 말라고 했다는 말이 전해져 내려와 남성들은 대체로 절이나 민간신앙에 참여하지 않는다. 하지만 이곳에서도 해방 무렵까지 당산제를 남성들이 유교식으로 지내왔다고 전해진다.

　남자들은 주로 서원, 문중, 제사, 시제를 중심으로 한 유교적 종교 및 세계관을 유지하고 있었다. 그리고 당제나 마을 풍물패의 놀이에 부유한 연안이씨들은 쌀이나 막걸리나 닭을 내놓았지만 직접 참여하는 것은 양반이 할 짓이 아니라고 하여 연희에 직접 참여하지 않았다. 필자가 백중날 마을 풍물패의 연희에 들어가 춤을 추었는데 대부가 와서 양반은 참여하지 않는 것이라며 나오라고 한 적이 있었다. 공동체 전체를 위한 당산제는 해방 무렵 없어졌지만 소수의 주민들이 정월에 마을 당산에서 당제를 지내고 마을의 안녕과 풍요를 기원한다든지, 가뭄이 들면 산에 올라가서 불을 피우며 기우제를 지낸다든지, 정월대보름에는 풍물을 구성하여 각 집을 돌면서 지신밟기를 한다든지 등의 민간신앙은 1960년대까지도 지속되었다. 이들 일부는 조상신뿐만 아니라 다양한 초자연적인 존재가 지역 곳곳에 존재하며, 따라서 이러한 각종 귀신, 신, 도깨비들에게 나쁘게 보여서 좋을 것이 없으며, 현실세계에서 일어나는 불행한 일들이 이들이 작용하여 일어난 것이므로 이들에게 빌든지 또는 이들을 협박하든지 하는 등의 방법을 통하여 해결하여야 한다는 생각을 가지고 있었다. 해방 후에도 도깨비와 싸운 이야기, 호랑이가 고개를 넘어올 때 쫓아왔던 이야기, 혼이나 귀신 이야기들이 점점 약화되었지만 1970년대까지도 회자되었고, 1980년대에도 도깨비가 초가지붕에 불을 지르는 것을 봤다는 사람도 있었다.

3. 유교심성의 쇠퇴

이 마을은 연안이씨가 주도하는 동족마을로 연안이씨가 완전히 장악하고 있었다. 70년대 주민 40여 가구 중 30가구가 연안이씨였다. 마을에서의 어른들에 대한 인사와 존경심 표현은 계속 되어왔다. 1960년대까지 동네의 모든 친척들이 종손(당시 종손은 나이 많은 노인이었다)의 집에 가서 마루에서 세배를 하고 산지기나 머슴들은 마당에서 마루에 앉아있는 종손에 세배를 하였다. 하루 종일 마을을 돌아다니며 일가친척 집에 세배를 다녔다. 하지만 1970년대부터는 이러한 관습도 점차 약화되었다. 1970년대에 장손이 죽어 장남으로 장손이 이어졌는데 새로운 장손은 곧 도시로 취업하여 이주해 나갔다. 그 이후 이 장손은 문중의 일에 참석하지 않고 있다. 따라서 장손이 해야 할 의례(시제의 초헌관, 시제의 전반적인 주관, 제례, 차례)들이나 역할(문중대표, 일가의 어른)을 나이 많은 문중구성원들이 담당하고 있다. 대문중이 종손과 유사체제에서 회장, 부회장, 간사의 체제로 바뀌면서 장손과 관련 없이 움직이는 조직으로 바뀌었다. 형식적이지만 선거로 회장을 뽑고 회장이 문중을 대표하게 되었다. 문중이 과거에는 문중재산조성, 묘지관리, 상례지원, 장학금 조성과 전달, 재실의 개축, 족보 발간과 같은 일들을 적극적으로 수행하였으나, 갈수록 문중의 그러한 역할이 크게 감소되고 있다. 문중을 통한 제례도 약화되고, 문중소유의 전답도 줄어들어 소작도 줄었고, 문중의 장학금이나 경제적 지원도 사라져, 문중을 매개로 한 공동체적 상호의존도 크게 약화되었다. 문중의 역할이 약화되고(장학금, 재실건축, 재실관리 등), 또는 족보의 발간빈도수도 줄어들고 있다. 문중의 조직이 아예 사라지는 경우도 있고 또는 계속 유지하고 있지만 과거에 가지고 있던 중요성은 계속 상실하고 있다. 종손과 지손支孫들 사이에도 위세에 상당한 거리가 있었지만 지금은 항렬이나 종손과 지손의 관계에서 지위나 권위의 차이가 거의 사라졌다. 문중이나 장손이나 지손 자체에 대한 관심이 크게 약화되어 소수의 사람들만이 문중에 참여하고 장손이나 지손이라는 존재를 의식하며, 대부분 관심이 없다.

과거부터 가을에 많은 시제가 이루어졌다. 지금도 이 마을사람

모두의 조상이 중시조로 있는 대문중은 시제를 가을에 지낸다. 시제를 위한 제기 등을 보관하고 비가 올 때 실내에서 시제를 지내는 재실이 마을에서 2km 떨어진 종산宗山 입구에 있다. 대문중은 가을에 시제를 지낼 때 딱 한번 이 재실을 사용한다. 재실 밑에는 산지기의 집이 있다. 산지기는 문중이 가지고 있는 논과 밭을 경작하며 수확량의 2분1을 내서 제물을 마련한다. 1960년대 두루마기를 입고 문중의 구성원들이 모이면 100명이 넘었지만 지금은 10여 명이 참여하며, 소수를 제외하고는 평상복을 입고 시제에 참석한다. 1960년대에는 어린이들도 참석하였지만 지금은 대부분의 참석자들이 노인들이다. 시제의 순서는 그 때나 지금이나 같다. 전통적인 시제의 순서를 그대로 따르기 때문이다. 참여자의 수가 소수이더라도 시제는 해마다 지내고 있다. 한 문중은 시제를 위하여 해당 조상 모두의 이름을 비석에 적어 넣고 그 앞에서 모든 조상에 대한 시제를 한꺼번에 지내고 나서 마을로 돌아간다. 이 소문중의 2014년 시제에 참석한 사람의 수는 11명에 불과했다. 2019년 시제에는 6명이 참석했다. 모두 평상시의 옷을 입고 시제를 지냈다. 이 문중도 1년에 딱 한번 시제 때 모임을 갖는다. 시제날을 토요일이나 일요일로 잡아서 구성원들에게 통보한다. 보통 오전에 시제를 마치고, 점심을 먹으면서 총회를 한다. 10여 명에 불과하므로 같이 식사를 하면서 족보, 문중재산, 묘사墓祀 등에 대하여 논의한다.

2014년 봄 시제에서 홀기에 따라 행한 순서는 다음과 같다. 강신례-참신례-초헌례-아헌례-종헌례-유식례-사신례-음복-철찬. 일반적인 제사의 순서를 따르고 있다. 집사가 순서를 진행할 때 홀기를 가지고 있다가 시제의 순서대로 한문으로 적혀 있는 홀기를 읽었다. 참석하는 대부분의 사람들도 한문으로 된 읽는 내용을 제대로 알지는 못하지만 홀기에 한글로 설명이 쓰여져 있어 알고자 한다면 한글풀이를 볼 수 있도록 되어 있다.

문중과 별도로 구이면에서 연안이씨 진사공 화수회가 조직되어 있다. 처음 이 마을에 입향한 조상의 후손들은 누구나 참석할 수 있으나 정치(예를 들어 군의원 출마)에 관심이 있는 사람들은 뺐다. 갈등이 생길 수 있기 때문이다. 18가구 부부가 모여서 35명 정도가 참석한다. 구이면 출신들이 전주에서도 화수회를 조직하여 두 개의 화수회가 있다. 하나는 나이든 사람들이 참석하는 화수회이고 하나는 젊은층 화수회이다. 둘 다 전주에 살거나 전주 부근에 살면 참석할 수 있다. 여기에는 구이면 출신이 아닌 연안이씨들도 참석한다. 참석자수가 줄어들고 있기 때문에 수를 유지하기 위하여 문호를 개방하였다. 이들은 대체로 한 달에 한 번씩 모여서 친목을 도모한다.

마을 중심에 서 있는 보광서원은 이 마을의 정신적 지주였다. 서원에는 일제 강점기까지도 서당으로 쓰였던 강당(서원에서 학습하는 곳), 중국 4대 성현(공자, 안자, 증자, 주자)을 모시는 사당, 유학자 8명(이 마을 출신 연안이씨 4명, 이들의 지인 4명)을 모시는 사당, 서고가 있었다. 보광서원은 1868년 대원군에 의해 철폐되었다가 1911년 사당을 복구하였다. 음력 2월 2번째 정일丁日에 공자와 성현을 모시는 춘제春祭를 지낸다. 여기에도 30여 명 정도 참석했었는데, 이제 10명도 참석하지 않는다. 원래는 전주 향교에 속한 유림과 사당에 모시는 유학자들의 후손이 참석하였으나 현재는 이들도 거의 참석하지 않는다. 마을에는 유림으로 전주향교에 등록된 사람이 한명 뿐이어 이 유림이 춘제를 주도하고 사람들의 참석을 독촉한다. 유림은 유복儒服을 입고 춘제에 참석하지만 나머지 몇몇 마을사람들은 평상복을 입고 구경만 한다. 유림들은 이곳뿐만 아니라 다른 서원이나 향교의 춘제, 추제, 석전대제에 참석하여 현재도 마을을 넘어선 유림의 네트워크로 연결되어 있다. 이들이 서원이나 향교를 중심으로 조선말까지 지역주민들을 유교적으로 통제하는 강력한 힘을 가지고 있었으나 그러한 영향력은 이제 사라졌다. 현재는 유교를 지키며 효도나 유교경전에 대한 의식을 조금이라도 더 확산시키려고 노력하는 정도이다. 보광서원의 유림은 지역에서 제례과정이나 상장례과정을 주도하고 있지만, 행사에 참여하는 정도이지 구체적인 의미에는 주민들은 별로 관심을 표하지 않는다.

보광서원에서 춘제를 지낼 때도 집사가 홀기를 보고 읽으면서 정해진 순서에 따라 제를 지낸다. 보광서원 홀기에 순서는 전폐례-초헌례-아헌례-종헌례-음복-망료례의 순서를 따른다. 축을 하나만 적어보면 다음과 같다. 維 歲次 辛卯 二月 己未朔 十三日 辛未 後學 李在龍 敢昭告于 慕菴 李先生 行篤孝友 學透誠敬 山仰百代 碩祖歲稱 謹以 粢盛牲幣 庶品式陳 明薦 上 饗. 제관이 배향 대상자의 훌륭한 성품을 설명하는 내용이다. 위패로 모시는 8명 모두의 축도 비슷한 내용을 담고 있다.

보광서원은 전주향교에 소속되어 있고 또한 전주향교는 서울성균관에 소속되어 있다. 다른 서원들이나 작은 향교들이 전주향교에 소속되어 있어 전북의 모든 서원과 향교가 서로 연결되어 있다. 이들을 중심으로 전주향교에 유림이 등록되어 있는데 400여 명이 현재 등록되어 있고 이 마을에서는 한 명이 전주향교와 성균관에 등록되어 있다. 서울의 성균관으로부터 마을의 유림에까지 모두 네트워크로 이어져 있다. 전라북도의 유림회도 구성되어 있어 공동으로 유교윤리를 널리 알리고, 유교서적들을 퍼트리고, 향교와 서원을 보존하는 노력을 한다. 하지만 젊은 사람들이 별로 참여하지 않아 대체로 장년과 노인으로 구성되어 있다.

이곳 마을에서도 서원의 춘제나 문중들의 시제에 참석하는 사람들은 대체로 60대 노인들이다. 마을사람들은 서원을 매개로 이 마을이 전통적인 양반마을이라고 생각한다. 하지만 문중이나 시제의 유교적 의례들은 더 이상 젊은 층의 관심을 끌지 못하고 있다. 집안에서의 제사와 설날이나 추석과 같은 명절도 조상숭배의 유교적 관습이지만 그 회수도 줄고 내용도 약화되고 있다.

외지에 나간 자녀들이 갈수록 이 마을의 부모를 찾아오는 빈도수도 줄어들고 있다. 이곳에 남아서 사는 부모들이 사망하거나 또는 자식이 있는 전주나 서울로 이주하는 경우가 많아지고 있기 때문이다. 1970년대 초반까지는 명절에 고향을 방문하면 부모에 선물을 드리고 세배를 할뿐만 아니라 마을 내의 다른 집도 찾아다니며 일가 어른들에게 세배하는 경우는 일반적이었다. 지금은 이웃집의 어른들을 찾아가 세배하는 관습이 크게 약화되었다. 핵가족을 중심으로 아주 가까운 친족만 방문하며 6촌을 넘어서는 일가친척의 방문이 크게 줄었다. 성묘는 명절이 아닌 때라도 방문하여 행한다. 벌초는 대체로 마을의 문중에서 해결하고 외지에 있는 일가들은 돈으로 내는 경향이 있다. 청명, 한식, 단오 등의 절기에 산소를 찾는 관습은 거의 사라졌다. 아직 한식에 성묘를 오는 사람이 조금 있다.

제사는 대부분 집에서 지내고 있다. 기독교인들은 추도예배를 지내고 있어 제례형식은 바뀌었지만 계속 조상을 모시는 셈이다. 제사를 지내는 경우도 이전과 달리 4대를 모두 모시는 경우는 드물다. 전통적으로 4대를 모셔야하기 때문에 최소한 8번의 제사를 지내야 했고, 재혼이나 후처가 있는 경우 10번이 넘기도 한다. 설과 추석 차례를 지내고 부모나 조부모의 생신에 마을 사람을 불러서 잔치를 하고 각종 시제를 지내다 보면 한 달에도 몇 번씩 장만을 해야 하는 경우가 많았다. 하지만 현재는 부부를 함께 모셔 제사의 회수를 줄이는 경우가 많다. 심지어 제사를 1번이나 2번으로 줄여 4대조 조상 모두를 한꺼번에 제사지내는 경우도 있다. 또는 3, 4대조라 하더라도 시제로 돌려 시제로 한꺼번에 모시는 경우도 나타나고 있다. 70년대까지 제사를 지낼 때 밤 1시를 넘어서 시작하여 닭이 울 때 끝내는 경우가 일반적이었으나 이제 그렇게 한밤중에 제사를 지내는 경우는 거의 없다. 대개 저녁 시간에 제사를 지내고 끝낸다. 과거 조상신이 귀신으로서 올 수 있는 시간에 제사를 지내야 했기 때문에 자시로부터 닭이 울 때까지의 사이에 제사를 지내야 했다. 하지만 조상신이 실제로 존재한다는 또는 제사를 지낼 때 정말 조상신이 왔다가 간다는 생각 자체가 약해졌다. 따라서 귀신이 밤에 돌아다닌다는 생각도 줄어들고 있다. 조상신이 구천을 떠돌지 않게 하기 위해 제사를 지낸다는 생각보다는 과거로부터 관습으로 내려와서 제사를 지낸다는 또는 그냥 조상을 편하게 하기 위해서나 일가가 한번 만나기 위해 제사를 지낸다는 생각이 많아졌다. 조상신이 저세상에 가서 사람들에게 이런저런 영향을 미친다는 생각도 크게 줄어들었다. 제사가 진짜로 방문하는 신을 모신다기보다 조상을 생각하게 하는 기제로서 지내는 것이라고 설명하는 사람이 많아졌다. 조상신을 이런저런 일을 마음대로 하는 신이라기보다는 상징적인 존재라고 설명하는 사람이 많아졌다. 한 유림은 신에 대해 다음과 같이 말했다. 기독교나 불교는 신을 모시고 죽은 다음에 대해 이야기하지만 유교는 죽은 다음에 무엇이 있는지 모른다고 생각하며 그래서 살아있을 때 잘 모시고 죽어서도 혹 모르니 잘 모시면 일가의 우애를 도모하는 것이 중요하다고 말했다. 한 유림이 다음과 같이 말했다.

"기독교나 불교는 그건 미래를 생각하는 것이고 우리 유교는 오늘의 현실을 가르치는 것이여… 교회인들은 신을 갖고 그러는데, 우리는 신이 없어. 내가 잘함으로써 내가 내 부모한테 그만큼 대접을 받고 내가 못허믄 그만큼 벌을 받는 것이고… 기독교에서는 저기 그 뭐여 천당을 간다 그리고 불교에서는 뭐 극락세계 간다 그러지? 우리는 그런거 내세라는 걸 모르고 살아… 오늘의 현실만, 충과 효만 가르치는 것이지. 내세라는 것은 전혀 몰라… 신이란 건 우리는 없다… 우리는 오로지 조상이 내 신앙이여… 유학이라는 건 그 못된 놈이 나올 수가 없어… 충과 효만 가르치기 때문에 다른 건 없어."

  이 마을에서는 서원, 묘지, 문중, 재실, 제사, 상조계가 유교와 관련된 것으로 인식된다. 동갑계도 전통적인 유교적 관습의 하나라고 생각한다. 마을에 여럿의 동갑계가 있다. 같은 나이끼리 모여서 밥을 먹는 동갑계는 여러 개가 면단위로 조직되어 있다. 매달 회비를 내고 부부가 같이 참석하여 밥을 먹거나 여행을 간다. 마을 전체를 참가시키는 대동계와 같은 것은 이 마을에 없다. 마을에 상조계가 있는데 이는 이 마을에서 살다가 외부로 나간 사람도 참여한다. 부모가 돌아가시면 모두 참여하여 장례식을 돕고 회비에서 장례비를 지원하여 돌아가신 조상을 잘 떠나도록 하는 것이다. 유교적 전통이라고 생각하지만 유교가 아닌 사람들이 참여하는 것을 막지 않는다. 기독교인도 같이 행동을 하면 참여하는 데 아무런 문제가 없다. 마을사람들이 잘 인식하지 못하지만 마을에서 걸어서 10분쯤 떨어진 곳에는 연못과 정자가 있는데 이들도 유교적 전통과 관련이 있다. 네모진 연못과 그 안에 둥근 섬[天圓地方]이 있다. 우주와 땅을 상징하지만 마을에서 이러한 의미를 아는 사람은 없다. 집안의 안방에는 도시로 떠나간 자식들과 손자녀들의 사진이 걸려있다. 여행이나 환갑 등의 사진이 걸려 있는 경우도 많다. 이러한 사진도 유교적 혈족주의를 반영하고 있지만 특별히 유교적이라고 생각하지는 않는다. 그냥 가족이라 그런 것이라 생각한다. 이러한 사진은 기독교도의 집에서도 나타나고 있고 가족이라 보고 싶어 걸어놓은 것이라고 설명하고 있다.

4. 기독교의 정착과 확산

이곳 목사는 유교를 행하는 사람보다 무속을 믿는 사람을 전도하기가 더 쉽다고 했다. 무속을 믿는 사람은 여러 귀신에게 빌었던 구복을 귀신보다 하나님을 대상으로 하면 되기 때문이다. 유교추종자들에게는 천지를 창조하고 벌을 주는 인격적인 신을 받아들이기 어렵다. 창조신은 조상신을 부정하여 수용이 어렵고 또한 유교에는 천지를 혼자 창조하는 신이 존재하지 않기 때문이다.

한국에서 기독교는 70-80년대 폭발적으로 성장하여 신도수가 1,000만 명을 헤아렸다. 농촌교회의 수가 전체 교회수 3만여 개의 35%로 농촌인구가 총인구의 25%인 것과 비교하면 많은 셈이다. 하지만 교회규모가 영세하여 평균 44명에 불과하며 경제적으로 힘들어 농촌목회자의 거의 절반이 절대빈곤층이다. 그래서 목회자들이 많은 어려움을 겪는다. 또한 농촌은 전통적인 유교나 불교나 민간신앙이 많이 남아 있어 기독교가 뿌리를 내리는 데 도시보다 어려움을 겪는다. 친족이나 마을공동체가 도시보다 강하기 때문에 마을집단과 마찰을 일으키는 경우가 많다(이원규, 1992). 이 마을에서도 이와 비슷한 상황이 나타나고 있다. 특히 서원과 문중이 발달하였던 유교적 성향이 강한 마을이어서 이 마을 남성들에게 기독교를 믿게 만드는 것은 아주 어려웠다.

1970년 이 마을출신으로 전주교육대학을 다니던 여학생이 젊은 사람들을 모아 기독교 모임을 시작하였다. 그녀는 유교나 민간신앙을 우상숭배로 기독교를 선진적인 것으로 설교하였다. 그녀는 대학에서 기독교 동아리의 회원이었다. 얼마 후에 이 마을 출신으로 기독교 학교인 전주의 신흥고등학교를 졸업하고 광주에서 호남신학교를 졸업한 청년 등이 참여하였다. 이들은 이웃지역의 교회에서 전도사를 초빙하여 방을 빌려서 성경공부를 하였다. 사람이 조금 늘자 당산나무 부근에 천막을 치고 천막교회를 시작하였다. 당산나무 옆에 천막을 치자 마을청년들이 몰려와 돌을 던지고 천막을 부쉈다. 이들이 방을 빌려서 소수가 모여 성경공부를 할 때 마을 사람들이 이들을 윤리를 모르는 사람들이라고 욕은 했어도 폭력적으로 이들의 모임을 방해하지는 않았다. 이들이 마을의 숭배대상인 당신堂神 부근에 천막을 치자 당신堂神이 분노할 수 있는 곳에 천막을 쳤다며 마을 사람들이 화를 냈다.

특히 당산나무 근처에 천막교회를 세웠던 해에 마을 노인들 9명이 계속 죽었다. 너무 많은 사람들이 갑자기 죽자 마을사람들이 토착신堂神이 노해서 그런다며 특히 노인들이 적극적으로 교회의 설립을 반대하였다. 교회에 다니는 사람은 제사를 우상으로 알고 제사대신 추도예배만 본다고 하여 조상도 몰라보는 "상놈들이나 할 짓"이라거나 "가치없이 서양 것에 물든 놈"들이라 하여 매우 분개하였다. 그러나 기독교도들과 전도사는 자신들이 훨씬 깨어있고 선진적인 종교를 믿고 있는데, 미신을 믿어 마을사람들이 저렇게 공격적이라며, 결국 하나님이 보호해줄 것이라고 생각하며, 천막교회가 부서지면 다시 짓는 식으로(8번이나 이동하면서) 자신들의 신앙공간을 유지하여 나갔다.

이 당시 개척교회에 다니는 젊은 사람들은 주로 도시에 교육받는 젊은이들이었다. 이들은 도시에서 학교를 다니며 이미 유교가 구식으로 현대에 맞지 않으며 교회가 보다 선진적이고 능동적인 신앙으로 생각하는 분위기에 젖었던 사람들이다. 이 당시 전주시는 이미 30% 정도의 인구가 기독교인이었다. 교회가 향교보다 훨씬 활발하게 활동하고 있었다. 젊은이들은 유교를 고리타분한 전통으로 농촌이 낙후한 원인 중의 하나라고 생각하였다. 물론 이들이 조상을 완전히 부정하는 것이 아니지만, 조상을 신으로서 모시는 것에 대하여 반대하였다. 실제 이곳 기독교인들은 제사와 시제에 참석하여 절을 하지 않고 기도를 한다. 조상이 나의 존재 근거이고 부모에게 효도를 해야 한다는 생각에는 별다른 차이가 없다. 남성신도들이 위패에 절을 하지 않는다는 것을 제외하면 부모와 조상이 중요하다는 유교적 심성은 거의 유지하고 있다.

하지만 유교적 남성들은 기독교도가 조상에게 절을 하지 않는다고 불효자식이라고 주장했다. 하지만 유교의례에서 배척되어 주로 민간신앙에 의존하였던 할머니, 어머니들은 남성들보다는 기독교에 대하여 우호적인 편이다. 이들은 집안에서 가신신앙을 통해 가족의 안녕과 재부를 기원해왔고 조상제례에서 음식만 장만하지 제례절차에는 참여할 수 없었다. (현재는 여성들도 제례절차에 참여하는 경우가 많아졌다) 물론 기독교도들은 민간신앙을 미신이라 전면적으로 부정하였기 때문에, 대부분 부엌에서 조왕단지를 모시고 우물의 용왕신이나 마루에 성주단지들을 모시던 시기에 할머니나 어머니들이 기독교에 대해 못마땅하게 생각하였다. 하지만 민간신앙은 이미 정부에서도 학교에서도 미신으로 낙인찍혀 있었기 때문에 보다 합법적이고 선진적인 신을 대상으로 기복을 할 수 있게 되니 기독교를 수용하는 여성들이 계속 늘어났다. 기독교도의 조상숭배에 대한 낙인으로 유교와의 갈등은 크게 부각되었지만, 여성의 영역인 민간신앙과 기독교의 초기 갈등은 여성들이 대거 기독교로 전향하면서 사라졌다. 기복적인 심성을 유지하면서 대상신만 바꾸면 되는 것이어서 빠른 속도로 여성들이 기독교화되었다.

이러한 과정에서 교회가 동족촌락에서 소외되어 있던 집들로부터 조금씩 신도를 확장할 수 있었다. 특히 초기 신도들은 동네에서 영향력이 없거나 가난한 사람들이 대부분이었다. 또한 남성들보다 여성들이 훨씬 많았다. 이 마을의 주도 세력인 연안 이씨들과 노인들은 대부분 교회에 적대적이었다. 천막교회를 통해 어느 정도 교인(특히 여성)을 포섭하게 되자, 기독교도들은 1972년부터 마을 내에 직접 교회건물을 짓기로 하였다. 마을노인들의 커다란 반대가 있었고 마을 어른들이 건물을 부숴버리겠다는 협박을 여러 차례 했지만 실제로 부수지는 못하였다. 이들은 신도들에게서 조그마한 돈을 모았으며 스스로 모찌장사, 빵장사, 모래푸기 등을 통해 돈을 모으고 스스로 벽돌을 쌓아가면서 건물을 지었다. 또한 전주에 있는 중부교회에서는 이 교회를 건설하는 데에 금전적인 도움을 주었다. 이러한 외부사정에 대한 인식과 외부 기독교 단체와의 접촉은 마을 내에서 소수파로 계속 핍박을 받고 있을 때여서 자기 정당성을 확신하고 계속 신앙생활을 유지하고 공격적으로 신앙공간을 확대하기 위해 노력하는 데 중요한 사회적 지지가 되었다.

기독교도들은 교회건물을 마을 중앙에 1973년 완성하면서 매일 새벽과 일요일 예배시간에 종을 치면서 시각적으로나 청각적으로나 교회의 존재가 확실하게 마을사람들에게 각인되었다. 지금까지도 마을에서 가장 커다란 건물이 보광교회이다. 매주 예배소리, 찬송가 소리, 종소리가 마을에 울려 퍼진다. 유교의 서원은 일 년에 한 번만 제사를 지내며 조상을 모시는 시제도 특정한 때에 특정한 친족들만 산에 모여서 제를 지내는 데 비하여 기독교는 매주 행사를 하고 항시 적극적으로 개방하여 사람들을 포섭하기 위해 노력하여 왔다. 또한 이들은 조직적으로 교인들을 방문하고 서로 돕도록 하여 계나 품앗이도 교인들끼리 하는 경우가 많다.

장년이나 노인남자들은 자신들이 중심이 되어 있는 조상숭배를 포기하기가 매우 힘들지만은 젊은이나 여성들은 조상숭배에서 보다 자유롭기 때문에 기독교에 보다 쉽게 포섭될 수 있었다. 초기에 전도할 때, "교회 나오면 잘된다… 병도 낫는다… 하는 일도 잘된다… 그러니까 이제 교회 잘 나오시고…"라고 전도를 하면서 하나님이 믿기만 하면 어떤 문제든 해결해줄 것 같이 전도하였다. 소외되어 있던 집단들이나 무당을 통해 문제를 해결하려고 했던 사람들은 하나님이 더 잘 해결해줄 것으로 생각하여 잘 전도할 수 있었다. 민간신앙을 행하는 여자들을 포섭하기는 조상숭배를 행하는 장년과 노년 남성을 포섭하기보다 쉬웠다. 특히 남편이 죽은 가정에서는 남성의 반대를 걱정하지 않아도 되기 때문에 더욱 그렇다. 몇 가지 사례를 살펴보자.

기독교 신자가 된 한 며느리(지금은 자신이 할머니지만)는 기독교와 민간신앙을 동시에 행하였었다. 시어머니로부터 장독에 맑은 물을 떠놓고 "물행수 여래보살 대정보살"하면서 두 손으로 그 물을 헤치면서 먹으면 손을 통해 나쁜 것이 나간다는 것이나 아픈 사람이 있으면 마당을 호미로 여기저기 파고 다니며 칼로 바가지를 긁다가 칼을 꽂고 바가지를 그 위에 엎어 놓으면 사람이 낫는다는 등의 여러 가지 민속적 주문과 치료기법을 배웠는데 시어머니의 이러한 관행을 인정했을 뿐만 아니라 그녀도 기독교와 같이 이를 사용하였다.

A는 옛날부터 동산촌에서 교회를 다녔었다. 특히 남편이 아편에 중독되어 있어 의지하러 다녔다. 남편이 47살 나이로 죽은 다음에는 의지할 곳이 종교밖에 없어 더욱 열심히 다녔다. 시집에서는 A가 교회다니는 것을 반대하였고 제사 때 찬송을 부르면 "생이 띠미가는 소리"한다고 하면서 못하게 하였다. 시숙은 교회에 나가려거든 집을 나가라고 할 정도였다. A는 교회를 다니면서 한글을 배워 지금은 한글을 읽을 수 있게 되었는데 그녀는 이를 하나님의 은혜로 생각하였다. 이 마을로 이사 온 다음 서울에 사는 자식이 돈이 필요하다고 하여 돈을 빌리려 했지만 아무도 도와주지 않았는데 교회의 전도사가 쌀 한 가마니를 빌려주어 아주 고마웠다. 그녀가 마을사람들이 교회를 헐어버린다고 하여 교회에서 농성을 하며 기도를 하다가 고혈압으로 쓰러졌다. 어느 날 교회에서 기도를 하는데 하얀 가운을 입은 두 사람이 목사님을 싸고 강단에 있다가 없어지더니 갑자기 머리를 꽉 눌었다. 그리고 가슴이 뜨겁더니 아프던 머리가 나았다.

의지하기 위해서 그리고 하나님 은총에 보답하기 위해서도 교회의 직책을 맡아 아주 열심히 봉사하고 있다.

B는 굿도 하는 등 민간신앙을 주로 따랐었다. 남편이 딸이 교회에 다닐 때 연애하러 다닌다고 때리기까지 하였다. 그런데 남편이 병에 걸려서 기독교 재단의 병원에서 치료를 받았다. 수술하기 전에 의사, 간호사가 자신을 위해 기도해주는 것을 보고 병든 자기에게 관심을 가져주었다며 교회에 다니기 시작하였다. 남편을 따라 B도 교회에 다니기 시작하였다. 남편이 죽은 다음 이 마을로 이사와 이곳의 교회를 다니고 있다. 그녀는 친구들도 만나고 복도 빌기 위해 교회에 나간다고 한다. 큰 아들은 교회에 다니지 않아 제사를 전통방식으로 지내는데 자신은 자식을 그대로 따른다고 한다. 그녀는 종교와 제례는 별개의 것이며 누구나 어느 종교나 자유롭게 선택할 수 있는 것으로 생각하였다. 그래서 다른 종교를 가진 사람을 개종시키려 노력하지 않는다.

일부 여성신도들에게는 기독교는 저 세상에서 편하게 살 수 있는 또는 천당에 갈 수 있는 방편이고 또한 이 세상에서 복을 주는 방편이기도 하다. 그리고 민간신앙의 신들도 그렇게 해주는 신이기 때문에 기독교 신이나 민간신앙 신이 이름과 능력만 조금 다른 것이지 결국 같은 기능을 행하는 신이라고 생각하여 신을 바꾸는데 커다란 혼란을 겪지 않고도 기독교에 귀의할 수 있었다. 이미 민간신앙은 사회적으로나 교육에서 미신으로 규정되고 있어 기독교를 믿는 것과 관계없이 전체적으로 이를 포기하는 사회적 분위기가 있었기 때문에 사회적정당성을 확보한 교회에 가서 하나님이나 예수님에게 자신의 소망을 비는 것으로의 전환은 생각보다 쉽게 이루어질 수 있었다.

일부 젊은 남자들도 여러 가지 이유로 기독교에 귀의하게 되었는데 몇 가지 사례를 살펴보자.

C는 전주에 있는 신흥고등학교를 나왔다. 신흥고등학교는 기독교 재단의 학교였으므로 항상 예배를 드린다. C는 억지로 예배에 참석하지 않을 수 없었다. 그는 대학시험에서 여러 번 낙방한 후 결국 고향으로 돌아올 수밖에 없었다. 꿈을 포기하고 농촌에 돌아와서 살다보니 생활이 무질서해지고 아무렇게나 생활하였다. 놀음도 하고 술을 마시고 여자를 좋아하였다. 그러던 중 주위 사람들이 교회에 다니면 사람이 된다고 하여 부모님의 반대없이 교회에 다니게 되었다. 교회에 다니면서 생활태도가 바뀌자 집안에서도 기독교에 대하여 호의적인 생각을 가지게 되고 점차 가족들에게도 전도할 수 있게 되었다. 그는 살아계실 때 절하고 잘 모시는 것이 죽은 다음 위패에 열심히 절하는 것보다 낫다고 설득하여 제사도 위패에 절하지 않고 추도예배로 지내도록 하였다. 물론 이 과정에서 아버지가 자신이 조상을 모시지 않는다는 것에 반대하여 약간의 마찰이 있었으나 아들이 성실하게 일을 열심히 하는 것을 보고 결국 따르게 되었다.

D는 군대에 있을 때 일요일에 작업하기 싫어 교회에 다니게 되었다. 군대에서 기독교인인지 확인하기 위해 주기도문을 외워보라고 하였는데 자신의 차례가 왔을 때, 앞에서 외웠던 소리를 기억해 주기도문 앞부분을 암송하고 통과할 수 있었다. 이후 그는 군대에서 교회에 다닐 수 있었다. 이 과정을 통해 신앙심이 생겨났다. 제대한 후 마을에 돌아와서 초기의 천막교회에 다니게 되었다. 그는 연안이씨였으며 마을내의 자신의 가족과 일가친척으로부터 비난을 받았다. 그러나 신앙은 말보다 행동으로 보여주어야 한다고 생각하여 행동에 모범을 보여 다른 사람들을 감화시키고자 하였다. 옛날에는 성질이 고약한 사람이었으나 교회에 다니면서 착하고 인자한 사람이란 평을 받게 되었다. 동네 어른들이 말하기를 "저렇게나 예수 믿으면 믿을만 하지"라고 말할 정도였다. 그러나 부친상을 당했을 때 그는 가족들과 커다란 갈등을 겪었다. 그는 큰아들이 아니지만 부모님을 모시고 살았는데 장례를 기독교식으로 행하려고 하였다. 형제들과 문중에서 심하게 반대하고 비난하였다. 고집을 꺾지 않고 남들도 절하지 못하게 하고 추념만 하게 하는 등 기독교식으로 장례를 했다. 따라서 장례식, 친척과 형제들로부터 아주 심한 비난을 받았다. 그러나 1년 동안 아버지 산소를 잘 보살핌으로써 동네사람들로부터 칭찬을 들었다. 또 워낙 부지런하게 농사를 짓고 성실하게 마을일도 하고 남을 돕기 때문에 그는 36살의 젊은 나이인 1983년에는 마을의 이장을 지내게 되었다. 그는 교회의 첫 번째 장로가 되었으며 결국 교회와 마을에서 가장 주도적인 역할을 행하는 사람이 되었다.

E는 질병 때문에 믿게 된 경우다. 남동생이 군대에 있을 때 휴가를 나와 음식을 잘못 먹어 병이 생겼다. 병원에 갔으나 차도가 보이지 않아 교회에 가보라는 이웃의 권유가 있었으나 이를 거절하고 결국은 죽었다. 그리고 얼마 되지 않아 부인이 악성빈혈로 쓰러졌다. 그때 무당과 기독교인이 번갈아 가면서 간호를 해줬다. 낮에는 무당이 부적을 그려 와서 빌고 밤에는 교인들이 와서 기도를 해주었다. E는 기독교인들이 빚까지 지면서 교회를 짓는 교인들을 미쳤다고 한 사람이었다. 그러나 그는 누가 병에 걸리면 사람들이 이를 피하는 것이 보통인데 교인들은 적극적으로 와서 도와주니 아주 고맙게 느꼈다. 그래서 별 믿음도 없이 교회에 다니게 되었다.

같은 구이면 내에 있는 다른 교회에 다니는 한 사람의 경우, 자신이 아팠을 때 동생이 교회에 나와 보라고 하도 권유해서 세 달 동안 다니며 자신의 허리가 나으면 하나님이 있는 걸로 믿고 안 나으면 없는 것으로 생각하겠다고 작정하였다. 그러나 두 달이 넘도록 차도가 없었는데 누가 삼례에 있는 집사가 용하다고 하여 그곳에 가보게 되었다. 그녀는 손으로 허리뼈를 맞춘다며 꽉꽉 눌러 허리에 뜨거운 불을 느끼게 되었는데 두 번 그곳에 가서 그러한 치료를 받고 나니 정말 허리가 낫게 되었다. 그래서 그다음부터는 정말로 하나님이 있다는 생각이 들어 열심히 믿게 되었고 제사에서 절하는 것은 우상이라 생각하여 추도예배만 보는 등 기독교식으로 생활을 전환하였다.

여성들보다 남성들에 있어서는 조상숭배의 문제가 기독교의 입장에 설 것인가 또는 그 반대의 입장에 설 것인가에서 아주 중요하다. 마을 노인이나 어른에게 있어서는 조상숭배는 좋은 우리 선조의 관습을 상징하는 것이었고 교회에서는 우상을 상징하는 것이었다. 이 문제로 앞에서 본 D의 사례에서는 형제들 간에 수년간에 걸친 냉전이 지속되어 왔다. 이러한 문제를 타파하기 위하여 교회는 마을에 대한 여러 가지 봉사활동이나 행사를 행하였다. 먼저 교인들은 마을에서 조상을 모른다고 비난을 당하고 있으므로 보다 품행을 올바르게 가지려고 노력하였고 실제 교인들은 성실한 생활을 해왔다. 그리고 인근마을에서는 부녀자들이 계를 통해서 놀러 다니는 등 탈선적(노인들의 눈에) 행위를 하는 경우가 있었으나 이곳 여성교인들은 제사를 지낼 때 절을 하지 않는다거나 또는 교회를 다니는 것을 제외하고는 다른 곳보다 탈선이 적었다고 한다. 또한 마을내의 사람들로 청년회를 조직하여 농번기에 마을 사람들을 도와주도록 하였으며 마을의 경로당에 텔레비전을 기부하고 잔치를 베풀어 주기도 하였다. 부활절이나 성탄절에는 마을 노인들(주로 할머니지만)을 초대하여 대접하였다.

   이러한 과정을 거치면서 교인들을 단순히 교회를 다닌다고 적대시하던 분위기가 1970년대 후반 이후 점점 약해졌다. 따라서 1983년에는 교회 집사가 마을 이장으로 선출될 수 있었다. 그는 마을에서 가장 부지런하고 열심히 일하는 사람으로 정평이 나 있었다. 그는 이 마을에서 중학교까지 다녔으며 부산, 대구 등지에서 장사를 하기도 하여 외부세계와 잘 접촉할 수 있는 능력을 가진 사람이었고 또한 그 당시 교회를 중심으로 1981년 신용조합을 만들어 교인이 아닌 마을 사람들도 대부분 가입하게 할 정도로 성실하게 운영하였다. 이를 기초로 이 신용조합은 구이면 가장 커다란 신용조합으로 성장시켰다. 이러한 건실한 신용조합의 확장은 실질적인 운영자인 이사장이 교회의 가장 건실한 집사이기 때문에 기독교를 정당화하고 확장하는데 커다란 도움을 주었다. 물론 형식적으로 교회와 신용조합은 별개의 조직이지만 초기에 신용조합에 가입하여 이들을 키워오는 데 주도적인 역할을 한 사람들은 교인들이다. 면에서 나오는 영농자금은 1980년대에 특히 부족하였기 때문에 자금이 필요한 사람들은 구태여 교회에 적대적일 필요는 없었다. 그렇지만 이 신용조합이 2000년에 파산을 했다. 운영이 잘 될 때는 전도에 커다란 도움이 되었으나 운영을 잘못하여 파산이 되니까 여기에서 피해를 입은 사람들이나 마을사람들이 교회를 비난하게 되었다. 교회에 대한, 하나님에 대한 불신이 생겨 이때부터 교회의 성장세도 꺾이기 시작했다.

이러한 과정을 통해서 교회에 대한 개별적인 비난은 행해질지 몰라도 마을사람들이 집단적으로 교회를 비난하는 일은 사라지게 되었다. 이러한 집단적인 비난이 사라지면 교회를 반대하면서 뭉쳤던 사람들도 개인의 취향과 관계에 따라 교회에 대해 각자 알아서 태도를 취하게 되었다. 주변 여러 동네나 전주에서도 보광교회에 오기 때문에 현재 보광교회에 적을 두고 있는 신자의 수가 100명에 이른다. 일요예배에 실제 참석하는 사람은 30명 정도 된다. 교회가 이 지역에서 가장 커다란 조직이며 가장 빈번하게 모인다. 마을 내에서는 교회를 제외하고는 실질적인 조직으로는 이장으로 대표되는 행정조직이 있고, 친족들의 모임인 문중과 각종 계모임이 존재하지만, 교회처럼 단합이 높지 못하다.

5. 생활습속으로서의 기독교 민속

마을에서 이제 어느 누구도 공개적으로 기독교적인 일상생활을 배척하여 비난하는 경우는 없다. 유교인들이 기독교를 불효종교라고 인식하고 있지만 기독교 자체를 거짓 신앙이라고 노골적으로 비판하는 경우는 없다. 물론 천지를 창조하고 사람을 창조하는 그런 이상한 신이 있겠느냐, 기독교가 오히려 미신이다, 죽으면 끝나는 것인데 천당이 있다고 거짓말하며 사람들을 꼬드긴다는 등의 비판을 뒤에서 하는 사람도 한다. 그럼에도 불구하고 직접 교인 면전에서 그렇게 비판하는 경우는 드물다. 기독교 도입초기에 비교하면 기독교에 대한 적극적인 반대가 사라진 셈이다. 기독교인들도 유교인들에게 면전에서 제사를 지낸다고 우상숭배를 한다고 말하지 않는다. 물론 뒤에서는 우상숭배이며 옛날 유습이라고 말하고 아직도 낡은 관습을 지키고 있다고 비판한다. 뒤에서나 사적인 공간에서 유교와 기독교가 서로 비난하는 말이 오고 가지만 공개적으로 그렇게 말하는 경우는 이제 보기 어렵다.

이제 기독교도들의 신앙행위들도 마을 주민들에게 일상적으로 행해지는 생활습속의 하나로서 받아들여지고 있다. 제사처럼 장구한 역사를 지닌 것은 아니지만 마을생활의 일부로서 충분히 정착된 것이고 앞으로도 계속될 것으로 받아들여지고 있다. 마을 교회에서 또는 교인들의 집에서 또는 교인들의 여러 행사에서 일상적으로 찬송가를 부르고 있으며 일상적으로 기독교적인 예배가 행해지고 있다. 안방에는 십자가가 걸려 있다. 이들 기독교인들은 매 식사를 할 때마다 일용할 양식을 주어 감사하다는 기도를 한다. 또한 부활절이나 크리스마스 같은 경우 교회행사에 참석하여 기리며 가족들과 함께 예수에 대하여 이야기를 하기도 한다. 집에서 특별히 기독교적인 행사를 하는 경우는 드물지만 추도예배나 생일이나 환갑 등의 잔치에 찬송, 설교, 주기도문이 포함되는 순서로 하는 경우는 자주 나타나고 있다. 이들이 하나님이 인류를 창조하였고 독생자를 통하여 인류를 구원한다는 생각하게 되었지만, 이들은 조상과 부모에 대한 존경이나 기복적인 신앙과 같은 한국적인 심성도 계속 가지고 있다.

  기독교도인들은 죽은 사람에게 절을 하는 것은 우상숭배라며 금기시한다. 기독교인들은 죽은 사람에게 절을 할 수 없기 때문에(물론 일부 하는 사람도 있지만) 제사를 추도예배로 바꾸려고 많은 노력을 했다. 이 때문에 교회를 다니는 자식들과 유교적인 부모들 사이에 제사를 둘러싼 갈등이 많았다. 특히 보광교회의 초기 목사들이 제사를 반기독교적인 것으로 꼭 추도예배로 바꿔야 한다고 설교를 해서 신도들이 집에서 추도예배로 바꾸려고 적극 시도하면서 일부 집에서는 부모와 자식이 절교를 하기도 했다. 하지만 새로 들어온 목사는 조상을 모시고 부모님을 모시는 것은 기독교에서 열심히 하는 것이니 죽은 자에 절만 하지 않으면 열심히 조상과 부모를 모시는 것이 좋다고 말했다. 꼭 추도예배로 바꿀 필요는 없다고 했다. 이 목사의 영향으로 제사와 시제에 열심히 참석하는 교인들이 생겼다. 제사나 시제를 열심히 도와주지만 제례과정에서 옆에 서서 지켜보고 기도를 하는 것으로 택해 갈등이 많이 줄었다. 열심히 조상과 부모를 섬기니 점차 부모와의 관계도 좋아졌고 일부 집에서는 부모와 형제나 시집이 스스로 추도예배를 수용하는 경우도 나타났다. 교회를 다니는 큰아들이 추도예배를 끝까지 주장해서 집안의 평화를 위해 나머지 가족들이 양보를 한 경우도 있고, 아니면 나머지 가족들이 점차 추도예배식 제사에 아예 참석하지 않고 점차 왕래가 끊기는 경우도 있다.

　추도예배도 보통의 예배형식을 따른다. 추도예배를 하겠다고 기독교인이 말을 하고 주관한다. 찬송가를 하고 사도신경을 읊고 기도를 하고 찬송을 하고 성경책의 일부를 읽고 한 명이 조상에 대해서 또는 삶에 대해서 이야기를 하고 찬송가를 부르고 주기도문으로 끝내는 방식이다. 기독교인이 아닌 사람은 그냥 찬송가책을 보고 노래를 따라 하거나 또는 그냥 듣기만 하는 경우가 많다. 교인이 아닌 경우 사도신경과 주기도문을 외우지 않는 경우가 많다. 또는 사회자가 큰소리로 외우면 작은 목소리로 따라서 하는 경우도 있다. 이에 따라 많은 집에서 찬송가, 성경, 사도신경, 주기도문, 기도는 일상적인 생활습속이 되었다. 나머지 마을 사람들도 점차 이에 익숙해져서 이를 마을생활의 일부로 받아들이고 있다.

　가장 자주 행해지고 기독교 의례의 기준이 되는 것이 주일예배이다. 주일예배는 다른 예배의 가장 표준적인 절차와 내용을 보여주고 있다. 일요일 11시에 행해지는 주일예배는 목사가 가장 시간을 들여서 준비하는 설교를 포함하고 있다. 모든 찬송가와 성경 내용은 프로젝트로 전면의 스크린에 쐬서 예배자 누구나 보도록 하고 있다. 필자가 참석한 부활절 둘째 주일에 행해진 일요예배의 순서와 내용은 다음과 같았다.

- 요리문답(기독교의 교리를 문답식으로 묻고 답하는 것으로 교회 전면의 스크린에 프로젝트로 투사하여 그 내용을 보여줌. 주된 내용은 다른 사람에게 피해가 가지 않게 살라, 하나님을 믿으면 다시 살아날 것이고 죽지 않을 것이라며 '믿음'을 가져야 부활할 것이라고 강조. 부활절의 의미를 강조함)
- 찬양대의 찬양
- 기원(인도자)
- 경배의 찬송(다함께 찬송가, 찬송 13장 "기뻐하면 경배하세")
- 교독문(하나님을 믿으면 부활과 영생을 얻을 것이다, 51번-시편 118편)
- 신앙고백(사도신경, 하나님, 예수, 심판, 영생을 믿는다는 내용)
- 영광의 찬송(다함께 찬송가, 찬송 208장 "주 예수 내 맘에 들어와")
- 기도(장로)
- 성경봉독(요한복음 11:21-27, 신실한 바나비가 사울을 안디옥으로 모시고 와 교회 성장)
- 찬양(찬양대, 찬송가 신 165 "주님께 영광")
- 말씀선포(목사 설교, 예수님을 믿는 자는 천국에서 행복을 누린다…)
- 기도(목사, 부활의 의미)
- 봉헌(헌금, 찬송가 503장)
- 봉헌기도(헌금한 사람들 복받을 것이다)
- 찬송(6장)

- 축도(목사)
- 찬송가(성가대)

주일예배는 일요일 11시와 오후 4시 두 번을 지낸다. 필자가 참석한 11시 예배에는 여자 13명, 남자 11명, 그리고 젊은 부부 두쌍과 자녀들 4명이 참석하였다. 여자 13명과 남자 11명은 모두 50대를 넘어선 장년과 노년층이었다. 성가대는 8명이었는데 2-30대가 3명, 40대 이상이 5명이었다. 대체로 나이 먹은 사람들이 참석하고 젊은 사람들은 갈수록 찾아보기 힘들다고 한다. 젊은층들은 교육이나 취업을 하기 위해 도시로 나가기 때문에 충원하기가 힘들다. 이곳은 전주가 차로 20분이며 도착하기 때문에 이곳 출신 중 전주에서 사는 사람이 이곳 교회로 출석하기도 한다. 목사에 따라 설교의 내용과 방향이 조금씩 다르기 때문에 목사가 바뀌면 교인수가 조금 변하기도 한다.

수요예배는 수요일 저녁에 행한다. 새벽예배는 매일 새벽 5시에 행한다. 일요예배는 '주일예배'라고 부르는데, 이는 그냥 노는 날이 아니라 주님에게 예배드리는 중요한 날이기 때문이다. 기독교인에게 일요일은 '주님의 날', '하나님 앞에서 예배드리는 날'이고 '하나님과 공동체가 교제하는' 시간이다. 인간의 주인이신 하나님을 경배하기로 정해진 날이기 때문에 예배 중에 '주일예배'가 가장 제일 중요하다. "죄를 씻고 하나님의 은혜 가운데 살 수 있도록 [해주고], 믿음 안에서 살 수 있어서 감사해서 그 감사의 표현방법"으로 예배를 드리는 것으로 인식한다. 하나님과 교회공동체가 교제하는 시간으로 인식한다.

농번기에는 일요일에도 쉬지 못하고 일을 해야 하는데 기독교도들은 주일이기 때문에 쉬고 예배를 드려야 한다. 그래서 혼자 교회에 나오면 기독교를 믿지 않는 다른 가족들은 혼자 농사일에서 빠졌다고 뭐라고 한다. 기독교도에게는 일요일이 성스러운 쉬는 날이지만 나머지 가족에게는 특별한 날이 아니기 때문이다. 그래서 과거에 농번기에 주일예배에 나오지 않고 농사일에 매진하는 경우도 있었다. 그래도 일요예배가 중요하기 때문에 예배는 보고 농사일을 하는 경우가 대부분이다. 일요일이 주님을 모시는 아주 성스러운 의미를 지닌 날로 기독교도들에게 각인되어 있고 기독교도가 아닌 사람들에게도 일요일은 기독교도에게 특별한 날이라는 것을 인지하고 있다. 비기독교도들에게는 기독교도들이 왜 이렇게 매주 모여서 예배드리고 새벽마다 기도를 하는지 이해하기 어렵다. 기독교도들은 시간만 나면 모이고 시간만 나면 노래를 한다고 생각한다.

기독교도들은 이 동네에 교회가 생김으로서 긍정적인 변화가 있었다고 생각한다. 신분제나 미신이나 가부장제나 남녀불평등에 대한 생각을 바꾸게 해서 나쁜 구습이 많이 사라졌다고 생각한다. 현대적인 사고체계로 바뀌었다고 생각한다. 또한 이 지역 전체에 무당이 5명이나 있었는데 결국 이들이 모두 없어졌다. 이는 교회를 통해 굿이 의미가 없다는 것을 알게 되었기 때문에 나타난 현상이라고 신도들은 주장했다. 따라서 자신들이 깨어있는 문명화된 앞서가는 사람이라고 생각한다.

6. 나가는 말

　기독교도들은 인간을 창조한 하나님을 중심으로 신앙생활을 하는 것을 그래서 죽은 다음에 천국에 가는 것을 가장 이상적인 삶으로 생각한다. 이러한 생활신념이 각종 예배, 식사기도, 감사기도, 찬송가, 말씀으로 이어지도록 교회를 통하여 또한 스스로 성경을 통하여 설득해간다. 따라서 이들의 생활습속은 각종 예배, 기도, 찬송가, 성경으로 이어지는 민속을 형성해가고 있다.

　이에 비해 유교에서는 나를 있게 해준 조상과 부모를 공경하고 사람들 사이의 인륜을 중요시하여 화목하게 살다가 가는 것을 이상적인 삶으로 생각한다. 따라서 조상이나 부모와 관련된 활동, 즉 부모공경, 인륜, 제사, 문중, 시제, 족보, 서원 등이 이 마을에서 유교와 관련하여 그 동안 형성되어왔던 심성이다. 이러한 유교적 심성은 1800년대 말부터 서서히 약화되어 있었다. 이 마을에서는 1960년대까지 이러한 유교적 심성이 강하게 유지되었지만 1960년대 이후의 근대화 과정에서 빠른 속도로 마을사람들이 도시로 이주하고 농촌이 도시와 비교하여 후진적으로 간주되면서 유교의 정당성도 빠른 속도로 약화되었다. 유교적 심성도 효도, 조상숭배, 화목, 위계질서 등에서 강하게 남아있지만, 시제, 문중, 신분질서, 남녀구분에서는 많이 약화되었다.

　1970년대에 들어온 교회는 조상숭배를 둘러싸고 유교와 격돌의 과정을 거쳤다. 기독교는 죽은 조상의 상징(산소나 위패 등)에 절을 하는 것을 우상숭배라며 타파해야 한다고 주장함으로써 유교의 인륜에 대한 해석과 정반대의 해석을 제공하며 유교와 격돌하였다. 지금은 서로 타협하는 평화공존이 이루어졌다. 뒤에서는 여러 비난을 하기도 하며 앞에서는 격돌하지는 않지만 서로 바꾸기 위해 노력하기도 하고 서로 포기하기도 한다. 여성과 약자 그리고 도시 경험을 지닌 사람들에게 기독교가 확산하면서 기독교가 점차 팽창하였으나 젊은층 대부분이 도시로 이주하여 기독교를 확대할 토대가 노인들밖에 남지 않은 상황이 되었다.

유교가 약화되고 있지만 뿌리깊은 유학적 심성이 제사, 문중, 시제, 서원 등에서 유지되고 있고 집단주의나 권위주의 같은 일상생활 자체에서도 유학적 심성을 볼 수 있다, 기독교 심성은 기독교의 모습을 하고 있지만 효도나 가족주의나 집단주의와 같은 유교적 심성을 기독교적으로 수용하고 있으며 또한 기독교에서도 기복적 신앙이 크게 나타나고 있어 한국적 심성이 기독교에 많이 스며들어가 있다. 교회, 예배, 기도, 찬송, 성경으로 새로운 생각과 태도도 만들어내고 있다.

참고문헌

- 강길원, 윤덕향, 이정덕
  1996, 『전주-함양간 고속도로 문화유적 지표조사보고』, 전북대 전라문화연구소.
- 김덕용

1997, "시대의 첨단을 달리는 목회-농촌목회", 『기독교사상』, 464(8월호): 160-164.
- 김종현

  2001, "조선 말 호남지방의 기독교 전파와 영향", 전북대 사학과 석사학위논문.
- 류대영

  2012, "미국 남장로교 선교사 테이트 가족의 한국 선교", 『한국기독교와 역사』, 37: 5-31.
- 송현숙

  2005, "해방 이전 호남지방의 장로교 확산과정", 『한국기독교와 역사』, 23: 25-46.
- 이원규

  1992, "한국 농촌교회의 실태", 『기독교사상』, 36(3): 58-67.
- 이정덕

  1994, "수도작기술변화에 따른 농업노동의 변화: 원평촌의 사례연구", 서울대 석사논문.
- 이정덕 외

  1983, "현지조사 보고서", 서울대 인류학과 현지조사 보고서.
- 이정덕, 홍성흡, 서영선

  1996, "문화투쟁 1: 전북 완주군 한 농촌마을의 기독교화", 『호남사회연구』, 3: 206-233.
- 이정만

  1983, "원평촌의 경관변화에 대한 연구", 서울대 석사논문.

9장

단기심성체제 4
– 한국인의 질병관과 죽음관

공은숙(예수대 교수), 이정덕(전북대 교수)

1. 들어가는 말

사람은 보통 태어나서 자라고 늙고 아프다가 죽는 과정을 거친다. 이러한 생노병사에 대한 심성은 우리가 어떻게 살아가야하는지 또는 생노병사의 과정을 어떻게 이해하고 대응하는지에 중요한 영향을 미친다. 삶과 죽음, 질병(아픔)과 건강은 일상에서 자주 부딪치는 문제이다. 이와 관련된 한국적 심성에는 커다란 흐름에서 인류보편적인 흐름에 따라 변하는 부분도 있고 한국적인 특성을 가지는 부분도 있다.

이러한 문제들에 대한 심성이나 세계관은 근대 이전까지는 거의 전적으로 종교나 민속이나 한방에 기반하여 전승되어온 것으로 개인들이 경험과 성찰을 하면서 내용이 조금씩 변하기도 하지만 큰 틀에서는 초자연적 세계관에 기반 한 사유방식이었다. 고대사회로부터 이어져온 무속적인(샤머니즘) 세계관에서는 대체로 초자연적인 존재나 흐름이 질병을 일으키는 것으로 보았다. 특히 여귀厲鬼라고 불리는 "원한을 품고 죽은 귀신, 비명횡사와 같이 정상적인 죽음을 맞지 못한 귀신, 그리고 제사지낼 후손이 없는 귀신 등"과 같은 귀신을 주요 원인으로 생각하였다(장인성, 2000).

전통적으로 원시사회에서 질병을 초자연적으로 작동하는 세상의 일부로서 초자연적인 현상과 연결시켜 이해하여 왔다. 물론 위생이나 사고나 물질적인 원인도 인정하였지만 이는 아주 작은 부분을 차지였다. 따라서 대체로 다양한 신, 정령. 혼, 귀신, 주술 등이 어떻게 영향을 미치는가를 질병의 원인을 상상하려는 심성을 가지고 있었다. 예를 들어 『삼국사기』에서는 전염병을 제사를 받지 못하는 귀신이나 여귀厲鬼에 의한 것으로 인식하였으며(장인성 2000), "조선시대에는 민간에서든 지배층이든 사람의 억울한 원한이 쌓이면 그것이 흩어지지 않고 모여서 역병疫病으로 화한다고 이해하는 것이 보편적이었다(전혜영, 2016: 137)." 조선시대 전염병이 돌면 위생, 나쁜 기운, 여귀가 전염병의 원인으로 생각하여 이를 처리하기 위한 명령을 하달하였다. 특히 각 도시마다 나쁜 기운을 줄이기 위해 신령에게 빌고, 무당이 주관하여 여귀를 모아 여단厲壇으로 데리고 가서 굿을 하여 위무하는 여제厲祭를 지내도록 하였다. 이와 같이 초자연적인 존재와의 관계를 통하여 질병이 나타나고 치유할 수 있다고 생각하였다.

각종 질병과 치료에 대한 경험이 축적되면서 이러한 초자연적인 질병관에서 더 나아가 원인, 과정, 치료제에 대한 사고가 더욱 정교해졌고 그러한 과정에서 발전한 것이 동양에서는 한방적 질병관이라고 볼 수 있다. 한방의 경우에도 음양의 조화나 기의 흐름과 연결하여 질병을 생각하기 때문에 초자연적인 세계관과 연결된 것으로 볼 수 있다. 하지만 음양의 조화나 기의 흐름은 초자연적인 존재인 귀신이나 혼처럼 자의적인 존재가 아니라 논리적인 흐름에 따라 움직이는 것이어서 이러한 논리를 파악하여 음양의 조화를 이루고 기가 원활하게 흐르게 해야 질병을 고치거나 또는 건강하게 지낼 수 있다고 생각하였다.

네덜란드의 레이번훅이 1676년 확대경으로 세균을 찾아 미소동물이라는 이름으로 보고하였다. 하지만 당시에는 이 미소동물이 어떤 작용을 하는지는 이해할 수 없었다(Gest, 2004). 파스퇴르는 1861년 폐쇄된 멸균밀봉 플라스크를 사용하여 미생물이 자연적으로 발생하는 것이 아니라 미생물이 번식하는 것임을 증명하였고 병원균도 번식하는 것이 명확해졌다. 이에 따라

살균법을 찾아냈고 각종 세균들이 다양한 질병을 일으킨다는 것을 찾아냈고 이를 통하여 다양한 면역법도 찾아냈다(Louis Pasteur, WIKIPEDIA). 바이러스는 1892년에서야 그 존재를 파악할 수 있었다(History of virology, WIKIPEDIA). 조선말 근대의학이 도입되고 발전하면서 신체와 세균에 대한 생의학적 이해가 점점 높아지고 학교와 병원을 통하여 이러한 사유방식이 점점 확산되면서 의학적 사유방식이 점점 확산되었다. 이에 따라 전통적으로 계승되고 있는 초자

연적인 질병관이 축소되고 있지만 아직 상당 부분 남아 있고, 현대에서 "의학적 세계관"에 기반한 질병관이 확산되면서 "의학적" 질병관이 우세한 상황이 되었다. 하지만 전통적 질병관이 여러 가지 형태로 남아 있으며, "의학적" 질병관과 혼성된 형태로 존재하기도 한다.

죽음관은 죽음 자체뿐만 아니라 장례와 사후세계관을 포함한다. 근대에 들어서 세균과 이의 면역과 치료법을 찾아냄으로서 초자연적인 세계관이 약화되면서 초자연적 질병관도 크게 약화되고, 한방적, 의학적 질병관은 유지되거나 강화되고 있다. 병을 둘러싼 세상의 이해와 세계관이 달라지기 때문이다. 이에 비해 죽음 관련하여 신체와 영혼에 대한 전통적인 이해가 질병관과 비교하여 느리게 변하고 있기 때문에 전통적인 사유방식이 상당히 유지되고 있으나 또한 과학적이고 물질적인 신체이해가 퍼지면서 의학적 죽음관이 널리 확산되고 있다. 또한 전통적인 사유방식과 혼성되는 부분도 나타나고 있다. 예를 들어 신체를 생물학적으로 이해한다고 하여도 죽은 다음에 그 조상에게 무언가 기원하고 비는 모습이 많이 나타난다. 또한 전통적인 죽음관 중에서 일부분은 현대적 상황에 맞게 마음의 수련 형식으로 바뀌어 활용되고 있다. 예를 들어 불교의 일체유심조一切唯心造는 인식론보다는 마음이 중요하니 마음을 잘 가다듬어 세상을 현명하게 헤쳐나가라는 경구로도 사용된다. 인과응보는 사람을 더 선하고 충실하게 살아라는 뜻으로도 사용된다. 유교에서 나타나는 좋은 죽음善終은 좋은 삶의 결과로 나타난다는 경구는 현세를 보다 충실히 살라는 뜻으로도 사용된다.

이글에서는 이러한 변화 속에서 존재하는 한국의 질병관과 죽음관을 문헌을 통하여 살펴본 다음 1950년대 면 공무원의 일기인 『삼계일기』를 통하여 1950년대의 양상을 살펴보고자 한다. 같은 1950년대라 할지라도 지역에 따라 교육정도에 따라 계층에 따라 많은 차이가 존재할 수 있다. 4, 5절에서는 면직원의 일기를 통해 1950년대의 한국 농촌상황의 사례를 보여주고자 한다. 한 개인의 일기이기 때문에 그리고 이 면직원이 상당한 교육과 지적능력을 갖추고 있고 공무원으로서 지역에서 국가를 대리하고 모범을 보여야 하기 때문에 다른 주민과 많은 차이가 있을 수 있다. 그러나 1950년대 시대적 흐름이 개인을 통해 드러나는 것이어서, 일기를 통하여 시대적인 질병관과 죽음관에 접근해보고자 한다.

2. 한국인의 질병의 심성

1980년대 강원도 농촌주부 365명(종교없음 230명, 불교 77명, 기독교 54명, 무응답 4명)의 질병관을 연구한 박수일과 김재수(1985: 76-78)는 한국에서 나타나는 전통적인 질병관을 "샤머니즘적, 운명주의적, 한방적인 것, 그리고 기독교적인 것"으로 나누고 이를 "과학적인 질병관" 대립되는 것이어 "비과학적이고 신비적인" 것으로 보았다. 이 글은 과학과 비과학을 대립시켜 범주화하지 않고 대신 질병관과 죽음관의 사유방식 자체를 이해하고자 한다. 따라서 이곳에서는 전통적인 질병관이라고 하는 것은 비과학이라기보다 단순히 근대 이전부터 존재했다는 것을 의미하는 것으로 사용한다. 박수일과 김재수(1985)의 조사 시기가 1980년 초반이어 현재보다 전통적인 질병관이 더 광범위하게 나타나고 있다. 당시 샤머니즘(무속)적 질병관은 한국에서 비교적 광범위하게 나타나는 것으로 초자연적인 존재와 관련된 빙의, 금기, 정신잃음 등을 제시하고 있다. 운명주의적 질병관은 질병을 팔자, 재수, 운의 결과로 보는 것으로 "다른 존재에 의한 예정된 조화가 내 인생을 좌우한다는 신념"에 기반한 것이다. 이 둘은 "초월적인, 신비적인 존재"로부터 병이 시작한다고 상상한다. 팔자, 재수, 운은 무속적인 사유방식에 포함되기 때문에 운명주의적 사유방식도 무속적 사유방식에 포함시킬 수 있다. 한방적인 질병관은 신체 각 기관의 기능을 설정하고 한 질병의 원인을 다른 기관에서 찾으며, 예를 들어 "정기가 부족하면 우울증이 생기며 정기의 저장소인 腎을 보해주면 낫는"다는 식이다. 최근 기독교가 확산되면서 기독교적인 질병관도 나타나고 있다. 원죄, 귀신, 인간의 타락 때문에 병이 나타나는 것이며 회개하고 하나님의 용서와 은총을 받아야 병이 낫는다는 것이다. 질병을 귀신의 소행으로 보고 기도를 통해 귀신을 쫓아내는 것을 지나치게 강조하는 일부 기독교적 질병관이나 치료방식은 한국 무속신앙적 심성이 투사된 부분이 있다(목창균 1995; 변순만, 2003 :26-29).

박수일과 김재수(1985: 81) 연구에 따르면 샤머니즘적 질병관에는 손 있는 날을 가리지 않아서(46.6%), 잡귀에 잡히어서(36.7%), 살이 끼어서(32.3%), 제사 음식을 먹고 부정 타서(29.3%), 혼이 떠나서(22.2%), 귀신의 장난으로(4.9%)로 병이 생길 수 있으며, 운명주의적 질병관으로 재수가 없어서(63.3%), 팔자탓이라는(38.1%) 사고방식이 나타나고 있다. 기독교주의적 질병관으로 사람이 죄를 지어 병이 생긴다거나(50.7%), 마귀가 병들게 한다(34.8%), 하나님의 노여움으로 나타난다(32.9%) 등 성경적인 사고방식으로 표현하는 질병관이 나타나고 있다. 1980년대 강원도 농촌주부에서 질병관에서 있어서 전통적인 사유방식이 매우 광범위하게 나타나고 있음을 알 수 있다. 특히 전통적 질병관에서 한방적 질병관이 가장 높게 나타나고 있고, 다음이 운명주의적 질병관이어 1980년대의 농촌주부의 심성에 한방적인 심성이 강하였음을 보여준다. 그다음으로 운명주의적 질병관이 많이 나타나 운수나 재수를 믿는 심성도 높았음을 보여준다. 이에 비해 무속적 질병관의 지지율이 가장 낮아 무속이 쇠퇴하고 있는 과정을 보여준다. 기독교인 수에 비하여 기독교적 질병관이 많은 지지를 받은 것은 기독교에 비기독교도 한국인의 심성과 비슷한 부분이 있는 것으로 해석할 수 있다. 죄나 마귀나 신의 노여움이 한국인의 인과응보나 귀신의 관념과 유사한 부분이 있어서 그러한 것으로 보인다. 또한 40대 이상에서 전통적인 질병관(133명)이 근대적 질병관(96명)보다 많았지만 30대에서는 전통적인 질병관(53명)보다 근대적 질병관(83명)을 가진 사람이 훨씬 많아(박수일, 김재수, 1985: 83), 1980년대 농촌에서도 한국인의 질병관이 빠르게 의학적 질병관으로 변하고 있음을 보여준다.

한덕웅(2000)은 보다 의학적인 관점에서 전1990년 말 국적인 설문조사를 통하여 한국인의 질병관을 연구하였다. 1341명(대학생 710명, 학부모 631명)이 복수응답을 하였는데, 응답자 전체의 90%가 스트레스를 발병원인으로 지적하였는데, 유교적 성향 때문에 가족과 인간관계 갈등은 더욱 커다란 스트레스의 요인으로 작동한다고 보았다. 환경공해(87.6%), 직무와 관련된 과로(86.2%), 신경을 많이 써서(80.8%), 식품(79.9%), 불규칙한 생활(78.0%), 마음의 병(77.9%), 약한 체질(69.4%), 기의 허약(61.8%), 정신적 나태와 해이(60.2%), 인간관계 갈등(58.8%), 주변사람들이 나쁜 영향(53.7%), 성격(52.3%), 삶의 목표 불분명(42.6%), 마음 약한 사람(40.7%) 등을 요인으로 꼽았다. 세대로 나눠보면 청년층이 전통적 질병관에서 더 많이 벗어나 있다. 질병의 원인으로 지적된 기가 허약(장년 64.9%, 청년 59.2%), 나쁜 행동의 대가(장년 31.9%, 청년 3.1%), 조상묘의 탓(장년 26.5%, 청년 0.4%), 운명이나 팔자(장년 24.3%, 청년 8.4%)에서 보면 청년층이 전통적 질병관에서 훨씬 크게 벗어나 있다.

치료와 관련하여 한방이 보신(67.9%), 원인치료(54.4%), 뇌졸중(51.2%), 신경통(42.1%)에 효과적이고 양방은 증상치료(54.4%)에 효과적이라고 보아, 양방에서 치료하기 어려운 것은 한방에 의존하겠다는, 즉 질병의 종류에 따라서 선택하겠다(78.9%)는 생각을 보여주고 있다(한덕웅, 2000: 30-39). 병의 치유는 운명이다(장년 17.4%, 청년 4.8%), 무당이 치료할 수 있다(장년 10.5%, 청년 6.6%), 부적으로 예방과 치료가 가능하다(장년 10.1%, 청년 1.4%)에서 보는 바와 같이 치료에서도 청년층일수록 전통적인 질병관에서 벗어나 있다. 하지만 한가지에서는 그 반대가 나타나고 있다. 젊은층에서 기독교신자가 많아서 나타난 것으로 보이는데, 목사의 안수는 치료효과가 있다(장년 8.1%, 청년 16.7%)에서는 청년층의 긍정이 장년층의 2배가 되었다(한덕웅, 2000: 29). 다른 연구(손진욱, 이부영, 1983)에 따르면 목사의

86.4%가 정신병의 원인을 악령과 관련된 것으로 생각하였고, 따라서 정신병은 신앙치료로 해야 한다고 목사의 40.8%가 생각하였다. 하여튼 전반적으로 질병관과 마찬가지로 치료관에서도 세대차가 크게 나타나고 있는데 이는 전국적으로도 질병관이 상당히 빠르게 변하면서 의학적 사유방식이 나이가 젊을수록 많이 퍼지고 있음을 보여준다.

물론 이러한 질병관은 한국적인 특성도 가지고 있다. 신경을 많이 써서, 마음의 병, 정신 등을 질병의 발병요인으로 마음을 중요시하는 것을 한덕웅(2000: 29)은 마음을 강조하는 한국적인 심신관과 관련된 것으로 보았다. 허준의 동의보감에 따르면 "마음을 수양하여야만 물리적 환경과 사회적 환경에서 신체의 기가 원활하게 작용하여 건강을 유지하는 방향으로 신체의 활동들을 조율하고 사회적으로 도리에 맞는 행위가 이루어진다. 만약 마음의 수양이 제대로 이루어지지 못하면 자연의 이치와 사회적 도리에 어긋나는 심리가 형성되고 행동이 표출되어서 신체에서 기의 흐름이 원활하지 못하여 질병에 이르게 된다(한덕웅, 2000: 30)." 동양적 사유방식으로서의 마음의 조화와 균형을 강조하는 심성이 이전과 똑같은 형태는 아니지만 계속되고 있다. 따라서 건강을 증진하거나 질병을 예방하고 치료하려면 마음을 수양하여야 한다. 겉으로 드러난 증상만 치료한다고 해도 원인이 그대로 남는다. 이렇게 건강과 질병의 핵심을 마음으로 보는 것은 동아시아적 사유방식이다.

한방의 음양에 대한 수용은 약화되었지만, 대신 기에 대한 설명은 계속 받아들여지고 있어 기가 허약해지면 질병에 걸린다(장년

64.9%, 청년 59.2%)는 생각이 과반수 이상의 지지를 받고 있다. 응답자의 과반수가 양방은 증상치료에 효과적이고 한방은 원인치료에 효과적이라고 보고 있었다. 따라서 한방적 사고방식이 광범위하게 존재한다고 볼 수 있다. 건강문제가 생기면 가족의 또는 친구의 도움 받는다(71.3%)가 한국의 집단주의적 성향을 보여주는 것을 보고 있다. 이는 홍콩에서 정신과 외래환자의 64.8%가 병원치료 받기 전 1년에서 3년까지 가족과 친지의 도움을 받는 것에서도 나타난다고 보고 있다. 즉, 동아시아의 집단주의적 심성이 질병치료에서도 나타나고 있음을 보여주고 있다(한덕웅, 2000: 36-37).

동시에, 질병을 치료하기 위해 병원에 의존하는 경향이 높아지고 있고, 또한 건강을 위해 긍정적 사고, 금주, 금연, 운동, 건강검진, 체중유지(다이어트)를 해야 한다는 생각이 늘어나고 있어, 건강을 보다 신체적이고 의학적인 문제로 보는 사유방식이 증가하고 있음을 보여준다(한덕웅, 2000: 32-35).

3. 한국인의 죽음의 심성

이에 비하여 죽음에 대한 사유방식은 생물학과 의학에 기반한 사고틀의 영향이 커지고는 있지만 사후세계와 관련하여 종교적 세계관이 크게 영향을 미치고 있어 질병보다 훨씬 복잡한 양상을 보여주고 있다. 종교적 세계관에서는 인간이나 동물이 혼을 가지고 있으며 죽으면 혼이 육체를 떠나는 것으로 생각한다. 동아시아에서는 죽으면 영혼이 죽은자들의 세계인 저승이나 어두컴컴하고 쓸쓸한 황천으로 간다고 생각하기 때문에 장례를 잘 치러서 저승에 가서도 잘 지내도록 해주어야 해당 혼으로부터 해코지를 당하지 않거나 또는 해당 혼이 후손을 잘 도와줄 것으로 상상했었다. 후손이 없는 혼은 후손이 모실 수가 없어 혼이 안정된 처소에 있지 못하고 떠돌게 되어 사람들을 해코지하게 된다. 이러한 일을 당하지 않으려면 다른 사람이라도 해당 혼을 잘 모셔야 한다. 한국 무속에서는 무당이 저승을 다녀오거나 저승의 혼과 소통을 할 수 있다고 생각했다. 일반인들은 저승은 무언가 우리와 다른 먼 세상이라는 막연한 생각을 가지고 있어 구체적으로 어디에 있고 저승의 내용이 어떻게 구성되어있는지를 명확하게 설명하지 않는다. 많은 부분이 애매한 상태로 저승관념이 이어져 왔다.

인간은 윤회를 하며 이승에서 어떻게 살았는가에 따라 극락에 가서 즐겁게 살거나 지옥에 가서 벌을 받는다는 관념은 불교에 영향을 받아 삼국시대부터 나타난 것이다. 불교에서는 훨씬 구체적이고 명확한 극락과 지옥관을 가지고 있다. 불교에서는 신체를 화장해야 윤회를 할 수 있다는 생각이 있어 불교가 퍼진 삼국시대 이래로 고려시대까지 상층계급에서 화장이 널리 퍼졌고 조선시대 유교적 관념과 혼백관념이 부상하면서 매장이 일반화되었다.

한국에서 죽는 것은 숨과 관련되어 있다. 죽음을 "숨지다", "숨이 끊어지다", "숨을 거두다", "숨이 넘어가다" 등으로 표현하였다(이을상, 2003: 463). 목숨을 내놓고 목숨을 걸고 목숨을 애걸하고 목숨이 끊어진다. 목숨줄이 질기다. 숨을 쉬면 살고 있는 것이 되고 숨이 멈추면 죽는 것이 된다. 숨은 숨을 들여쉬고 내쉬는 것으로 호흡활동을 의미한다. 그래서 사망했는지를 확인할 때, 인중에 손가락을 대서 숨을 쉬는지 확인하고 또는 장례를 시작할 때도 시체의 인중에 솜을 놓아서 움직이는지를 봐서 먼저 숨이 끊어졌는지를 확인한다. 전통적으로 숨이 끊어지면 영혼이 육체에서 떠나는 것으로 생각한다. 죽음이 확인된 육체는 "칠성판"에 눕혀지고, 영혼은 따로 "영좌靈座"에 모셔진다. 즉, "육체와 영혼은 각기 "상여"와 "영여"를 타고 무덤까지 간다. 육체가 "하관"이란 절차를 거쳐 땅에 묻히는 반면에, 영혼은 "반혼"이란 절차를 거쳐 다시 집으로 돌아와 모셔진다(이을상, 2003: 464). 영혼을 집에서 매 끼니를 바치고 들고날 때마다 보고하는 등, 산사람처럼 정성껏 모시면서 대상大喪을 치르고 탈상까지 하면 영혼은 완전히 저승으로 가게 되어 유교적 상례도 끝난다.

"육체에서 분리된 영혼은 곧장 저승으로 가는 것이 아니라 무덤이나 집안에서 육체가 완전히 삭아 없어질 때까지 배회한다(이을상, 2003: 464)." 따라서 영혼이 편안하게 저승으로 갈 수 있도록 조상에 정성을 다하여야 한다. 억울함과 원한을 풀어주기 위해 무당이 굿을 하거나, 극락으로 보내기 위해 불교식으로 천도의식을 하거나, 유교처럼 정성스럽게 상장례를 치른다. 영혼이 저승으로 잘 갈 수 있도록 원도 풀어주고 먹을 것과 차비를 주고 저승길로 잘 인도해야 한다. 저승사자에게도 사자상 등 뇌물을 바친다. 이를 잘못하면 영혼이 이승에서 악령으로 떠돈다. 육체는 죽고 썩더라도 영혼은 이승에서 떠돌거나 저승으로 간다. 영혼은 불멸이고 영원하기 때문에 잘못되면 두고두고 골치가 아프다.

삼국시대에 불교와 함께 극락과 지옥의 관념이 들어와 훨씬 구체적이고 공포스러운 내세관이 생겼다. 죽어서 이승을 떠나 저승사자를 따라가면 업경대에서 전생의 죄악의 무게를 달아 심판하여 지옥, 아귀, 축생, 아수라, 인간, 천天으로 윤회한다. 지옥에 떨어지면 끔직한 형벌을 받게 된다. 그보다 죄가 작으면 아귀나 축생으로 윤회한다. 업을 잘 쌓았으면 천당으로 간다. 근대에 들어와서 기독교의 천당과 지옥의 관념도 들어왔다. 기독교에서는 전지전능한 하나님이 모든 것을 주관하고 심판하기 때문에 하나님에게 열심히 기도를 드리고 하나님의 마음에 드는 행동을 해서 은총을 받는 것이 중요하다. 그래야 무서운 지옥으로 가지 않는다. 동아시아의 고대 사후세계관과 크게 다른 이러한 지옥관념은 중동에서 인도와 유럽으로 퍼진 것으로 알려져 있다. 이게 한국으로 와서 무속적 사후세계관과 혼성되었다.

한반도에서 여러 변화가 있었지만 근대에 이르기까지 저승이나 저세상이라는 관념은 우리의 심성에 뿌리 깊게 전해져 내려왔다. 유교적 관념에서는 저세상을 명확하게 설명하지 않으나 죽은자를 떠나보내는 상장례의 유교적 절차는 『사례편람』에 잘 규정되어 있다. 유교적 상장례에서 저승이나 황천길 등의 관념이 한반도의 토착적 신앙과 결합되어 상여가 나가는 과정이나 노래와 내용이 한국 특유의 무속적인 내용과 결합되어 진행된다. 유교자체는 사후세계에 대하여 명확하게 말하지 않았다. 한국, 중국, 일본은 서구나 인도와 비교하면 훨씬 현세주의적이다. 저승을 애매한 상태로 놔두면서 영혼이 집에서나 마을에 있을 수도 있고 산이나 저 먼 곳에서 수시로 집에 올 수 있는 것으로 상상한다. 그래서 제사를 지낼 때도 문을 열어두고 혼을 맞이하며 수시로 집에서든 어디에서든 혼을 위로하는 행위를 할 수 있다. 하지만 이러한 관념도 젊은 층으로 갈수록 빠르게 약화되는 모습을 보여주고 있다. 한국에서는 여전히 OECD 국가 중 자살율 1위를 유지하고 있는데, 이는 다른 나라들에 비하여 내세관이 약하여 죽으면 지옥에 간다고 생각하기보다 그것으로 끝으로 생각하는 심성이 강한 것과도 관련되어 있다.

현대에 있어서도 죽음은 대화하기에 꺼림칙한 주제이다. 죽음에 대하여 이야기하면 무언가 낯설거나 꺼림칙한 기분을 느껴서, 죽음에 대해서는 대충 이야기하고 피하고 싶어 한다. 죽음은 삶과 대극점에 있는 어떤 것이라는 생각이 많다. 죽음은 커다란 상실로 간주된다. 해당 본인에게 있어서도 모든 것이 끝난 이제 더 이상 어떠한 것도 할 수 없는 정신작용이나 혼이 사라져 신체는 불에 태워지거나(화장) 땅에 묻혀 사라지거나 썩는 과정에 돌입할 것으로 생각한다. 신체를 손으로 만져보면 이미 체온이 내려가고 근육이 굳어 딱딱하고 차갑게 느껴지기 때문에 섬뜩하고 두렵게 그리고 산 자와는 아주 다른 어떤 것으로 느낀다. 사람이 갑자기 숨이 끊어지고 전혀 움직이지 못하고 몸이 굳고 체온이 내려가기 시작하면 무언가 무서운 느낌이 들면서 나도 저렇게 쉽게 숨이 끊어지고 죽을 수 있다는 생각을 하게 된다. 사람들이 그래서 대체로 시체를 싫어하고 피한다(이정덕, 2001: 269).

이재운(2001, 부록)의 전주에서 50명에 대한 조사에 따르면 죽음을 언젠가 맞이하는 자연적 현상(17명), 영원한 잠(8명), 허무하다(8명), 삶의 마지막 과정(7명), 내세의 시작(3명), 육체에서 영혼이 나간 것이다(3명), 고통으로부터 해방(3명), 슬프다(1명)로 생각하였다. 대체로 종말이고(36명), 허무하다고(8명) 생각하고, 긍정적으로 생각하는 경우는 고통으로부터 해방으로 3명만 긍정적으로 대답하였다. 이 대답도 죽음 자체를 긍정적을 평가한 것인지 아니면 단지 삶이 고통스럽다고 생각하는 것인지가 불명확하다. 이를 고려하면 종말, 허무, 슬픔으로 표현한 것이고, 종말 중에는 6명만이 내세의 시작이나 영혼의 이탈을 언급하고 있어 전통적인 저승관이 크게 약화된 것으로 보인다. 25명이 자연적인 현상이나 영원한 잠으로 기술하고 있어 영혼을 별로 고려하지 않는 생물학적 종말로 보는 죽음관이 상당히 많은 것으로 보인다.

사람들이 장례식에는 많이 가서 죽음에 친숙하다고 생각하지만 실제 죽는 장면을 보게 되면 무언가 큰일이 또는 무섭고 끔찍한 일이 벌어졌다고 생각한다. 그래서 시체를 가능한 한 빨리 처리해야 한다는 생각을 가진다. 하지만 가족의 임종을 지켜보는 것은 이와 다르다. 마지막을 보고 이야기를 하고 손을 만지며 소통하며 배웅을 하는 것을 중요시한다. 그래야 마지막으로 떠나보내는 것을 직접 했다고 생각한다. 꼭 영혼이 있다고 생각하지 않는 사람이더라도 마지막을 함께 하는 것이 배웅이라는 생각이 많이 나타난다. 영혼이 있다고 생각하는 사람도 그렇게 상상하는 것이지 실제 영혼을 봤는지를 물어보면 대답을 못한다. 부모나 배우자가 죽으면 "하늘이 무너지는 것 같은 느낌"을 받거나 "억장이 무너지는 아픔"이나 "형언할 수 없는 괴로움"을 느낀다고 말한다. 특히 고통을 많이 받거나 억울하게 죽었다고 생각하면 더 살 수 있었는데 너무 빨리 죽었다고 생각하게 되면 더욱 슬프게 운다. 상당기간 살맛도 안 나고 멍해진다는 사람이 많다. 하지만 시간이 지나면서 이러한 아픔도 괴로움도 아쉬움도 점점 약화되고 망자를 회상하면서 저세상에서 편하게 지냈으면 하는 생각은 계속 하게 된다. 제삿날이 돌아오면 특히 더 그렇다(이정덕, 2001: 270).

　죽는 본인은 아프기 시작할 때 편하게 고통받지 않고 죽었으면 하고 바란다. 특히 치매에 걸리지 않고 죽기를 바란다. 또는 하나님이나 저세상으로 편하게 갈 수 있었으면 하고 바란다. 특히 일부 기독교인들은 천국에 간다는 생각으로 목사나 신도의 찬송과 기도를 들으며 천국에 간다고 생각하며 희열을 느끼다 가는 사람도 있고 희열을 느끼다가도 혹시 지옥으로 가거나 또는 내세가 없는 것은 아닐까라는 걱정을 하는 경우도 드물지만 있다. 죽으면 천당이나 극락에 간다고 생각하는 사람도 막상 자신의 가족이 죽으면 매우 슬퍼한다. 다시 만날 수 없기 때문이다. 대부분의 사람들은 사람이 죽으면 명복을 빈다고 한다. 관행적으로 하는 소리여서 실제 명계冥界가 어디에 어떻게 있는지 또는 그곳에 가서 어떻게 해야 복을 받는 것인지에 대한 생각을 구체화하는 경우는 드물다. 사후 세계에 대한 생각은 막연하지만 그냥 좋은 세상에 가서 편히 지내라는 기원을 하는 정도이다. 막상 죽은 후에 어떻게 되느냐고 물어보면 명확하게 대답하는 사람은 많지 않다. "저세상이 있겠지." "안 죽어봐서 어떻게 알아." "죽으면 끝이지." "천당이나 지옥에 가겠지." 현세는 끝나고 죽은 다음은 명확하지 않다. 그래서도 죽음은 불안하다(이정덕, 2001: 271).

한 기독교 60세 할머니의 대답을 보면 죽음은 영원한 이별이라 무섭고 떨리는 일이다. 기독교를 믿어 천국으로 갈 것으로 생각하고 있지만 막상 죽을 때나 죽음 다음에 어떤 상황일지 마음이 흔들릴지 불안감도 가지고 있다.

> 난 죽음에 대해서 솔직히 두렵습니다. 우선 죽음은 이 세상과의 이별이니깐. 나의 가족들과 나의 이웃들과 나의 생활들과의 이별이니까. 그래서 죽음이란 것은 슬프게 느껴집니다. 그리고 약간은 무섭고 떨리죠. 아직도 생각납니다. 내가 48살 정도에 우리 시어머니께서 돌아가셨는데 정말 돌아가신 시어머니의 손은 딱딱하게 굳어 있었고 너무나 차가웠습니다. 그때 생각을 하면 아직도 약간은 몸이 떨립니다. 그전까지는 내 손으로 시신을 거두어 본 적이 없기 때문입니다. 어쩌면 죽음보다는 죽은 이의 시신의 현상에 대한 두려움 때문에 죽음에 대해서 어둡게 생각이 드는지도 모르겠습니다. 하지만 나는 기독교도인입니다. 그래서 나는 나의 죽음에 대한 두려움보다는 새로운 세례라고 해야 될지는 모르겠지만 하늘나라에 갈 수 있다는 믿음이 있기 때문에 기대감 또한 갖고 있습니다. 하지만 지금 내가 이렇게 조금의 거리낌 없이 말할 수 있지만 막상 내가 그 순간이 된다면 지금의 이 말에 대한 확신을 할 수 없습니다(이정덕, 2001: 273).

기독교 가족이라고 하더라도 부모가 죽어서 정말 천국에 갔는지 확인할 수 있는 방법이 없다. 기독교인이나 불교인에게 어떻게 천당이나 극락이 있는지를 증명할 수 있느냐고 물어보면 당황해하며 잘 모르겠다고 대답하는 경우가 많다. 또는 믿음을 가지면 믿게 된다고 한다. 막연하게 천국에 갔을 것이라며 스스로 믿는 정도이지 이를 다른 사람을 설득시킬 수 있을 정도로 확신을 가지고 있는 경우는 많지 많다. 꿈에 나타나서 메시지를 전달하는 경우 믿음이 더욱 확실해질 수 있다. 돌아가신 부모가 꿈에 나타나도 메시지가 애매한 경우가 많다. 하지만 혼이 육체로부터 빠져나와 저세상으로 간다는 것에 대해서는 대체로 확신을 가지고 믿는 경우가 많다(이정덕, 2001: 285-287).

신을 믿지 않으면 부모가 죽어서 천국이나 지옥에 갔다는 생각보다는 막연하게 저세상에 갔을 것이라고 생각하거나 또는 그냥 죽어서 시체만 남았다고 (또는 화장한 것만 남았다고) 생각한다. 대체로 돌아가신 조상이 어디에선가 나를 우리 가족을 지켜봐줄 것이라고 생각한다. 혼이 어디에 있는지 불명확하더라도 일상생활에서 돌아가신 부모님에게 우리 가족을 잘 보살펴달라거나 또는 우리 아들 입시에 합격하게 해달라고 기원하는 것은 자주 나타난다. 어디에 있든 나의 기원이 조상에게 전달될 것으로 생각한다. 육신을 명당에 묻으면 그리고 조상신을 잘 모시면 후손이 복을 받을 것이라는 생각이 지금도 많이 나타나고 있다. 따라서 조상을 명당에 묻으려는 관심은 지금도 많다. 양지바르고 바람이 잘 통하고 풍치가 좋으면 터가 좋은 곳이라는 생각도 많다. 또한 산소에 보다 쉽게 갈 수 있도록 길에 가까운 곳을 산소로 선호하는 경향도 크게 늘어났다.

화장이 확산되면서 부모님의 신체를 태우거나 가루로 만들었다고 불효자식이라고 생각하는 경향은 사라졌다. 물론 일부 전통적 사고를 유지하는 사람들은 화장은 신체를 불태우는 것이라 불효라고 생각한다. 신체를 무덤에 놔두어야 혼도 불안해하지 않는다고 생각한다. 자신의 신체가 없으면 혼이 떠돌 수 있다는 불안감을 가지고 있는 사람들도 있다.

4. 『삼계일기』에서의 질병과 아픔의 심성

과로하게 되면 아프다. 아프면 밥맛이 없고 피곤하고 기운이 없어 쉬어야 한다. 기분도 나쁘다. 자는 것이 가장 잘 쉬는 것이다. "午後에 떠난 뒤에 나는 몸이 앞어서 꼼짝도 않고 누워 있었다. 메칠 간의 出張에 몸이 相當이 피勞하여 졌다. 밥맛마저 없어지고 기운이 탁 풀어진다(1954.11.12.)." 그러나 부득이하게 일 때문에 나가지 않을 수 없다. "어제 밤부터 몸이 異狀이 앞어서 아침 늦게까지 누웠는데 禮植이가 다이제스트 冊 一卷을 가지와서 일어났다. 오늘의 出張 計劃이 없의면 出勤을 못하게 생겼는데 不得已 나갔다… 잠간 事務室에 가 앉았노라니가 몸이 앞어서 집에 와서 누운 것이 그만 잠이 드러서… (1954.10.08.)." 아픈 데도 어쩔 수 없이 해야 하지만 정말 싫다. "宿直室에 가서 막- 잠이 든 찰라 깨워서 일어나 보니 任實會議에 參席해야 한다고 한다. 생각할수록 머리 골치가 앞으다. 그란해도 이제야 通知 받고 갈여면 좋을 리가 없는데 몸마저 便치 못한 데 정말 싫었다. 그래서 斷念할여고 했다가 그래도 別수 없이 支署에 가서 車를 기다렸다가 타고 獒樹까지 갔다(1956.09.11.)."

특히 아기가 아프니 더욱 걱정도 되고 불쾌하다. 아이들은 어른들보다 쉽게 죽을 수 있기 때문에 더 예민해진다. 영아사망율이 높던 시절이라 걱정도 심해지고 표현도 과격해진다. 대단히 불쾌하고, 짜증만 나고, 대단히 곤란하게 생각한다. "집에 와보니 어린애가 앞서서 大端히 不快하였다. 어른과 달러서 어린애가 몸이 편치 않으면 大端히 困難하다(1954.12.10.)." "집에 와서 보니 어린애는 如前히 앓고 있어 氣分이 좋지 않앴다. 집에 有故가 있으면 마음이 便치 않어 언제나 좋지 않은 氣分이다(1956.02.28.)." "벌서 相當한 時日을 두고 어린애가 앞서서… 아이가 너무나도 잔病치레를 하여서 몸이 너무나도 쇠약하여졌다. 그런 關係로 집에 들어오면 짜증만 난다(1955.11.13.)."

병원과 약방에 대한 신뢰가 높은 편이다. 병원에 가면 물론 걱정이 되기도 하지만 병인을 잘 찾아내서 나을 수 있다고 생각한다. "獒樹까지는 추럭으로 갔는데 바로 뻐쓰가 있어 올라가서 보니 新基里 이동 兄이 타고 있다. 用務를 물었더니 連宰가 앞서서 病院에 入院하러 간다고 한다. 가면은 勿論 쉽사리 治療될 줄 아나 걱정이 않이 되는 바 안이다(1955.04.25.)."

약방과 병원을 높이 평가하더라도 자주 가지는 않는다. 오수에는 개인병원이 있었고 약국이나 한약방이 있었다. 사람이 아프면 심하지 않으면 대부분의 경우 참고 견디거나 약을 사다가 먹는 정도였다. 그래서 바로 약방이나 병원을 찾는 것은 아니다. 경과를 보면서 심하다 싶으면 약방을 가고 정말 심하다 싶으면 그때서야 병원을 간다. 주로 가까운 오수의 약국이나 약방에 가지만 이곳에 가면 전문적인 진단과 치료는 이루어지지 못하고 '체증'과 같은 일반적인 병명으로 진단된다. "벌서 相當한 時日을 두고 어린애가 앞어서 오늘은 不得已 獒樹 趙藥房으로 가보라고 하여 어머님과 內子가 같이 갔다 늦게야 돌아왔다. 藥房에서 하는 말은 撒滯증이라고 한다(1955.11.13.)."

참고 견디며 진행상황을 보다가 약방에 가는데 아픈 애를 8일간 두고 보다가 안 나으니 약을 사러 가기도 한다. "12日부터 어린애가 앞은 것을 그대로 두웠드니 안 나서서 藥 좀 살여고 獒樹를 나갔다(1955.04.20.)." "벌서 相當한 時日을 두고 어린애가 앞어서 오늘은 不得已 獒樹 趙藥房으로 가보라고 하여 어머님과 內子가 같이 갔다 늦게야 돌아왔다(1955.11.13.)." 12일이 지나서 가기도 한다. "지난 陰 10日부터 아프기 始作한 乳兒가 오늘날까지 繼續되여 獒樹로 藥을 지로 갔다(1956.03.04.)."

아주 심하게 아픈 경우에만 병원에 간다. 따라서 병원을 가는 경우가 아주 소수만 기록되어 있다. 오수에 병원이 있기는 하지만 작은 개인병원으로 보이고 언제 생겼는지는 일기로는 알 수가 없다. 이강운옹은 1955년 5월에야 난생 처음으로 병원을 가봤다. 친척을 데리고 아는 의사를 찾아간 것이다. 약방을 갈 때도 잘 아는 곳을 먼저 찾아간다. 당대에 친인척 관계가 모든 관계에서 가장 중요한 관계임을 보여준다. "午前에 出勤을 하려고 한즉 竹溪里에서 在修

가 넘어왔다. 約 2週日間이나 앞으다는 말을 듯고 病院에를 한번 가보라고 하였드니 오늘 같이 病院에를 가자고 온 것이다. 그래서 별수 없이 面에 가서 말하고 뻐-쓰로 나갔다. 南原의 警察病院으로 가기로 했다. 그래서 獒樹에서 相當히 기다렸다가 뻐-쓰로 南原까지 갔다. 警察病院에 가서 內科醫師를 찾았다. 內科 首醫가 梧枝里 金泰泳의 妹夫이여서 그 사람을 찾어 가지고 이야기를 하였드니 진찰을 하여 준다. 그리고서 注射 한 대 놓고 2日分의 藥을 지여 준다. 病院에 들어가 보기는 처음이다(1955.05.23.)."

어쨋든 아이가 낫지 않으면 미안한 마음이 든다. 어떻게 낫게 해주고 싶은 마음을 가지고 있지만 그렇다고 하여 무당이 굿을 사용할 생각은 하지 않는다. 아이가 계속 아픈 상태를 보며 자신이 신경을 쓰지 못했다며 자책을 한다. "夕陽에 집에 들어와 보니 數日前부터 알코 있든 어린애는 더욱 苦痛을 이기지 못하고 있는 꼴을 볼 적에 마음의 한 구석에서는 나의 罪가 컸음을 自認하며 어린아이에게 未安한 感이 든다(1956.01.25.)."

계속 아이가 아프니 힘이 빠진다. 마음이 쓰려 터벅터벅 힘들게 걷는다. "지난 陰 10日부터 아프기 始作한 乳兒가 오늘날까지 繼續되여 獒樹로 藥을 지로 갔다. 어제 光州 從兄任이 오셔서 酒場에를 다녀서 오늘 出發하신다고 하셔서 酒場에 가서 作別의 人事를 드리고 步行으로 獒樹까지 갔다. 걸어가면서 한 거름 두 거름 내어 드디며 近日 中의 나의 周圍環境을 생각하면서 無表情한 나의 心情 말할 수 없이 쓰리였다. 鄭藥局에 가서 來訪의 趣旨를 말하고서 藥 二帖을 사 가지고 올 적에도 如前히 걸었다(1956.03.04.)." 다른 일들도 있지만 아이가 2-3월 계속 아픈 것이 커다란 영향을 미쳤다.
　커다란 사고가 일어나면 긴급처치가 필요하기 때문에 병원으로 간다. 낫으로 발을 베는 일이 한번 생겼는데 바로 병원에 갔다. "저녁 판에 成文이가 돼지 풀을 베러 나가드니 約 二時間이 經過한 後에야 낫으로 발을 베여가지고 다른 아이가 업고 들어왔다. 卽時 病院에 가서 藥을 가지고 와서 보니 相當히 많이 베여젓는데 約 2,3 週日이나 걸리게 생겻다(1955.06.02.)." 또한 군입대자를 인솔하고 트럭에 싣고 가다고 3명이 떨어져 다쳐서 바로 병원에 가서 입원시켰다. "梧枝里 앞을 지나 거기에서 待機하고 있든 壯丁들을 싫고 出發하여 不過 300餘 米의 拒離에서 壯丁 三名이 車로부터 떨어지고 말엇다. 너무나도 뜻하지 않은 이 突發的인 事故에 나는 精神을 잃고 말엇다. 달여가서 보니 竹溪里 吳炳睿이가 第一 많이 다첫다. 간신히 車에 싫고 獒樹까지 가서 病院에 入院시켜 治療를 마친 다음 나는 또 別 수없이 任實로 가 보았다(1956.12.23.)." 사람이 다치면 마음이 매우 불편하여 매일 문병을 가서 확인을 한다. 그리고 걱정을 한다. "어제는 確實히 日數가 좋지 않은 날이다. …獒樹에서 下車해가지고 病院에 들여서 吳炳睿이에게 어제의 經過를 듯고 바로 들어왔다. 아직도 나의 마음이 가라앉지를 않고 있다(1956.12.24.)." "나는 午後에 炳睿이 件으로 獒樹를 나가 보았다. 病院에 가서 醫師에게 말을 하고 오늘 退院시켯다. 治療費를 내가 우선 負擔하고 退院은 시켰는데 앞으로 어떻게 될 것인지 알 수 없다(1956.12.25.)."
　자기가 인솔하다가 다친 사람도 병문안을 가지만, 아는 사람이나 친척들이 아픈 경우에도 병문안을 가야하는 의무가 있다. "敏植

氏가 出張 왔다 病이 나서 누었다기에 가서보니 얼골이 大端히 축 젓다(1954.10.09.)." 문병을 가면 심신이 어느 정도인지를 살펴본다. 아래처럼 면장이 아파도 문병을 가서 왜 아픈지 얼마나 아픈지 생각해본다. 육체적으로나 정신적으로 과로하면 병이 난다. 정신적으로도 피곤하면 스트레스현상이 나타나 아프다고 생각한다. "마을에 나가기 前에 먼저 面長의 問病을 갔다. 지난 8日에 獒樹서 같이 들어온 後부터 只今까지 일어나지 못하고 알코만 있다. 事實이 病셀 만큼 되여 가지고 있다. 面長 當選 以後로 心算이 平할 날이 없었다. 副面長 件으로 數次 上郡하였으나 如意케 되지 못하고 이번에도 그 일로 갔다가 成功치도 못하고 돌아왔으니 마음이 편할 리가 없다(1956.04.14.)."

질병은 아니지만 육신이 아프다거나 골치가 아프다거나 생병신이 된다는 표현을 쓰고 있다. "時間이 늦일가 보아 바쁜 거름으로 걸었드니 발이 앞으다(1956.12.26.)." "나는 언제나 뻐-쓰만 타면 머리 골치가 앞어서 질색이다. 나려올 적에 뻐-쓰 안에서 앞으던 머리가 至只今도 핑하니 異狀하게 앞으다. 特히 오늘은 어제밤에 늦게까지 놀다가 잣드니 더욱더 그러한 것 같다(1956.01.14.)." "兵籍整理 關係로 兵事主務者會議가 있어 거기에 參席키 爲하여 早朝에 獒樹를 가는데 大端히 추웟다…. 할 수 없이 11時 50分 뻐-쓰를 利用해서 가는데 車內는 人間生地獄이다. 超滿員이 되여서 自己의 肉體 이것만 自己 마음대로 움직이지를 못한다. 萬若 그대로 百里만 간다면 生病身될 程度이였다(1956.01.09.)." 자신 마음대로 움직이지 못하고 사람사이에 끼어서 꼼짝 못하는 상황을 생지옥처럼 느낀다.

5. 『삼계일기』에서의 죽음의 심성

죽음은 이 세상을 떠나 돌아올 수 없는 먼 나라로 가는 일이다. 그래서 다시 만날 수 없다. 다시 만날 수 없기 때문에 슬픈 일이다. 따라서 나이를 많이 먹고 충분히 살면 호상이지만, 호상이라도 죽은 것은 슬픈 일이다. "午前에는 炯基네 祖母의 出喪을 하느라고 상부가 나간다. 사람이란 一平生이 길다면 길고 짧다면 잛은 時節인데 其 期間 內의 苦樂이란 말할 수 없이 많다. 맑고 개인 가을 하늘 아래 일생을 이저버리고 꽃으로서 장식한 화려한 상여로서 머나먼 나라로 가게 된다(1954.10.30.)." "와서 들으니가 平洞 老人이 別世하셨다고 한다. 高令[齡]한 老人이요 때도 좋은 때인지라 護[好]喪이라고 볼 수 있다. 人間으로서 언제나 한번은 定해 놓은 일이겠만 年令의 高下를 莫論하고 世上을 뜨게 될 적에는 누나 다 슲어한다(1956.03.04.)."

너무 일찍 죽으면 더욱 슬프고 불쌍하다. 아기가 죽은 상황은 너무 안타까워 아무 말도 못한다. "어제 밤에 不幸하게도 뒷집 이제 겨우 '돌' 지내간 甥姪兒가 不幸을 當하여 出勤 前에 거기를 좀 가서 보는데 나의 自身 눈물이 나와서 무어라 慰勞의 말을 하지 못하였다. 10餘日間을 病床에 누어 있다가 結局에 가서 이와 같은 일을 當하고 말었다. 나는 갔어야 아무 말도 못하고 나오고 말었다(1956.03.23.)." 1950년대 전북 농촌은 아직 집에서 아기를 출산하던 시절이고 위생과 의료시설의 발달이 미약하고 열악한 시기여서 영유아기 때 죽는 경우가 상당히 많았을 텐데 그에 대한 언급은 없었다. 결혼해서 아이를 낳았는데 아이가 어렸을 때 죽으면 안타까운 일이다. 30대 성인기에 죽으면 상당히 아프다가 죽는 경우가 많고 처자식을 남겨놓고 가야하기 때문에 더욱 고통스러운 일이다. 너무 비통하고 애석하다. "오늘은 後川 三區 金萬基가 故人이 되여 出喪하는 날이다. 그래서 職員들과 몇몇 里長들과 같이 阿山市場까지 가니 벌써 상여는 거기까지 왔다. 거리에서 喪主와 상여를 맛났다. 나는 나도 모르는 사이에 눈물이 나왔다. 방골 양반이 땅을 치며 우시는데 눈물이 아니 나올 수 없었다. 葬地까지 같이 갔다. 埋葬이 끝난 後에 職員들과 같이 돌아왔다. 人生이 한 번 나서 한 번 죽은 것은 元亨利致原形理致이나 36歲를 一期로서 버린다는 것은 너무나도 애석하였다. 마음씨 좋고 人情 많은 分이였다. 그의 身病에 苦痛을 하드니 마침내는 最後의 決心을 하여 生死의 기로에서 入院하여 受手術을 하였든 것이 不幸이 이와 같은 現狀을 내고 말았다. 人生의 一生이 이와 같이도 험악하거늘 그 짤른 기간을 왜 不平 없이 못살고서 苦痛스런 生活을 하는고. 이 세상을 사는 데는 오-직 慈善만이 좋을 것이다(1954.11.02.). 인생이 험악하고, 죽으면 부질없는데 왜 불평을 그토록 하면서 사는지 모르겠다고 느끼며 앞으로 좋은 일만 하고 살아야겠다고 성찰한다.

하지만 망자의 자녀들이 너무 불쌍하다. 어린아이들이 어떻게 세상을 헤쳐나갈 것인지 생각만 해도 눈물이 난다. "三隱 一區 吳夢泳 氏가 요새에 喪妻를 當하였는데 그 아들이 槊樹中學校를 갔다 오는 길에 途中에서 울면서 오는데 내 마음도 가슴 쓰리며 눈물이 절노 나서 그대로 볼 수가 없었다. 그것을 보더라도 반다시 어린아이들은 어머니가 없으면 못살 것 같으고 어머니 없이 자라는 아이들이 限없이 불상하다(1954.07.20.)."

장례식을 통해 사람들이 죽어가는 것을 보면 인생이 무엇인지 인간이 무엇인지를 고민하지 않을 수 없다. 내 삶을 생각해보지 않을 수 없다. 모든 것이 어려우니 힘들고 한심한 생각이 든다. 깊이 생각을 해보게 된다. "人生이 母體로부터 光明한 宇宙 人間世界에 태여났을 적에는 何人을 莫論하고 貧富貴賤의 差異가 없이 다 같은 人間으로서 生命의 핏줄기를 받었으련만 一年 二年 자라나는 동안에 네 갈래의 길로 갈러저 富者가 있는가 하면 가난한 者가 있고 貴한 者가 있는가 하면 그 反面에는 人間으로부터 멸시 當한 천한 사람도 있게 된다. 이것이 人間生活의 本能인 것 같다. 하나님은 왜 '人間'을 나리실 적에 萬民이 다 같이 平等하게 살 수 있도록 하지 않으셨든고? 우리 같은 천한 人間은 차라리 이 世上에 나오지를 않이 했드라면 오히려 幸福일 겄을!! 요새에 어린아이는 아퍼서 生死의 技岐路에 놓여 있고 어머님께서도 몸이 不便하시지 거기다 食糧이 떠러지고 나무도 없고 그런가 하면 經濟的인 面에 있어 困難과 打擊을 받고 있으니 이 못난 靑春의 애닳음을 그 누구래서 알어주리요. 아 寒心하도다(1956.03.05.).”

오늘 아프고 내일 죽을 수 있으니 인생이 허무하다. 아예 죽는 것이 나을지도 모르겠다는 생각도 한다. "저녁 판에 들을 바라보고 섰든 나는 가슴이 뭉클해짐을 느꼈다. 무섰이냐? 아침에 消息은 들었지만 千萬 뜻박에도 判吉 氏가 世上을 떠났고 하였는데 夕陽 바로 出喪을 하고 있지 않은가? 어제밤에 無事하든 그이가 밤중에 病

이 나서 오늘 벌써 땅속으로 드러가니 人生이 살어 있다느니보다 오히려 죽어있다는 것이 나흐리라. 人生의 虛無함이 다시 한 번 더 뼈저리게 느껴진다(1956.01.12.)."

허무할지라도 죽으면 뭐하겠는가? 그래도 사는 편이 죽는 것보다 낫다고 생각하게 된다. "午前 7時 頃 大韓뻐-쓰로 올라왔다. 槳樹에 오니 三溪面 排球選手團 一行이 오늘 任實에서 열인 競技大會에 參加 次 나와 있었다. 營團 앞에서 支署 金大均 巡警을 맛나서 놀다가 學顏이의 問病 次 病院으로 가서 學顏이를 차졌다. 三年 以上의 隊員生活에 이제야 銃 마즐 줄은 몰났다고 學顏이 失望의 말을 하였다. 그러나 不幸中 多幸이다. 그찜 되어서 生命만이라도 살았다는 것이 多幸이다(1954.06.04.)."

죽으면 다시는 볼 수 없다. 마지막 가는 길이라도 찾아가봐야 한다. 그래서 일가친척이나 아는 사람의 장례식에는 반드시 참석하는 불문율이 있다. 참석하지 않으면 별로 가깝지 않았던 사람으로 간주된다. 그래서 많은 장례식에 참석을 하여, 마지막 배웅을 한다. 그게 사람으로써의 도리이다. 못 가보면 죄송하기 짝이 없는 일이다. "저녁에 正雲 氏가 맛나자 하기에 찾어서 맛났다. 이번 喪事에 내가 차자가야할 텐데 가보지도 못하고 對面을 할야리가 罪悚하기 짝이 없다(1954.09.22.)." 일일이 많은 상가를 다녀야 하기 때문에, 또한 상가에 가서 같이 놀면서 상가를 지켜줘야 하기 때문에 시간이 많이 걸린다. 비가 오나 눈이 오나 가야한다. 낮 시간이 안되면 밤에라도 가야 한다. 그래서 단체로 가면 더 편하다. "그러고 난 後 磊川里 喪家에 問喪을 가기로 해서 面長과 主任 等 합해서

8名이나 갔엇다. 磊川은 特히 喪家가 많아서 相當히 時間이 오래 걸이였다. 먼저 炳奎 貞茂 永載 燦茂 星萬 氏 家을 다니고 나니 夕陽이 되여 버렸다(19576.02.04.)." "밤에 學眞이 집에 弔問을 가 보았다. 어제 낮에 自己 祖母喪을 當하였는데 낮에는 가서 볼 餘暇도 없고 해서 오늘 밤에 學仁이하고 같이 갔었다(1957.06.03.)."

5. 나가는 말

이강운의 『삼계일기』에서 질병관을 찾기는 어렵다. 질병내용은 간단하게 사실을 언급하여 기록한 정도로 그치고 있고 또한 질병과 관련하여 초자연적인 세계관이나 초자연적인 치료에 대한 언급이 전혀 없다. 이미 의학적 질병관을 가지고 주로 약국과 병원을 방문하여 치료하고 있다. 2절에서 1980년대의 강원도 농촌주부를 다룬 내용을 보면 대체로 전통적인 질병관이 어떠한 모습을 가지고 있는지를 알 수 있다. 이강운이 살던 임실면 삼계리에서도 1950년대라면 무당과 무속적 치료가 상당히 많이 나타났을 것이다. 삼계리에서 20km 떨어진 완주군 구이면에서 필자(이정덕)가 조사한 바에 따르면 2000년대 초까지 무당이 있어 굿을 했으며 1980년대에도 민속적인 신앙이 매우 강했었다. 삼계리가 전주에서 훨씬 먼 곳에 위치하여 구이면보다 훨씬 전통적인 질병관, 무속적인 질병관, 한방적 질병관이 매우 강했으리라고 생각된다. 하지만 삼계일기에는 무속적 관점이 전혀 나타나지 않고 있다. 삼계일기의 주인공이 면의 공무를 맡고 있고 보통 농민보다 더 많은 교육을 받았으며,

위생교육 등 의학적 질병관에 대한 교육을 계속 면에서도 받고 있어서 초자연적인 질병관보다는 한방적, 의학적 질병관을 주요 세계관으로 갖고 있었다. 전체적으로 이강운은 전통적인 초자연적인 질병관에서 벗어나 의학적 질병관에 가까운 사고방식에 지니고 있었다. 1950년대 전북 농촌에서도 초자연적인 질병관이 널리 나타나고 있었는데, 삼계일기에는 그러한 내용이 전혀 언급되고 있지 않다. 초자연적인 존재나 관계가 아니라, 어떠한 물질이나 세균 또는 정신적인 원인으로 신체에 문제가 생기기 때문에 약국이나 병원에서 약사나 의사가 전문적으로 원인을 찾아 약이나 치료책을 마련해준다고 믿고 있다. 따라서 아프면 무당이나 굿이나 초자연적인 민간요법을 통한 치료는 전혀 시도하지 않았고, 바로 약국이나 병원을 찾는 모습을 보여주고 있다. 이강운은 일찍부터 매우 생체의학적인 질병관을 가지고 있었다.

『삼계일기』에서 감염병을 직접 기록하거나 병의 원인을 추론하는 내용이 전혀 없어 병의 원인을 어떻게 봤는지도 제대로 파악하기는 어렵다. 세균에 대한 기록은 전혀 없지만, 육체적으로 과로하거나 정신적인 스트레스를 받으면 아플 수 있다고 기록하고 있다. 쉬거나 그에 맞는 약을 처방받아 먹거나 병원에서 치료를 받는 것 등이 나타나고 있다. 병의 원인에 대해서도 약사나 의사들의 생체의학적 질병관을 따르는 것으로 볼 수 있다. 아기가 자주 아프기 때문에 짜증을 내고 한탄을 하고 있지만 계속 약국을 방문하여 처방을 받고 대처하고 있는 모습을 볼 수 있다. 이미 이강운이 의학적 심성을 크게 내재화하고 있음을 보여준다.

죽음과 관련하여서는 나이를 충분히 먹고 편안하게 돌아가면 호상으로 생각하고 있었다. 호상이지만 죽으면 아주 멀리 가는 이별이라고 생각하고 있었다. 죽으면 삶이 끝나고 다시 만날 수 없기 때문에 죽음은 슬픈 일이다. 하지만 영유아 때 죽으면 더욱 안타깝게 생각하였다. 어린 자녀들을 남겨두고 성인부모가 죽으면 정말 마음 아파하고 비통한 눈물을 흘렸다. 부모가 죽은 자녀를 보고는 한없이 불쌍하게 생각하였다. 죽은 사람을 보면 자신의 인생도 되돌아보게 된다. 오늘 아프고 내일 죽을 수 있다고 생각하며 인생이 참으로 허무한 것이라고도 느낀다. 자신의 신세를 되돌아보니 힘들고 어렵고 한심하지만, 그래도 사는 것이 죽는 것보다는 낫다는 생각을 한다. 순경이 공비의 총에 맞아 다쳤지만 그래도 죽지는 않아서 다행이라고 표현하고 있다.

죽으면 땅에 묻힌다는 언급과 다시 볼 수 없다는 언급이 있어 죽으면 다시 만날 수 없는 것으로 인식하고 있다. 죽으면 가는 저 세상이 어떠한 모습인지를 설명한 내용은 일기에 나타나지 않는다. 그냥 먼 곳, 다시 돌아올 수 없는 곳, 이 세상이 아니어 다시 만날 수 없는 것이라는 막연한 생각을 가지고 있다. 조상을 열심히 모시는 모습이나, 15대조 할아버지 묘까지 성묘를 하는 것으로 봐서, 조상신을 믿는 것은 확실하지만 구체적으로 어떻게 존재하고 어떠한 영향을 어떻게 미치는지에 대한 언급은 없다.

이강운은 죽은 사람과 마지막 이별을 하지 못하면 사람의 도리를 제대로 하지 못한다고 생각하였다. 따라서 일가친척이나 아는 사람의 장례식에는 반드시 참석한다. 참석하지 않으면 별 볼일 없는 관계로 간주되므로 일가친척이나 지인들의 장례식이 자주 벌어지지만 반드시 참석한다. 그래야 서로 의미 있는 마을주민이거나 일가친척이거나 지역유지가 될 수 있다. 잘 아는 사람의 죽음을 장례에 참석하지 못해 배웅을 하지 못하면 인간도리를 다 하지 못한 죄송하기 짝이 없는 일이라고 느낀다. 따라서 장례에 참석하는 것은 인간도리를 다 하는 일이 된다. 조상신을 있다고 생각하며 열심히 모시는 것이나, 막연하게 저세상을 생각하거나, 이들과의 관계나 상례의 참석을 인간도리라고 표현하는 것은 죽음과 관련된 유교적 심성을 잘 보여주는 것이다.

참고문헌

- 목창균
   1995, "김기동 계열의 귀신론과 질병관", 월간 『교회와신앙』, 1995년 2월호.
- 박수일, 김재수
   1985, "한국농촌주부의 질병관에 관한 연구: 강원도 인제군의 주부를 중심으로", 『농촌경제』, 8(1): 75-86.
- 손진욱, 이부영
   1983, "기독교 교역자들의 정신병관 및 치료개념", 『신경정신의학』, 22(1): 57-85.
- 이을상
   2003, "죽음의 성찰: 한국인의 죽음관, 영혼관, 신체관", 『철학논총』,

32(2): 459-481.

- 이재운

  2001, "한국인의 죽음관에 대한 설문조사 보고", 이재운 외, 『한국인의 사후세계관』, 전주대출판문화원, pp. 305-369.

- 이정덕

  2001, "현대한국인의 죽음관", 이재운 외, 『한국인의 사후세계관』, 전주대출판문화원, pp. 267-303.

- 장인성

  2000, "고대한국인의 질병관과 의료", 『한국고대사연구』, 20: 251~288.

- 전혜영

  2016, "은유 표현을 통해 본 한국인의 질병관", 『한국문화연구』, 30: 133-161.

- 정다함

  2009, "조선전기의 정치적·종교적 질병관, 의醫·약藥의 개념 범주, 그리고 치유방식", 『한국사연구』, 146: 119~157.

- 한덕웅

  2000, "신체 질병에 관한 한국인의 사회적 표상", 『한국심리학회지:건강』, 5(1): 24-42.

- Gest, Howard

  2004, "The discovery of microorganisms by Robert Hooke and Antoni van Leeuwenhoek, Fellows of the Royal Society" *Notes and Records of the Royal Society of London*, 58(2): 187-201.

  WIKIPEDIA, Louis Pasteur 항목 & History of virology 항목.

동아시아 심성체제

인쇄 2024년 7월 10일
발행 2024년 7월 20일

지은이 이정덕
발행인 서정환
펴낸곳 신아출판사
주소 서울시 종로구 삼일대로 32길 36 305호(익선동 30-6 운현신화타워)
전화 (02) 3675-3885 (063) 275-4000
팩스 (063) 274-3131
이메일 sina321@hanmail.net
출판등록 제465-1984-000004호
인쇄·제본 신아문예사

저작권자 ⓒ 2024, 이정덕
이 책의 저작권은 저자에게 있습니다. 서면에 의한 저자의 허락없이 내용의 일부를 인용하거나 발췌하는 것을 금합니다.
COPYRIGHT ⓒ 2024, by Yi Jeong Duk
All rights reserved including the rights of reproduction in whole or in part in any form.
저자와 협의, 인지는 생략합니다.
잘못된 책은 바꿔 드립니다.

ISBN 979-11-92557-08-3   03810

값 18,000원

Printed in KOREA